本书系北京市教育科学“十四五”规划 2021 年度青年专项课题“基于表现性评价的整本书阅读教学实践研究——以‘部编版’小学语文教材推荐书目为例”(CDCA21145)研究成果

本书系北京教育学院“2023 年北京市新时代中小学名师培养工程项目——语文工作室”研究成果

U0863647

学习阅读

——基于体裁的阅读策略选择与运用

夏明霞　樊微微　编著

首都师范大学出版社
CAPITAL NORMAL UNIVERSITY PRESS

图书在版编目(CIP)数据

学习阅读：基于体裁的阅读策略选择与运用 / 夏明霞，樊微微编著. -- 北京：首都师范大学出版社，2024. 12. -- ISBN 978-7-5656-8796-9

Ⅰ. G623.232

中国国家版本馆 CIP 数据核字第 2024AK7002 号

XUEXI YUEDU

学习阅读

——基于体裁的阅读策略选择与运用

夏明霞　樊微微　编著

责任编辑　禹　冰

首都师范大学出版社出版发行

地　　址　北京西三环北路 105 号

邮　　编　100048

电　　话　68418523(总编室)　68982468(发行部)

网　　址　http://cnupn.cnu.edu.cn

印　　刷　北京印刷集团有限责任公司

经　　销　全国新华书店

版　　次　2024 年 12 月第 1 版

印　　次　2024 年 12 月第 1 次印刷

开　　本　710mm×1000mm　1/16

印　　张　16.75

字　　数　298 千

定　　价　50.00 元

前　　言

在信息爆炸的时代，阅读不仅是获取知识的途径，更是一种生存技能。本书的撰写旨在能为从事小学语文阅读教学的教师提供来自一线实践的参考，帮助他们在教授不同体裁的文本时，能够引导学生运用对应的阅读策略提高阅读效率和理解深度。

本书的核心理念是阅读并非单一的技能，而是一个多维度、多层次的认知过程。不同体裁的文本，如小说、散文、童话、科普等，都有其独特的表达特点。因此，小读者们需要根据不同的阅读目的和文本特点，灵活运用不同的阅读策略。这不仅涉及对文本内容的理解，还包括对文本结构的把握、对作者意图的揣摩，以及对信息的批判性分析等。

全书共分为八章。第一章是理论基础与设计概述，介绍了与阅读相关的基本概念、基于体裁的阅读策略教学基本原则和基于体裁的阅读策略教学实践路径，帮助读者了解相关理论的形成与发展，以及现有的研究成果。第二章主要围绕小学生阅读能力评价体系的研究发现展开，从低、中、高三个年段阐述了学生阅读不同体裁文本的现状与面临的挑战。第三章至第八章通过对案例的分析和评析，让小读者结合阅读作品进行实践阅读，养成阅读习惯，反思阅读策略的有效性，并进行自我调整。

本书是北京石油学院附属小学教育集团语文教师团队智慧的结晶，感谢邹婷、赵鑫馨、李硕、王梅、卓思成、李琢文、程廷廷、尚海燕、向昆、刘彩昭、于昊、卢慧娟、许亚南、窦丽娜、侯杰颖、周艳、程可欣、尹晨妍、张诺、王笑晖、胡景怡、俞璐帆、李会、刘佳、刘莹、朴莫兰、杨诗雨多位老师参与编写本书中不同体裁文本阅读的教学案例部分。

在撰写本书的过程中，我们力求做到理论与实践相结合，既有深入浅出的理论阐述，也有具体可操作的策略指导。我们希望读者在阅读本书后能够做到如下几点：

1. 识别不同体裁文本的特点；

2. 根据不同的阅读目的，选择合适的阅读策略；

3. 提高阅读速度和理解力，更有效地吸收和处理信息；

4. 培养批判性思维，对所读内容进行深入分析和评价。

我们相信，通过系统地学习和实践，每个人都能成为更有效的读者。阅读不仅能够丰富我们的知识储备，还能提升我们的思维能力和创造力。在这个快速变化的世界中，让我们通过阅读，不断学习，不断成长。

最后，我们希望本书能够成为读者提升阅读技能的有力工具。愿每一位读者都能在阅读的旅途中，发现知识的乐趣，体验思考的深度，实现自我超越。

夏明霞

2024 年 12 月

目　录

第一章　阅读的理论基础与设计概述 ……………………………… (1)
第一节　阅读相关的基本概念 ……………………………… (2)
第二节　基于体裁的阅读策略教学基本原则 ……………………… (7)
第三节　基于体裁的阅读策略教学实践路径 ……………………… (10)
第二章　基于“小学生阅读能力评价体系”的研究发现 ……………… (15)
第一节　关于小学生阅读能力现状的调查 ……………………… (15)
第二节　小学生阅读不同体裁文本的现状与面临的挑战 ………… (23)
第三章　小说作品的阅读 ……………………………………… (27)
第一节　小学生的小说阅读策略 ……………………………… (27)
第二节　以“内容重构”策略为主的阅读 …………………………… (29)
第三节　以“捕捉闪回”策略为主的阅读 …………………………… (40)
第四节　以“对照阅读”策略为主的阅读 …………………………… (49)
第五节　以“跨界阅读”策略为主的阅读 …………………………… (57)
第六节　以“图表梳理”策略为主的阅读 …………………………… (69)
第四章　散文作品的阅读 ……………………………………… (75)
第一节　小学生的散文阅读策略 ……………………………… (75)
第二节　以“想象画面”策略为主的阅读 …………………………… (78)
第三节　以“感情朗诵”策略为主的阅读 …………………………… (85)
第四节　以“探究象征”策略为主的阅读 …………………………… (96)
第五节　以“线索梳理”策略为主的阅读 ………………………… (107)
第六节　以“互文比较”策略为主的阅读 ………………………… (117)
第五章　科普作品的阅读 …………………………………… (123)
第一节　小学生的科普阅读策略 …………………………… (123)

第二节　以“推进：识别和确定”策略为主的阅读 …………… (126)
第三节　以“提问与推测”策略为主的阅读 ………………… (137)
第四节　以“确定重点”策略为主的阅读 …………………… (147)
第五节　以“联结：经历与背景”策略为主的阅读 ………… (158)
第六节　以“转化：识别变化”策略为主的阅读 …………… (167)
第六章　古诗文作品的阅读 ……………………………… (176)
第一节　小学生的古诗文阅读策略 ………………………… (176)
第二节　以“借助注释、插图、工具书，联系上下文”等策略为主的阅读 ……………………………………………… (178)
第三节　以“思辨补白”策略为主的阅读 …………………… (186)
第四节　以“探究意象”策略为主的阅读 …………………… (195)
第五节　以“团体活动”策略为主的阅读 …………………… (206)
第七章　童话、寓言作品的阅读 ………………………… (211)
第一节　小学生的童话、寓言阅读策略 …………………… (211)
第二节　以“角色朗读”策略为主的阅读 …………………… (213)
第三节　以“探究原型”策略为主的阅读 …………………… (221)
第四节　以“多元续写”策略为主的阅读 …………………… (232)
第五节　以“戏剧表演”策略为主的阅读 …………………… (239)
第八章　图画书作品的阅读 ……………………………… (248)
第一节　小学生的图画书阅读策略 ………………………… (248)
第二节　以“猜测/预测”策略为主的阅读 ………………… (249)
第三节　以“推理因果”策略为主的阅读 …………………… (252)
第四节　以“复述故事”策略为主的阅读 …………………… (257)

第一章　阅读的理论基础与设计概述

阅读是人们传播文化、传承文明的重要方式。通过阅读，我们不仅能够获取信息，还能突破个体的局限，开阔视野，深化思维，获得丰富的审美体验。因此，对于学生而言，“学会阅读”可以说是预测其未来发展的重要指标之一。

阅读是读者通过与文本互动达成理解，进而建构文本意义的过程。因此，“学会阅读”意味着学生掌握一项从文本中获得信息进行意义建构的认知技能。而如何为学生提供学习支持以帮助学生掌握阅读技能，成为语文教育领域的重要话题。

“学会阅读”是语文阅读教学的重要内容。《义务教育语文课程标准（2022年版）》明确要求，学生要“学会运用多种阅读方法，具有独立阅读能力”。小学阶段是帮助学生从初学者发展为成熟读者的重要阶段。在这个阶段中，学生如何学会自如地将书面文字转化成语音和自己所能理解的意思，其中最为关键的，就是教师通过一系列阅读策略帮助学生建立书面语阅读习惯，从而提升学生在口语经验中形成的语言理解水平。因此，从课程内核层面看，小学阅读教学的实质就是阅读策略教学。[①]

值得注意的是，阅读策略与阅读目的、文本体裁之间存在密切关系。不同的文本体裁通常与不同的阅读目的相关联，不同的阅读目的会影响学生选择的阅读策略。因此，在开展阅读策略教学的同时，还需要帮助学生理解不同体裁的特点和阅读目的，从而选择最有效的阅读策略，提高阅读理解和信息处理的效率。

---

① 余闻婧：《从标准到课堂：小学阅读教学科学化探析》，《课程·教材·教法》，2023年第12期，第87—95页。

第一节　阅读相关的基本概念

一、阅读目的

西方学者们对阅读的本质已达成广泛共识，认为阅读是一个多层次、多元化、错综复杂的心理活动过程。在这个过程中，读者与文本相互作用，读者不仅对意义符号进行语言解码和信息提取，同时还将这些信息与自身知识、经验相结合，最终构建意义。

鉴于此，美国学者罗森布莱特认为，阅读是读者和文本之间的一种动态交易过程。理解作品是读者运用自己的知识、经验等去揣摩作者的创作意图，并尽可能无限靠近的过程，同时又是不断丰富文本解读的过程。[①]这个过程中读者可能持有"输出""审美"两种不同的取向。在"输出"取向主导的阅读中，读者的注意力主要放在阅读后能提取和保留的内容上，所以读者通过阅读从文本中被动地"带走"一些信息与事实。在"审美"取向主导的阅读中，读者在阅读过程中主动地唤起自身的感受，通过感官去体验和欣赏文本中的情感和美感。这两种取向在一定程度上揭示了读者在阅读时的态度和着眼点，"输出"取向更注重认知、指示、事实、逻辑和定量等方面的意义，而"审美"取向则更侧重于感觉、情感等方面的意义。

基于这些理论，人们逐渐认识到，阅读是在特定情境下为达成特定目的而进行的活动。人们在日常生活中的阅读活动，不仅是为了理解文本，有时候还会受到某些任务驱动而去获取特定信息、解决特定问题。人们的阅读目的多种多样，但在学生阅读的目的方面，人们的观点相对统一。

目前国际上较为权威的学生阅读素养测评项目就对学生的阅读目的进行了界定。如国际教育成就评价协会开展的国际阅读素养进展研究（Progress in International Reading Literacy Study，简称 PIRLS）就将阅读目的分为获得文学体验和获取与使用信息两种。为了获得文学体验，读者会借助已有的知识和经验与文本互动，沉浸到阅读中，理解文本的主题意义、

① 卢美艳：《交易式阅读：原理、实施路径及策略》，《中学语文教学》，2022 年第 8 期，第 85—88 页。

人物性格与行为、作者的观点以及文本语言等诸多元素；为了获取与使用信息，读者会选择阅读文本的某些特定内容而不必从头读到尾，在此基础上对信息进行加工、传递，以满足个人使用信息的目的。与此类似，美国国家教育统计中心负责的国家教育进展评估项目（National Assessment of Educational Progress，简称 NAEP）回应“美国各州共同核心标准”中“英语语言艺术标准”的阅读标准板块相关要求，将阅读目的分为“为享受乐趣”“为获得观点”“为了解信息”三种。国际经济合作与发展组织（OECD）推行的国际学生评估项目（Program for International Student Assessment，简称 PISA）依据学生阅读环境的不同，将阅读目的细分为“为个人应用而阅读”“为公共应用而阅读”“为工作而阅读”和“为教育而阅读”四种，这四种目的全面覆盖了学生在校内外，特别是步入社会后可能遇到的各种阅读环境和场景。这三种阅读测评项目都将学生的真实生活作为阅读情境的设定依据，将阅读的实用性融入其中。对于阅读目的的设定，NAEP 和 PIRLS 更侧重于在学生生活中选取，而 PISA 则兼顾学生参与社会生活、谋求生存的公共需要。①

二、文本体裁

阅读目的与文本体裁紧密相关，不同类型的文本体裁在结构、表达和风格上差异显著，这就要求读者在阅读时采取相应的态度和立场，进而达到阅读目的。

1. 文本体裁的内涵

文本体裁是指以语言体式、语言结构为基础的规格与范式，是一篇文章的实际状貌。主要以语言文字表意过程中的词语选择、句式结构、修辞运用、功能目的为出发点而形成的一种形式规范，是历代作家和学者长期积淀的公共知识。② 自有文章开始，人们就有文章的类属意识。古希腊人早先把文体作为修辞学的研究对象加以关注，就有了文类意识；我国先秦时期的《尚书》“六本”——典、谟、誓、命、训、诰，最初就是按照不同场合、不同功能区分出来的。中国古代的文艺理论也特别重视文体，刘勰的

① 刘恩康、王牧华、计晨：《面向未来的阅读素养：理论内涵、分析框架与培养策略——基于 PISA、NAEP 和 PIRLS 的国际测评经验》，《教育与教学研究》，2023 年第 10 期，第 41—54 页。

② 王强模、袁昌文：《文体写作教程》，广州：暨南大学出版社，1992 年，第 1 页。

《文心雕龙》中从《明诗》到《书记》有 20 篇对不同的文体进行了解说与分析。[①]

每一种文体都有自己独特的规范，这种规范是人们在不断的创作过程中形成的。童庆炳认为文体起码具有三层含义：文体具有体裁的规范、语体的创造、风格的追求。[②] 不同体裁的作品，其形式规范、语言形式、创作手法大不相同，因而对应的阅读目的和分析框架也不尽相同。刘勰在《文心雕龙·知音》里提出文学鉴赏的“六观”说，就将“位体”放在首位，可见辨析文体对于阅读的重要性。

文体不仅制约着阅读理解，也制约着阅读教学。有研究者指出，好的阅读教学，往往基于合适的文本解读；不那么好的阅读教学，其原因往往是不顾文本体式，采用了不当的解读方式、阅读方法。[③] 因此，语文阅读教学首先要把握文本体裁特点，不能停留在理解文本内容的层面，同时还要依据文本体裁开展阅读活动，引导学生准确地选择适合的阅读策略，解读文本内涵。

2. 文本体裁的主要类型

从语言的角度看，文本体裁主要可以分为文学语言和科学语言(实用语言)，这两种语言有着质的不同，也就有着完全不同的认知取向和审美标准。由此可以简单分为文学文体与实用文体，两类文体都反映并表现人类的物质和精神需求、情感世界，都必须重视内容和信息传递的有序有效。但同时，两类文体也包含作者不同的表达目的，张志公先生认为文学作品“主要诉之于情”，实用性文章“主要诉之于理”。实用性文章诉之于理的“理”是指观点、原理、规则等需要人们接受、了解或应用的表达内容。

叶圣陶、夏丏尊等人都对文体的分类进行了讨论，并从不同的语言单位和结构建构了文章与文体知识。从表达方式来说，我们将实用类文体分为说明性文本、议论性文本，将文学类文体分为记叙性文本和抒情性文本。此外，我国目前流行的还有文类“四分法”，包括小说、散文、戏剧、诗歌，主要是以描写对象为依据来进行分类，又兼顾了语言体式、语言运用的差异。比如诗歌就是按照韵律、节奏、语言等这些外在形式要素归为

① 周利荣：《传播媒介发展与文学文体演变研究》，西安：陕西师范大学，2012 年。
② 童庆炳：《文体与文体的创造》，北京：北京师范大学出版社，2016 年，第 12—25 页。
③ 王荣生：《阅读教学教什么》，上海：华东师范大学出版社，2016 年，第 18 页。

一类的，兼顾了行情诗、叙事诗、哲理诗等在语言形式上的统一性。[①] 根据文本产生和运用的情境，文本体裁也可以分为指向个人的信件、小说、传记和说明书等，指向社会的官方文件、留言板、新闻和公告等。

小学阶段涉及的文体类型较多，主要包括记叙性的童话、寓言、小说，抒情性的散文、诗歌，说明性的标牌和图示、科普文、调查报告、说明文等。根据小学生的认知发展水平，结合课程标准和语文教材，本书主要涉及小说、散文、科普作品、古诗文、童话、寓言、图画书等体裁。每类体裁不论是语言形式还是文本结构、内涵都有明显的不同。这些都决定了读者的阅读心理结构与阅读内容具有不同走向，要求学生采用不同的策略来理解和处理信息。

三、阅读策略

20 世纪 70 年代，随着信息处理模型的出现，策略一词在心理学中变得流行起来。策略是有意的、控制的并且具有目标导向性的，被用于描述儿童可以用来改善记忆和其他认知功能的心理或物理行动。随着认知心理学、阅读领域等相关理论的不断发展，阅读策略的概念也应运而生。教育研究者和教育实践者认为，在阅读过程中，如果读者在阅读时了解如何有策略地使用自己的阅读技能，他们的理解能力就会得到激发。因此，自 20 世纪 80 年代以来，使用阅读策略进行阅读教学的研究与实践迅速增加。

1. 阅读策略的内涵

研究者对于阅读策略的具体内涵有不同的定义，如“阅读策略是读者用来构建意义并促进阅读的活动或行动”“阅读策略是学生在阅读理解过程中选择的技术或风格”“阅读策略是学生在阅读过程中促进理解的规则系统与操作程序”。也有人将阅读策略视为“阅读过程中涉及的心理过程”，并强调这些过程通常是为了监控、修复或增强阅读理解而有意识选择的。[②] 随着阅读策略研究的丰富与深入，人们也逐渐认识到，阅读策略可以被读者灵活控制与使用，其使用与阅读任务、阅读对象、所处环境等密切相

① 周利荣：《传播媒介发展与文学文体演变研究》，西安：陕西师范大学，2012 年。

② Brantmeier C, “Second language reading strategy research at the secondary and university levels: Variations, disparities and generalizability,” *The Reading Matrix: International Online Journal*, Vol. 2(2005), pp. 1—14.

关。据此，"读者控制""目标或问题导向""有意识"成为阅读策略的三个本质特征。①

总结而言，阅读策略可以说是读者利用先验知识与文化背景理解文本、吸收文本所表达的信息与知识的方法与技巧，主要涉及个体在阅读时的认知、元认知、情感、动机等多个方面的行为表现，是读者为了更深入、精细地理解文本而开展的一种有意识、有目标的尝试。根据以上表述，可以确定阅读策略主要具有以下四点特征：一是阅读策略是阅读者的主动行为，二是阅读策略是与阅读内容的互动，三是阅读策略与阅读任务有关，四是阅读策略受到阅读文章类型的影响。

研究表明，阅读策略对学生的阅读理解能力有积极影响。随着时间的推移，阅读策略的使用可以变得更自动化和高效，最终成为读者可以自如调用的技能。因此，能否根据学习任务选择和运用恰当的阅读策略也成为阅读新手与熟练读者之间的本质差异。② 开展阅读策略教学也成为提升学生阅读能力的重要手段，为解决学生"不会读""读不懂"的痛点，提供了一条可操作性强的现实路径。

2. 阅读策略的类型

鉴于对阅读策略的不同认识，研究者将阅读策略分为不同类型。有研究根据阅读策略使用阶段的不同，将阅读策略分为涉及学习过程中的心理活动的认知策略和涉及学习者对其认知过程的意识的认知策略。也有研究根据策略针对对象的不同提出了三元阅读策略模型：元认知策略，包括学习的计划、思考学习过程、自我管理和自我监控等；认知策略，与特定学习任务相关，基于对学习材料的直接操作；社会情感策略，涉及社会中介活动和与他人的互动。③ 对于阅读策略的具体内容，一般主要将其分为六大类别：(1)预测，利用读者的先验知识来猜测文本的意义或信息；(2)略读，快速阅读段落以获取大意；(3)扫读，快速浏览文本以找到特定信息；

---

① Koda K：Insights into second language reading，北京：世界图书出版公司，2007 年，第 35 页。

② 倪文锦：《聚焦思维学会阅读——关于语文教学守正创新的一点思考》，《课程·教材·教法》，2023 年第 2 期，第 75—80 页。

③ Gilani M，Ismail H N，Gilakjani A P，"Impacts of learning reading strategy on students' reading comprehension proficiency，" *The international journal of language learning and applied linguistics world*，Vol. 1(2012)，pp. 78—95.

(4)推断，在行间阅读，理解句子和段落之间的关系；(5)猜测新词含义，通过上下文推断新词的含义，而不是查字典；(6)自我监控，调节阅读的策略，帮助读者解决阅读中的问题。

本书结合具体任务和工具对以上六大类别的阅读策略进行了进一步细化，根据文本体裁的不同，主要介绍了26种具体的阅读策略。其中，小说作品主要涉及“内容重构”“捕捉闪回”“对照阅读”“跨界阅读”“图表梳理”5种策略；散文作品主要涉及“想象画面”“感情朗诵”“探究象征”“线索梳理”“互文比较”5种策略；科普作品主要涉及“推进：识别和确定”“提问与推测”“确定重点”“联结：经历与背景”“转化：识别变化”5种策略；古诗文作品主要涉及“借助注释、插图、工具书，联系上下文”“思辨补白”“探究意象”“团体活动”4种策略；童话、寓言作品主要涉及“角色朗读”“探究原型”“多元续写”“戏剧表演”4种策略；图画书作品主要涉及“猜测/预测”“推理因果”“复述故事”3种策略。

第二节 基于体裁的阅读策略教学基本原则

在信息爆炸的今天，虽然学生们接收信息的方式丰富又便捷，但他们的课外阅读量却较少，阅读质量也普遍流于浅表化、碎片化，迫切需要教师提供正确并深入的教学指导。基于体裁的阅读策略教学强调引导学生在阅读过程中运用合适的方法与策略与文本对话、与作者对话。为此，需要在教学过程中遵循典型性、个性化、过程性和互动性原则。

一、典型性原则

基于体裁的阅读策略教学需要在“读什么”“怎么读”等方面强调典型性原则，要求通过选择典型的阅读文本、学习典型的阅读策略、开展典型的学习活动，以实现对阅读内容的深入探究和阅读策略的学习与运用。

一方面，通过阅读典型的文本掌握典型的阅读策略。在有限的学习时间内，师生一起阅读的文本应该是对学生成长和发展具有深远影响的经典作品。需要注意的是，在强调作品典型性的同时，还需要结合不同年龄阶段学生的阅读特点、认知水平，综合考虑篇幅、主题、内容、文体及所传递的价值观念等因素。同时，在教师开展阅读策略教学过程中，学生进行深入学习并运用的阅读策略也应该是具有典型性、推广性，可以在阅读中广泛使用的策略。

另一方面，设计典型的学习任务进行深度探究。不论选择何种阅读文本，都要抛弃面面俱到、浮光掠影的浅表阅读，代之以围绕典型学习任务的细致研读和深度探究。阅读的过程是学生接收信息的过程，在阅读文本之后，学生可以针对文本提出自己的问题，通过教师和同学的指导与讨论，最后能够形成具有探究价值的典型问题或学习任务。这些问题能够实现对典型作品的深度探究，进而帮助学生建立相应的阅读经验和阅读方法，获得发现的乐趣、探索的愉悦、深刻的理解，实现阅读能力的提升。

二、个性化原则

各种各样的阅读材料为学生构筑了广阔的阅读空间。同时，在考虑“读什么”“怎么读”的问题时，还需要关注到学生的个性和兴趣。一方面要在考虑新课标要求、文本特征等条件的情况下进行取舍、鉴选、整合、重构，另一方面也要尊重学生作为学习者应有的权利，赋予学生一定程度的决策权和选择权。

在教学活动中，也要让每个学生都能够参与到阅读教学方案的制定和学习活动规划与组织中来。在考虑学生学情、征询学生意见、凝聚学生智慧的基础上，确定适宜的阅读任务和策略、教学安排及评价办法，以此让学生能够最大限度地选择个体感兴趣的阅读视角和学习内容，从自己的真实问题出发对阅读材料进行深度研究。在探究活动中，也要鼓励学生根据自己的能力水平和实际需要选择恰当的阅读策略，自主安排学习进度，并用自己擅长的方式展示阅读结果。在阅读过程中，也要积极推进个性化的教学评价，关注学生动态化的学习过程，捕捉学生呈现出的个性化表现，从而准确判断学生现有阅读水平，并提供针对性的阅读策略指导。

三、过程性原则

阅读策略教学要引导学生通过系统的阅读活动实现对阅读策略的理解与运用。在这个过程中，要关注学生对阅读策略认识的变化。首先，学生认识文本体裁的过程是与文本动态对话的过程。一方面，学生通过持续的、深入的阅读，理解、辨析、综合、体悟文本内容、语言、逻辑结构以及写作风格；另一方面，学生通过接触和认识与文本体裁相适应的阅读策略，不仅扩充了自己的阅读知识和阅读经验，也获得认识文本的科学视角。这时候，阅读就变为一个观点不断交融、阅读视角和方法不断革新的过程。其次，学生运用阅读策略进行阅读的过程既是对初次阅读结果的再梳理或再聚焦，也是对自我阅读经验和阅读结果的反思过程。在不断反思与不断调试中，学生逐渐从书面文字中挖掘出更深刻的内涵，构建出新的意义。最后，阅读策略的教学过程也是师生、生生经验和体验的交流、整合过程。学生沉浸到阅读材料之中，通过将自身的生活经验和先前的经验带入到阅读过程中，而不断深化自己的所思、所感；同时，在完成具体的学习任务的过程中，师生、生生在交流中实现观点的碰撞与整合，从而进一步催生出学生更具价值、更为深入的理解。

四、互动性原则

做好阅读理解的一个重要因素就是要建立起多元主体和谐共生的阅读活动系统。在这个活动系统中，文本形式与文本内容相互影响构建意义整体，读者通过与作者的互动透过字里行间挖掘文本深意，生生、师生也通过平等的交流互动，形成教学相长和同伴互助的态势。

具体来说，在阅读文本内部，文本形式与文本内容诸要素是互动共生的。过去的文本解读往往过分强调对文本内容的解读而忽略了对文本体裁、形式的关注与学习。基于体裁的阅读教学则需要将这两个方面有机结合起来，开展形式与内容并重的解读活动。

在阅读文本与读者之间，学生也有自身的阅读自觉。他们会根据任务要求与目标，从已有的经验出发，利用阅读策略自主开展阅读与鉴赏、表达与交流、梳理与探究等不同的语言实践活动。学生通过提出阅读中发现的问题，结合情境或其他资料分析问题和解决问题，最终实现自身经验的不断重构和丰富。

此外，教师在学生语文实践活动中循序渐进的引导不可或缺，这是学生实现逐步完成探究活动、丰富个体阅读经验的必要条件。学生通过积极参与老师、同学的对话、交流，在互动中获得思想的启发、灵感的碰撞、情感的交流和能力的发展。

第三节　基于体裁的阅读策略教学实践路径

小学阅读教学具体要培养哪些能力？如何基于这些要求，在小学语文课堂中开展基于体裁的阅读策略教学实践？本节从新课标的要求入手，进一步明确究竟要基于什么样的学习要求开展行之有效的阅读策略教学。

一、小学阶段“学会阅读”的表现要求

新课标对小学生的阅读能力提出了较为明确的要求。我们根据文本体裁，对学生的具体表现进行了梳理。根据学业质量的表述，我们将学生的阅读能力分为一般阅读能力和针对性阅读能力。

1．第一学段

(1)一般能力要求：愿意为他人朗读自己喜欢的语段；朗读时能使用普通话，注意发音；注意用语气、语调和节奏表现对文本的理解和感受；愿意和同学交流朗读体验，能简单评价他人的朗读。

(2)古诗文阅读要求：喜欢读古诗，能熟读成诵。

(3)图画书和童话、寓言阅读要求：喜欢阅读故事；在阅读过程中能根据提示提取文本的显性信息；通过关键词句说出事物的特点，做简单推测；能借助关键词句复述读过的故事，尝试对阅读内容提出问题；愿意向他人讲述读过的故事，乐于向他人展示自己的作品。

2．第二学段

(1)一般能力要求：在阅读过程中能提取主要信息；能发现作品中的优美词语、精彩句段，并根据需要进行摘录；能借助上下文语境说出关键语句、标点符号、图表在表达中的作用；根据自己的阅读理解提出问题并与他人交流；乐于和他人分享阅读所得，关注有新鲜感的词句。

(2)古诗文阅读要求：能诵读学过的优秀诗文，尝试用不同的语气、语调表达自己的理解与感受。

(3)科普作品、图画书阅读要求：能阅读常见的图文结合的材料，注意图文关联，初步把握材料的主要内容。

(4)童话、寓言阅读要求：能复述读过的故事，概括文本内容；借助阅读经验和生活经验预测情节发展；能结合关键词句解释作品中人物的行

为，从某个角度分析和评价人物；主动阅读成语故事、寓言故事、神话故事、革命英雄故事等叙事性作品，能向他人讲述主要内容。

3. 第三学段

(1)一般能力要求：在阅读过程中能获取主要内容，用朗读、复述等自己擅长的方式呈现对作品内容的理解；能发现不同类型文本的结构方式和语言特点，感受作品内容、表现形式上的不同，积极向他人推荐，并有条理地说明推荐理由；能通过圈点、批注等多种方法记录自己的阅读感受和体验；重视朗读，能借助语气语调、重音节奏等传递汉语声韵之美，在反复朗读中加深对文本内容的理解。

(2)小说、散文、古诗文阅读要求：能独立阅读散文、小说、诗歌等文学作品；能用文字、结构图等方式梳理作品的行文思路；能品味作品中重要的语句和富有表现力的语言，注意词语的感情色彩；能通过诵读、改写、表演等方式，表达自己对感人情境和形象的理解与审美体验；能借助与文本相关的材料，结合作品关键语句评价文本中的主要事件和人物，提出自己的观点或看法。

(3)科普作品阅读要求：初步判断内容或信息的合理性；能概括说明性文字的主要内容或简单的非连续性文本的关键信息；能用准确的语言清楚地介绍、说明事物或程序；能运用文本主要信息解决现实生活中的简单问题。

通过梳理发现，不同学段对学生能力有不同要求，对其阅读方法、阅读体裁的要求也各有侧重。在明晰了能力要求之后，就可以设计相应的调查工具，抓取学生在阅读过程中的具体表现，推测其可能存在的问题，从而确定合适的阅读策略，并给予精准化的指导。

二、阅读策略教学的实践路径

语文阅读可以存在“整读与散读”“深读与浅读”“精读与泛读”“课内读与课外读”等多对关系。但根据新课标对“阅读”的定位和以上学习要求，它应是一种深度阅读、深度学习，需要精读、泛读的灵活转换，是对课内阅读和课外阅读的深度整合。① 本书在对学生阅读现状进行了细致的调研

① 贺卫东：《“整本书阅读”教学的本质、功能与问题消解》，《课程·教材·教法》，2020年第7期，第72—78、143页。

后，根据学生的真实问题和新课标要求，以学生语文课程核心素养的发展为导向，以学生学习经验、阅读兴趣为基础，借助具体的学习任务，帮助学生在阅读活动中掌握阅读策略、运用阅读策略，最终实现阅读水平的提升。

1. 明确文本体裁的特点，找到阅读的重点

不同的文本体裁具有不同的结构和特征。例如小说、剧本与诗歌、散文等重抒情意象的文学体裁不同，其核心是人物和故事。这些特征的不同，就导致学生在阅读时，需要关注的重点不同。例如阅读诗歌，要关注它的意境、诗法和诗味；阅读散文，要关注它的辞藻、结构和个性；阅读小说，要关注它的人物、情节和环境；阅读戏剧，要关注它的戏剧冲突、戏剧悬念、戏剧情境和角色台词；① 阅读科普作品，是为了获取知识，要重点关注对关键信息的提取与概括，并尝试运用知识解决现实问题。因此，在开展阅读策略教学之前，教师需要引导学生感受、认识阅读对象所属的体裁，找到阅读的重点。需要注意的是，在阅读教学的设计中，应将文体知识及意义内嵌于理解、感悟、审辨、构建等语文活动中，促使学生带着文体意识与作者、文本深度对话。②

2. 明确阅读目的，选择恰当的阅读策略

不同体裁的文本在阅读目的和价值取向上存在明显差异，相应地，则须匹配不同的阅读知识、技能和方法。例如小说和剧本虽然都有人物和故事，但是在阅读小说时，须着重关注人物和故事的关系，即对作者如何通过故事刻画人物并如何通过人物的行动推动故事等方面进行具体分析，这时可能需要人物语言、动作的分析策略，也需要相应的阅读策略对心理活动加以分析。而剧本则不同，它主要依赖的是人物的语言和动作，学生更多的是要关注语言对于人物形象的塑造。因此，基于不同体裁的架构特点、表述方式，学生应确定正确的阅读目标，选择恰当的阅读策略。

上述两个策略形成了基于体裁的阅读策略教学过程。一方面，探知“这篇”所属的类型，是为了由“类”到“个”，更好地探知所读的“这篇”的特点，进一步认识在“这一类”中“这篇”的价值；另一方面，对“每篇”所负载

① 曾祥芹：《文章阅读学》，郑州：大象出版社，2009 年，第 293 页。

② 郭跃辉：《基于文体特征的初中语文统编教材解读策略》，《教学与管理》，2020 年第 13 期，第 57—59 页。

的阅读知识，所涉及的阅读策略、阅读技能有了清晰认识，也能由一篇篇的阅读经验归纳出适合“这一类”的策略，从而实现从“一篇”走向“一类”的阅读策略的迁移。

运用阅读策略开展阅读的过程可以看作一个由不同阅读方式的有机结合，并不断循环、迭代的活动。学生以阅读任务为起点，以阅读需求为导向，使用诸如“联结：经历与背景”等策略进行扩展阅读；使用“猜测/预测”“图表梳理”“线索梳理”等策略执行略读、跳读等远距离阅读，实现对文本结构、形式的快速把握，掌握文本主要内容；随后使用“对照阅读”“互文比较”“探究意象”“探究原型”“推理因果”等策略实施近距离阅读，完成对阅读文本的深入理解。从结构上看，运用阅读策略开展的阅读活动的行为模式是“远距离阅读—近距离阅读—扩展阅读”的混合有序使用。① 整个活动呈现出从检索到推断，再到解释和整合，最后到评价鉴赏的思维水平提升的过程。

3. 组建学习组织，共同完成实践活动

对学生而言，应让他们在一个关系良好、气氛融洽的社群性组织中学习。学生正是在同伴交往中完成对未来社会生活、社会关系的预演，这种预演对人格发展和未来良好的社会关系的形成发挥着重要作用。② 因此，除了听教师讲授外，同伴之间的交流、沟通、分享、合作，也是重要的学习活动。在阅读策略教学中，要将学生所处的班级或者小组视为整体，在组建共同体时注意学生各自的优势和短板，并鼓励学生在各自的学习共同体中建立起自己的合作与交流机制，尽可能促成彼此阅读资源、阅读经验的深度共同与共享。同时，教师也应该是学生学习共同体中的重要组成部分。教师要为学生的运用策略开展阅读的活动提供更多样的资源和针对性的点拨，并结合学生学习活动开展情况，适时开展学生表现评价与反馈，提升阅读策略教学的实施效果。

4. 从单篇到整本，从课内到课外

就小学语文教学而言，“单篇课文阅读”教学与“整本书阅读”教学存在

① 宋宁远、梁梦丽、裴雷：《科学论文策略型阅读模式研究》，《出版科学》，2022 年第 1 期，第 67—78 页。

② 李煜晖、郑国民：《核心素养视域下的中小学课堂教学变革》，《教育研究》，2018 年第 2 期，第 80—87 页。

较大差异。“单篇课文阅读”一般指向具体的认知过程，关注积累语言材料、掌握语法修辞、了解文章的不同体裁和不同语言风格等问题。① 有研究者认为，单篇课文承载的更多是文化的横截面，甚至是某一种文化现象、某种文化下的场景。相比之下，整本书更像是画卷，能够为学生展示完整的社会生活。② 因此，人们普遍认为“整本书阅读”具有综合性特点，关注阅读的自我系统作用、过程的监控等高水平思维发展的问题。相比“单篇阅读”教学强调对文章的拆解和重点词句的解析，“整本书阅读”教学则更关注培养学生自主确定阅读任务、制订阅读计划、综合运用阅读方法、准确监控阅读过程的能力。③

对于阅读教学来说，教材选文就是阅读的范本。单篇课文对经典名著等整本书的阅读具有重要的引领作用，甚至可以说要求读的整本书基本上都可以在教材中找到“引子”。本书采用的阅读策略教学路径就是从基于教材单篇文本的阅读策略教学引发学生进行基于整本书的阅读策略学习，从基于课内阅读引发学生进行扩展性的课外阅读，从而不断扩大学生的阅读量，提升学生的阅读水平。

---

① 朱自强：《论整本书的不同艺术形态及其阅读教学方法》，《课程·教材·教法》，2022 年第 12 期，第 103—109 页。

② 吴欣歆：《培养真正的阅读者——整本书阅读之理论基础》，上海：上海教育出版社，2019 年，第 46—48 页。

③ 吴亮奎：《元认知思维视角的小学语文整本书阅读教学设计》，《天津师范大学学报(基础教育版)》，2023 年第 5 期，第 62—66 页。

第二章　基于“小学生阅读能力评价体系”的研究发现

2020年6月至2023年10月，北京石油学院附属小学进行了关于“小学生阅读能力的评价体系研究”课题的研究。此课题旨在寻找构成小学生阅读能力评价的结构要素，初步建立小学生阅读能力的结构要素体系。

在本课题研究中，研究者们首先对小学生阅读能力的现状进行了调查，并从中发现，小学生阅读不同体裁文本时存在兴趣倾向性不同，阅读策略选择单一、运用不当等问题。作为对该研究的延展补充，来自北京石油学院附属小学的一线语文教师，继续开展了基于体裁的阅读策略选择与运用的研究。这项研究也是北京市“十四五”青年专项课题“基于表现性评价的整本书阅读教学实践研究”(CDCA21145)的重要组成部分。

第一节　关于小学生阅读能力现状的调查

“小学生阅读能力的评价体系研究”课题组对560名小学生开展了关于阅读能力现状的调查。

一、研究方法

1. 调查工具

主要采用自编调查问卷《小学生阅读情况调查》，问卷包含以下十个维度：(1)阅读兴趣，包含8个问题；(2)阅读总量，主要包含“所读书目的总量，所阅读字数的总量和所能背诵优秀诗文的总量”3个问题；(3)阅读策略，包含5个问题；(4)阅读方式，主要包括“以哪种形式来阅读书中的内容”和“倾向于是否读出声的阅读方式”两项；(5)阅读速度，主要测查学生一分钟能读多少字；(6)口语表达，包含“倾听别人讲话”“喜欢和别人交流”等四个选项；(7)书面写作，包含“喜欢写日记”“对写话感兴趣”“我能写自己想说的话”等选项；(8)阅读媒介，包含对纸质版阅读材料、电子图书、听书的喜爱程度等问题；(9)阅读习惯，主要包括“是否有圈画的习惯”“每天的阅读时长”“遇到阅读困难时，向他人请教的习惯”“阅读专注力”四个方面的问题；(10)阅读体裁，主要考查学生阅读的广泛性。

2. 研究对象

被试来自一年级至二年级学生共560名，有效被试560名，有效率100%。本调查针对阅读起始年级的学生进行调查，旨在了解学生在入学三个月后和入学一年后的阅读情况。因为学校的阅读工程是从低年级段首先开展的，再陆续推广到中、高年级段。

通过预调查，信度系数值为0.694，大于0.6，说明研究数据信度质量可以接受。

二、研究结果

1. 父母学历的差异性

研究结果显示，父亲学历为“专科”的相对较多，比例为45%。另外高中及以下的比例是32.5%，本科比例是12.5%，研究生比例是10%。从母亲学历来看，有超过三成为“高中及以下”(37.5%)，专科学历所占比例也达到30%，本科和研究生学历相对而言较少，分别是27.5%和5%。

综合而言，父亲和母亲的学历都是高中及以下的有98人，占总样本的17.5%。父亲或母亲一方是专科、另外一方是高中及以下学历的共182人，父母双方均为专科学历的共70人，共占总样本的45%。因此，可以看出父母双方均是专科及以下学历的占比是62.5%。相对而言，样本中父母双方均是本科及以上学历的人数较少，共有98人，占总样本的17.5%。总体来看，参与调查的学生的父母高学历比例较低，双方学历均为专科及以下的比例占62.5%，双方学历均是本科及以上的占17.5%。

2. 阅读总量

主要对学生的阅读总量进行考查，包括所读书目的总量、所阅读字数的总量和所能背诵优秀诗文的总量。从表2-1可以看出，学生每个学期所读书本的数量在20本以下的占45%；所读书本数量在20—50本的占42.5%；仅有70人读书超过50本，占总调查人数的12.5%。

表 2-1　学生一学期阅读的书本数量　　单位：本

书本数量	频数	百分比
20 本以下	252	45.00%
20—50 本	238	42.50%
50 本以上	70	12.50%
合计	560	100.00%

从表 2-2 可以看出，学生在当前学期阅读的字数总量普遍在 2 万字及以下；仅有 140 人阅读总数超过 2 万字，占总调查人数的 25%。

表 2-2　学生一学期阅读字数总量　　单位：万字

字数总量	频数	百分比
1 万字以下	252	45.00%
1 万—2 万字	168	30.00%
2 万字以上	140	25.00%
合计	560	100.00%

从表 2-3 可以看出，学生背诵优秀诗文的数量在 30 篇以下的共 84 人，占总人数的 15%；能背诵 30—60 篇的人数有 168 人，占总人数的 30%；能背诵 60 篇以上的人数有 308 人，占总人数的 55%。

表 2-3　学生一学期背诵的古诗文数量　　单位：篇

背诵古诗文数量	频数	百分比
30 篇以下	84	15.00%
30—60 篇	168	30.00%
60 篇以上	308	55.00%
合计	560	100.00%

3. 阅读方式

主要对学生的阅读方式进行考查，所考查指标包括以哪种形式来阅读书中的内容和学生是否更倾向于读出声的阅读方式。调查显示，阅读时，有 47.5%的学生会通过分析、联系上下文直接阅读，有 40%的学生会根据拼音逐字阅读，有 52.5%的学生会选择“不读出声”，有 40%的学生喜欢小声读，仅有7.5%的学生会选择大声读。

4. 阅读媒介

主要考查学生对纸质版书籍的喜爱程度，调查显示有80%的学生喜欢看纸质版图书，77.5%的学生喜欢在“喜马拉雅”、“懒人听书”或者广播上听自己喜欢的故事。

5. 阅读习惯

这一要素主要考查学生在遇到喜好的文字时的处理习惯，如每天的阅读时长和遇到阅读困难时向他人请教的习惯及专注力等。从表2-4可知，在阅读时，有57.5%的学生在遇到喜欢的词语、句子时不会把它们圈画下来；仅有25%的学生喜欢圈画。

表2-4 学生在阅读时是否会圈画喜欢的词语、句子

选项	频数	百分比
不是	23	57.50%
不确定	7	17.50%
是	10	25.00%
合计	40	100.00%

从表2-5可知，学生每天的阅读时长为40—60分钟的占比最高，为37.5%，60分钟以上样本的比例是35%，仅有27.5%的学生每天的阅读时长少于40分钟。

表2-5 学生每天的阅读时长

选项	频数	百分比
少于40分钟	154	27.50%
40—60分钟	210	37.50%
60分钟以上	196	35.00%
合计	560	100.00%

从表2-6可知，从“阅读中有不懂的地方，愿意向周围人请教”题目来看，有50%的学生选择“是”，有32.5%的学生选择“不是”，由此可以看出，学生们更倾向于向其他人请教。阅读时，超过八成的学生能专心致志地读书。

表 2-6　阅读时有不懂的地方是否向别人请教

选项	频数	百分比
不是	182	32.50%
不确定	98	17.50%
是	280	50.00%
合计	560	100.00%

从表 2-7 可以看出，70%的学生能够做到在阅读时，坐姿规范，眼睛与书本保持一定的距离；12.5%的学生坐姿不太规范。

表 2-7　阅读时的坐姿是否规范

选项	频数	百分比
不是	70	12.50%
不确定	98	17.50%
是	392	70.00%
合计	560	100.00%

6. 阅读的广泛性

在对学生喜爱读的书的种类进行调查时，我们发现大多数学生更喜欢漫画、故事、绘本，选择这些选项的人数均超过 50%；另外有 47.5%的学生也喜欢连环画。相对而言，喜欢读童谣、寓言、画报的人数较少。在此基础上，对学生最喜爱的一种图书种类进行考查。从表 2-8 得知学生最喜爱的图书主要是绘本、漫画、故事，分别占总人数的 70%、65%、62.5%。相对较少的人喜欢童谣、寓言、连环画、画报、童话。

表 2-8　阅读的广泛性

选项	频数	百分比
诗歌	154	27.5%
童谣	168	30%
漫画	364	65%
寓言	224	40%
故事	350	62.5%
连环画	266	47.5%

续表

选项	频数	百分比
画报	196	35%
绘本	392	70%
其他	14	2.5%

注：选项为多选。

三、回归分析

课题组做了各变量之间的相关性分析，但由于相关性分析不能反映变量之间的因果关系，为验证模型各变量之间的因果关系，还需进行回归分析来验证模型的成立。

1. 阅读兴趣作为自变量

从表 2-9 可知，将阅读兴趣作为自变量，而将阅读策略作为因变量进行线性回归分析(模型公式：阅读策略=0.981+0.53×阅读兴趣)，模型 R^2 值为 0.141，意味着阅读兴趣可以解释阅读策略的 14.1%变化原因。对模型进行 F 检验时发现模型通过 F 检验($F=6.250$，$p=0.017<0.05$)，也说明阅读兴趣一定会对阅读策略产生影响。最终具体分析可知，阅读兴趣的回归系数值为 0.530($t=2.500$，$p=0.017<0.05$)，意味着阅读兴趣会对阅读策略产生显著的正向影响。

表 2-9　阅读兴趣对阅读策略的影响

	非标准化系数		标准化系数	t	p	共线性诊断	
	B	标准误	*Beta*			VIF	容忍度
常数	0.981	0.557	—	1.762	0.086	—	—
阅读兴趣	0.530	0.212	0.376	2.500	0.017 *	1	1
R^2	0.141						
调整 R^2	0.119						
F	$F(1, 38)=6.250$，$p=0.017$						
D-W 值	1.933						
因变量：阅读策略							
线性回归分析结果($n=40$)							

注：* $p<0.05$，* * $p<0.01$。

从表 2-10 可知，将阅读兴趣作为自变量，而将书面写作作为因变量进行线性回归分析(模型公式：书面写作＝1.607＋0.318×阅读兴趣)，模型 R^2 值为 0.141，意味着阅读兴趣可以解释书面写作的 14.1％变化原因。对模型进行 F 检验时发现模型通过 F 检验($F=6.232$，$p=0.017<0.05$)，也说明阅读兴趣会对书面写作产生影响。最终具体分析可知，阅读兴趣的回归系数值为 0.318($t=2.496$，$p=0.017<0.05$)，意味着阅读兴趣会对书面写作产生显著的正向影响。

表 2-10　阅读兴趣对书面写作的影响

	非标准化系数		标准化系数	t	p	共线性诊断	
	B	标准误	$Beta$			VIF	容忍度
常数	1.607	0.335	—	4.800	0.000**	—	—
阅读兴趣	0.318	0.128	0.375	2.496	0.017*	1	1
R^2	0.141						
调整 R^2	0.118						
F	$F(1,38)=6.232$，$p=0.017$						
D-W 值	2.148						
因变量：书面写作							
线性回归分析结果($n=40$)							

注：* $p<0.05$，** $p<0.01$。

总结分析可知，阅读兴趣会对阅读策略、书面写作产生显著的正向影响。

2. 阅读习惯作为自变量

从表 2-11 可知，将阅读习惯作为自变量，而将阅读策略作为因变量进行线性回归分析(模型公式：阅读策略＝0.863＋0.530×阅读习惯)，模型 R^2 值为 0.22，意味着阅读习惯可以解释阅读策略的 22％变化原因。对模型进行 F 检验时发现模型通过 F 检验($F=10.701$，$p=0.002<0.05$)，也说明阅读习惯一定会对阅读策略产生影响。最终具体分析可知：阅读习惯的回归系数值为 0.53($t=3.271$，$p=0.002<0.01$)，意味着阅读习惯会对阅读策略产生显著的正向影响。

表 2-11　阅读习惯对阅读策略的影响

	非标准化系数		标准化系数	t	p	共线性诊断	
	B	标准误	$Beta$			VIF	容忍度
常数	0.863	0.463	—	1.863	0.070	—	—
阅读习惯	0.53	0.162	0.469	3.271	0.002 **	1	1
R^2	0.22						
调整 R^2	0.199						
F	F（1，38）=10.701，p=0.002						
D-W 值	1.912						
因变量：阅读策略							
线性回归分析结果(n=40)							

注：* $p<0.05$，* * $p<0.01$。

从表 2-12 可知，将阅读习惯作为自变量，而将阅读方式作为因变量进行线性回归分析(模型公式：阅读方式=0.788+0.624×阅读习惯)，模型 R^2 值为 0.152，意味着阅读习惯可以解释阅读方式的 15.2%变化原因。对模型进行 F 检验时发现模型通过 F 检验($F=6.813$，$p=0.013<0.05$)，也说明阅读习惯一定会对阅读方式产生影响关系。阅读习惯的回归系数值为 0.624($t=2.610$，$p=0.013<0.05$)，意味着阅读习惯会对阅读方式产生显著的正向影响。

总结分析可知，阅读习惯会对阅读策略、阅读方式产生显著的正向影响。

表 2-12　阅读习惯对阅读方式的影响

	非标准化系数		标准化系数	t	p	共线性诊断	
	B	标准误	$Beta$			VIF	容忍度
常数	0.788	0.683	—	1.153	0.256	—	—
阅读习惯	0.624	0.239	0.39	2.61	0.013 *	1	1
R^2	0.152						
调整 R^2	0.13						
F	F(1，38)=6.813，p=0.013						

续表

	非标准化系数		标准化系数	t	p	共线性诊断	
	B	标准误	Beta			VIF	容忍度
D-W 值	2.03						
因变量：阅读方式							
线性回归分析结果（$n=40$）							

注：$^{*}p<0.05$，$^{**}p<0.01$。

综上，阅读兴趣、阅读习惯会对阅读策略产生显著的正向影响。结合关于阅读广泛性的调查，阅读材料的体裁文本影响着学生的选书兴趣，一定程度上限制着学生阅读兴趣的发展。阅读习惯的养成和语文课堂教学有着密切又重要的关系。因此，把研究进一步细化到不同年段的学生在阅读不同体裁文本的阅读策略选择与运用上，具有极高的研究价值和实践价值。

第二节　小学生阅读不同体裁文本的现状与面临的挑战

为进一步细化和深化“小学生阅读能力评价体系”研究，结合“基于表现性评价的整本书阅读教学实践研究”的开展，研究者们对北京石油学院附属小学不同年段的学生，进一步做了非正式访谈式调查。调查依据不同年段学生最常涉猎的阅读体裁展开，研究者对收集的数据进行整理后做了下面的描述。

一、小学低年级学生的阅读现状和挑战

1. 图画书

小学低年级学生通常从图画书开始阅读，这类图书以丰富的图片和简单的文字吸引着学生的阅读兴趣。学生喜欢图画书中的故事和角色，能描述图画书中故事的基本情节。但是，由于图画书文字较少，学生无法获得足够的语言输入，其思维和表达能力的提升受到了一定的限制。此外，学生还出现了过分依赖图片，而忽视对文字的阅读和理解的现象。

2. 科普类读物

浅显的科普读物，特别是低幼版杂志形式的科普读物是低年段学生最常接触到的文本形式。但其同样存在着图片占比多的现象，虽然能够激发学生的好奇心，帮助他们了解自然界和科学原理，接触到基础的科学知识，但由于科普类读物中涉及的专业术语，以及科学严谨的表达方式，对低年段学生来说是难点，学生常常因为缺乏背景知识而对某些科普内容感到困惑。

3. 文学作品

低年段学生接触的文学作品多为童话、诗歌、浅显的寓言故事和神话故事，这些文学作品中的虚构成分较多。此类文本通常能够丰富学生的情感体验，培养他们的同理心和想象力，学生还能够接受道德教育的引领，获得基本的生活智慧。但文学作品中略复杂的情节和隐喻，对低年级学生造成理解上的障碍。加之学生可能对文学作品中的某些文化背景了解不充分，会直接影响其阅读体验。

因此，小学低年级学生在阅读不同体裁文本时面临着多样化的挑战。为了提高学生的阅读能力，需要给予学生适当的阅读策略上的指导和帮助，帮助学生自信地迎接文本体裁特点带来的阅读挑战，形成浓厚的阅读兴趣和基本的阅读能力。

二、小学中年级学生的阅读现状和挑战

1. 童话、神话和小说

学生进入中年级后，接触数量比较多的是具有曲折故事情节的童话、神话和小说作品。学生往往对其中的主人公、主要情节感兴趣，能准确提取其中的散点式信息，但在理解复杂的情节发展和角色动机方面存在挑战。他们需要学会在提取关键信息的基础上进行关联，从而理解作者在思想主旨上的深层含义。

2. 说明性及实用性文本

学生从中年段开始，接触到说明性和实用性文本的机会比低年级时要多，形式也由图多字少转变为文字多、直观欣赏的图片较少，取而代之的是以图表等为辅助信息的文本。这类文本要求学生能够理解事实和逻辑关系。中年级学生在抓住主要观点和次要细节、理解复杂的逻辑结构方面常

会遇到难题。在整合文字和图像信息、理解它们之间的关系时，也会对他们的阅读造成一定的困扰。

3. 诗歌和散文

欣赏诗歌和文学作品需要学生具备一定的语言感知能力和审美能力。中年级学生可能在理解诗歌的隐喻、节奏和韵律，以及文学作品的深层主题和情感表达方面面临挑战。

综上所述，小学中年级学生在阅读不同体裁文本时面临着理解复杂文本内容、阅读策略运用不当等问题。教育者应通过课内阅读指导，为学生提供阅读不同体裁文本的基本策略，帮助学生在大量的课外阅读中将这些基本策略熟练自如地运用起来。

三、小学高年级学生的阅读现状和挑战

1. 中长篇幅的小说及整本书小说

学生需要理解复杂波动的情节，分析角色的性格特征、人物形象的塑造和环境描写的作用，从而探究作品的主题。阅读中学生会遇到理解隐喻、象征和主题多元的挑战。学生需要在阅读中学习和实践多种策略的综合运用，摸索适合自己阅读习惯的有效阅读策略。

2. 实用类文本

科技文章、历史记载等说明性文本要求学生能够理解并分析信息、数据和论点。高年级学生可能需要提高区分事实与观点、评估论据有效性的能力。此外，实用类文本常常还结合了图片、表格、符号等多种形式，需要学生学会整理、筛选、整合、排列这些不同形式的信息，以获得完整的理解。

3. 诗歌、散文和戏剧

文学作品如诗歌和戏剧往往语言精练、意象丰富，学生在理解语言的多层含义、欣赏文学美、分析角色和动机方面常常遇到困难。

4. 非虚构类文本

非虚构类文本包括新闻报道、论文、演讲等，要求学生能够批判性地阅读，评估信息来源的可靠性和作者的偏见。

高年级学生通常在阅读不同体裁的文本时已经具备了一定的阅读基础，掌握了一些基本的阅读策略和方法，能够阅读较为复杂的文本。进入

高年级的学生应掌握预测、概括、推理、提问和总结等多种阅读方法并能灵活运用。但学生在理解深层文化内涵、分析批判性思维、跨学科调动经验、提高阅读速度、灵活综合地运用阅读策略等方面依然存在挑战。

第三章 小说作品的阅读

第一节 小学生的小说阅读策略

一、小说的特点

小说是一种侧重刻画人物形象、叙述故事情节的文学样式，可以分为长篇小说、中篇小说与短篇小说，文言小说与白话小说，等等。小说的基本特征主要是深入细致的人物刻画、完整复杂的情节叙述、具体充分的环境描写。

1. 人物

人物是小说的原动力。同其他文学样式相比，小说在人物刻画上拥有更丰富的表现手段，可以从各个方面深入细致地塑造性格复杂的人物形象。小说可以具体地描写人物的音容笑貌，也可以展示人物的心理状态，还可以通过对话、行动以及环境气氛的烘托等多种手段来刻画人物。小说通过主人公的表现(动作、语言、行为等)揭示主题。

2. 情节

情节与人物密切相关，是人物性格发展的历史。小说可以突破相对固定的时空限制，容纳复杂丰富的情节，反映广泛的生活内容。因为要充分叙述完整的情节，所以小说一般都要有一定的长度。短篇小说和小小说虽然篇幅短小，但其长度也必须足以容纳一个较完整的情节。情节既可以表现主题，也可以突出人物。

3. 环境

环境描写是衬托人物性格、展示故事情节的重要手段。小说中人物的活动和事件的发生发展，都不能离开一定的时代、社会和自然的环境。人物性格的形成和发展，也是受特定环境制约的。只有充分地描绘环境，才可能具体、真实地揭示出人物活动和矛盾冲突的现实根据。小说既可以对社会环境做全面的介绍，又可以对具体的生活场景做细致详尽的描绘。历史环境可以写上下几千年，自然环境可以写纵横几万里。它可以随时变换场景，为人物活动和情节展开提供自由灵活的时间与空间范围。

通常来说，环境描写可以渲染氛围，烘托人物心情；可以交代故事发生的时间，突出季节特征，推动小说情节的发展；可以使情节更合理；可以照应标题、照应开头，使文章结构完整；可以预示结局或与结局照应。

二、小说的阅读策略

1. 内容重构

内容重构策略，指阅读主体基于进一步的研究目的，通读全文（书）后，提取相关信息，按照新的形式重新组合并呈现内容。要完整分析一本书中的人物，需要梳理书中与人物相关的事件，重新组织这些内容，建构客观完整的认识。

2. 捕捉闪回

“闪回”是整本书创作的常用手法，一个画面、场景、人物在整部作品中重复出现，利用重复形成勾连，强化印象。捕捉闪回就成为整本书阅读的独特策略，借助这一策略，学生能够更好地理解作者的创作意图，实现与作者的深度对话。

3. 对照阅读

对照阅读，即在阅读中自觉地将具有一定关联的人物对比参照，区分细微差别，探究差别产生的本质原因。

4. 跨界阅读

跨界阅读指阅读过程中，学生突破学科边界、突破纸质媒介进行的综合阅读。有些书的阅读需要突破学科的界限，综合利用历史、地理、政治等学科的知识获得更深刻的理解；有些书需要突破不同艺术形式的边界，借助戏剧、电影、评书、连环画等表现形式帮助学生对比细节，发现差异。学生在跨界阅读过程中，立体化地品评人物，加深对原著的理解，有助于客观地、多角度地评价分析原著。

5. 图表梳理

小说作品因其篇幅相对较长，情节曲折、复杂、完整，人物形象鲜活等多种特点，在小学生阅读小说作品时适合使用思维可视化（Thinking Visualization)工具来梳理阅读时的思维路径。具体来说，思维可视化指运用一系列图示技术把本来不可视的思维呈现出来，使其清晰可见的过程。被可视化的"思维"更有利于理解和记忆，因此可以有效提高信息加工及信息传递的效能。

图示因其直观、易读、易懂、易记的特点，便于学生在阅读中随时随地地使用。小学生在阅读小说作品时可实现的"思维可视化"主要包括情节曲线图、思维导图(Mind Map)、鱼骨图、K-W-L 表格等。例如，可以使用情节曲线图按照小说情节的发展将开端、发展、高潮、结局等内容通过曲线图的形式展现出来，比如，高潮的时候曲线出现波峰，结尾出现波谷，从而有利于学生清楚地把握小说情节、梳理小说内容。再如，使用思维图(Thinking Maps)中的某些图形来辅助对小说中人物形象的理解、对照，对环境描写功能的梳理等。

第二节　以"内容重构"策略为主的阅读

案例 1　《灰雀》：补充人物内心想法

一、作品链接

《灰雀》是部编版语文教材三年级上册第 8 单元中的一篇课文，体裁为小说。

这篇课文讲述的是列宁、灰雀和一个小男孩之间的故事。列宁在公园里寻找三只惹人喜爱的灰雀当中的一只时，遇到了将灰雀捉走的男孩。经过几轮交谈，受到无痕的教育和感动的男孩将灰雀放了回来。这个故事体现了列宁的善解人意，对男孩的尊重、爱护以及男孩的诚实和天真。

该课文通过对人物语言和行动的描写方式来揭示人物的内心世界，推进着情节的发展进程。男孩的语言和行为已经告诉列宁，灰雀的消失与他有关。如何使小男孩主动认识到将灰雀捉走的行为是错误的，并自愿将灰雀放回来，需要运用高超的教育艺术循循善诱。

列宁并未进行任何说教，而是多次赞美灰雀的好，多次表达对灰雀的在乎与担忧，使小男孩内心受到震动，从而认识和改正自己的错误。在整个事件中，处处可以发现列宁善于观察对方的言语、行动，既不伤害对方的自尊心，又能使对方认识到错误的巧妙的教育方法，同时，也可以体会到列宁对儿童人格的尊重和爱护。

阅读这篇课文，一是要学生认识到列宁对儿童的爱护，二是可以通过对人物语言和神态的描写体会人物的心理活动。本文的重点内容是列宁发现灰雀消失之后，通过耐心、得体的交谈使小男孩放回了灰雀的经过。如何使学生透过他们的言语和神态来领会人物的心理活动是学习本文的难点。

二、学习阅读

(一)回顾任务，回忆内容

1. 师：进入本单元的时候，同学们就接受了录制学校视频号“讲述课本中人物故事”的任务。看，同学讲《司马光》故事的视频已经发布，并广受好评。

2. 师：大家一定还记得《灰雀》这个故事，我们将用到“讲述者＋情景表演”的方式，讲述因灰雀而引发的列宁和男孩之间的故事。带着这个任务，咱们继续学习吧。

3. 师：请大家先和老师一起来写课题。我板书，大家书空。(写完后)请读课题。

(1)写“灰”的时候要注意其中“火”这个部件的笔顺。

(2)“雀”，由“小”和表示“短尾巴鸟”的部件“隹(zhuī)”组成。

4. 师：文中直接描写灰雀和列宁喜爱灰雀的语句已经出现在了大屏幕上。谁来读一读，展现出灰雀的可爱？

• 公园里有一棵高大的白桦树，树上有三只灰雀：两只胸脯是粉红的，一只胸脯是深红的。

• 它们在树枝间来回跳动，婉转地歌唱，非常惹人喜爱。

• 列宁每次走到白桦树下，都要停下来，仰望这三只欢快的灰雀，还经常给它们带来面包渣和谷粒。

• 第二天，列宁来到白桦树下，果然又看到那只灰雀欢蹦乱跳地在枝头歌唱。

对学生的点评要点：自由地歌唱，自在地活动，这真是生活得自由自在的灰雀啊！

5. 师：在三只灰雀中，胸脯是深红色的那只，与列宁和小男孩发生了故事。

板书：列宁　男孩

师：请大家打开语文书第103页，快速读一遍课文，试着用下面的句式说说这是一个怎样的故事。

三只灰雀中____________的那只深受列宁和男孩的喜爱。

它__________在白桦林中不见了，又__________回到了白桦林。

6. 学生交流主要内容时，教师完善板书。

板书：喜爱、带走、交谈、放回

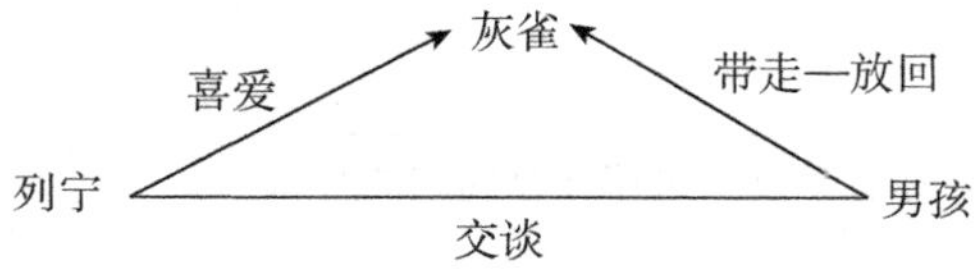

图 3-1　板书设计

(二)完善脚本，讲述展示

1. 展示“支架”，标准先行

(1)为了把这个故事绘声绘色地讲给所有人听，需要先把讲故事的脚本设计好。

表 3-1　《灰雀》讲故事脚本

	第一幕第一场	第一幕第二场	第一幕第三场	第一幕第四场	第二幕
讲述者台词	略	略	略	略	略
列宁	孩子，你看见过一只深红色胸脯的灰雀吗？	一定是飞走了或者是冻死了。天气严寒，它怕冷。	(自言自语)多好的灰雀呀，可惜再也飞不回来了。	会飞回来？	(那个男孩站在白桦树旁，低着头。)
男孩	没……我没看见。	(那个男孩本来想告诉列宁灰雀没有死，但又不敢讲。)	会飞回来的，一定会飞回来的。它还活着。	一定会飞回来的！	(看看男孩，又看看灰雀，微笑着)你好！灰雀，昨天你到哪儿去了？

(2)上节课，咱们一起讨论并制定了脚本设计与评价标准。

①人物的内心想法，既能与上文内容相联系，又能与下文内容(人物的语言/表现)相一致。

②扮演列宁和男孩的演员，能表现出对话时的语气。

然后，大家依照标准对脚本中的"讲述者台词(人物内心想法)"进行了初步填写。

接下来，咱们就一幕一幕地边评边改，把人物的内心想法揣摩到位，让脚本更完善。每组可设置1—2位讲述者。

2. 第一幕第一场

表3-2　第一幕第一场脚本

	第一幕第一场脚本
讲述者台词	略
列宁	孩子，你看见过一只深红色胸脯的灰雀吗?
男孩	没……我没看见。

(1)学生展示，生生评价。

(2)教师点拨时把握要点并相机指导朗读。

①列宁

a. 联系上文：深红色胸脯、着急寻找、遇见男孩；

b. 联系下文：深红色胸脯。

②男孩

a. 联系上文：这个人为什么问我? 他发现了?

b. 联系下文：意识到错误，但不想承认。

(3)对比

其实，男孩也可以说："我没看见。"或说："我没看见!"再联系内心想法分别读读看，发现了什么?

没……我没看见。 我没看见。 我没看见!

正是这处结结巴巴的表达，让我们和着急找灰雀的列宁都看到了男孩意识到自己犯错了。于是，才能继续后面的对话。

板书：着急—询问　　慌张—不承认

3. 第一幕第二场

表 3-3　第一幕第二场脚本

	第一幕第二场脚本
讲述者台词	略
列宁	一定是飞走了或者是冻死了。天气严寒，它怕冷。
男孩	(那个男孩本来想告诉列宁灰雀没有死，但又不敢讲。)

(1)学生展示，生生评价。

(2)教师点拨时把握要点并相机指导朗读。

①列宁

a. 联系上文：男孩慌张，猜测有问题。

b. 联系下文：不能确定；假设直接批评的后果；用担心灰雀安慰男孩、唤醒男孩心中的爱。

板书：猜测—唤醒

②男孩

a. 联系上文：他担心灰雀，和我喜爱的方式不同。

b. 联系下文：说事实，怕责备，不知是否被察觉。

板书：对比—纠结

4. 第一幕第三场

表 3-4　第一幕第三场脚本

	第一幕第三场脚本
讲述者台词	略
列宁	(自言自语)多好的灰雀呀，可惜再也飞不回来了。
男孩	会飞回来的，一定会飞回来的。它还活着。

(1)学生展示，生生评价。

(2)教师点拨时把握要点并相机指导朗读。

①列宁

a. 联系上文：确认是男孩，看出他想改，呵护男孩自尊。

b. 联系下文：强调对灰雀的担心和惋惜；假装说给自己听，不让他察觉。

板书：呵护—感化

②男孩

a. 联系上文：没有责备我的意思；我也要像他那样为灰雀着想。

b. 联系下文：我要自己改正错误。

板书：放松—想改

列宁已知真相，却只谈对灰雀的赞美和自己的担心，还特意把话说给自己听，假装男孩是个局外人。这种“眼中没有你”“话里也没你”，恰恰是“心中都是你”呀！这种不着痕迹的教育，叫“感化”。

5. 第一幕第四场

表 3-5　第一幕第四场脚本

	第一幕第四场脚本
讲述者台词	略
列宁	会飞回来?
男孩	一定会飞回来的!

(1)学生展示，生生评价。

(2)教师点拨时把握要点并相机指导朗读。

①列宁

a. 联系上文：灰雀是他带走的，他也想要自己改正错误了。

b. 联系下文：继续假装什么也不知道，让他毫无察觉；追问，他会再次确认!

板书：引导

②男孩

a. 联系上文：他不知道是我。

b. 联系下文：我要让他相信，灰雀能回来。

板书：坚定

(3)男孩说过两次“一定会飞回来的”，对比着读读，再说说你的新发现。

一定会飞回来的。

一定会飞回来的!

6. 小组合作，展示第一幕

(1)四人小组修改脚本。

(2)连续表演第一幕的四个场次。

(三)探究人物品质，辨析“喜爱”真谛

1. 按照“假设”表演，引发争论

看到大家在第一幕中表现得这么投入，我也很想参与其中，当一回“列宁”。大家一会儿再继续揣摩第二天两人见面时各自的内心想法。哪位讲述人和“男孩”愿意先和老师表演一下第二幕?

第二天，列宁来到白桦树下，果然又看到那只灰雀欢蹦乱跳地在枝头歌唱。那个男孩站在白桦树旁，低着头。

列宁看看男孩，又看看灰雀，微笑着说：“你好！灰雀，昨天你到哪儿去了?”

当然，灰雀没有告诉列宁昨天它去哪儿了。列宁也没再问那个男孩，因为他已经知道，男孩是诚实的。

(1)列宁对男孩说：“我昨天就知道是你带走了灰雀。不过，好在你改正了过来，放回了灰雀。知错能改，善莫大焉！你真是个知错能改的、诚实的孩子啊!”

(2)引发学生讨论：这样直接夸奖男孩，给男孩以鼓励，如何?

小结：列宁继续装作不知，让男孩认为自己不知情。男孩会庆幸自己做了正确的选择，实现了自我修正。列宁从始至终都小心翼翼地呵护着小男孩的自尊，给予了他的自我修正以极大的尊重。

板书：尊重

表 3-6　第二幕脚本

	第二幕脚本
讲述者台词	略
男孩	(那个男孩站在白桦树旁，低着头。)
列宁	(看看男孩，又看看灰雀，微笑着)你好！灰雀，昨天你到哪儿去了?

(3)学生展示，生生评价。

(4)故事没有再继续往下写，但我们的思绪还可以继续往下顺延。

①你猜：男孩还会低着头吗?

板书：春风化雨　自我修正

②再猜：如果文中灰雀会说话，它会怎么评价列宁和男孩对它的“喜爱”?

2. 撰写讲述视频的开场白

为了让我们的讲述能从一开始就吸引观众，请结合板书，为我们的讲述撰写一段开场白吧。

今天，我们要给大家带来一个充满温暖的故事——《灰雀》

您可以从中感受到列宁________________________________；

您也可以从中感受到男孩______________________________。

请大家一起来欣赏______班同学为您带来的课本中人物的故事吧。

（如果有时间，就全要表演；如果没有时间，就展示广告语。）

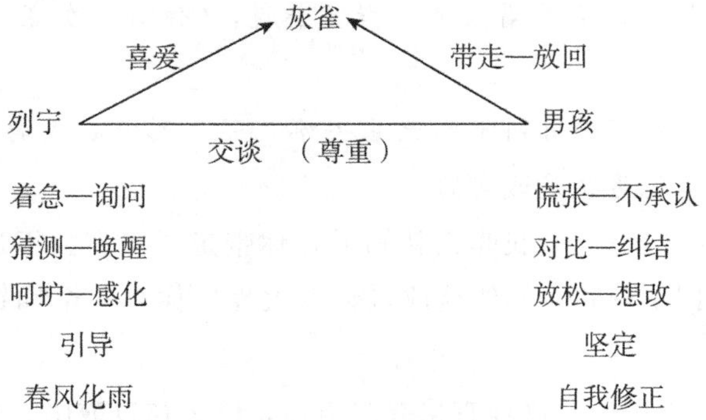

图 3-2　板书设计

三、策略分析

“补充文中人物内心想法，为讲述者设计讲述台词”，作为驱动阅读的主任务，该任务引导学生整体回顾全文，借助表格明确需要补充人物内心独白的地方。学生要为人物设计出合理的内心独白，必须要在联系上下文的基础上，提取作者对人物语言、动作的描写，揣摩出彼时彼刻人物真实的想法。

当人物的内心独白设计好后，教师引导学生分别纵向观察列宁和小男孩的内心独白，按照这样新的形式重新组合内容。学生发现列宁一直在呵护男孩，引导男孩进行自我修正；也发现了男孩在列宁春风化雨的教育艺术的引导下，完成了自我修正的过程。两份重组内容，帮助学生完整地分析出两个主人公的品质特征。

案例2　《不老泉》：转换视角重构内容

一、作品链接

美国作家娜塔莉·巴比特的作品《不老泉》讲述了这样一个故事：一个炎热的天气里，11岁的温妮·福斯特独自悄悄跑进丛林中探险，在那里她遇见了长生不老的塔克一家——17岁英俊少年杰西和他的父母、哥哥。这家人因为误服了可长生不老的泉水而永远年轻，他们为了保存这个秘密只能东躲西藏。有许多人在寻找这神秘的一家人，想获取长生不老的秘诀，这其中就有一个黄衣人。温妮和杰西之间产生了一段非常美好的友情，因此她面临一个艰难的选择：她可以喝下泉水与杰西一起长生不老，也可以选择像平常人一样生老病死，过普通人的生活。若干年后，杰西来寻找她时，见到的是温妮的墓地，她已经像普通人一样离开了这个世界，而杰西还停留在永远的17岁。

（一）作品打破常规的生死观

从古至今，世上多数人都想长生不死，永葆青春。文学中，探讨永生的话题的作品不在少数。这本书却从非常规的角度看待生和死的问题，引导人们自我审视“期待永生”的观点，进而聚焦到欲望的无限扩大上。本书假设了一个时间暂停的前提，描绘了欲望被无限满足的生活状态和人的心理状态，引导读者正视生死，勇敢面对挚爱的离去。

（二）作品中隐藏着关于“成长”的重要意象

1. 空间意象：福斯特家、树林、小路、木屋。

2. 事物意象：蟾蜍、八音盒。

（三）悬念与情节相伴相随，给读者留有充分的想象空间

学生最关心温妮为什么没有选择喝下不老泉；塔克一家离开后，温妮是怎么度过一生的，杰西又是怎么度过的。这是作品最大的留白。

二、学习阅读

（一）转换视角，探究主题

1. 视角1：温妮为什么没喝不老泉的泉水？

(1)PPT 出示温妮在离开家后遇到的“重要他人”：梅、塔克、迈尔斯、杰西、黄西装。

(2)如果不老泉泉水真的出现在了世人面前，请任选上述一个人物，以他/她的口吻向世人介绍这种泉水。

预设关键词：梅——周而复始……(老年)；塔克——日复一日，毫无新意……(老年)；迈尔斯——妻离子散，悲剧源泉……(中年)；杰西——孤单，期待……(青年)；黄西装——长生不老，赚钱，大人物，满足无尽的欲望……。

(3)利用要素分析法，提炼针锋相对的两种意见。

①否定“长生”：单一、孤独。

回文获取支持：邋遢、单调、孤独的日常生活。

②肯定“长生”：享受生活，占有更多资源，满足欲望。

(4)作者想通过这些“重要他人”的影响，透过温妮告诉读者：(　　)和(　　)。

预设：生命的长度/生命的价值，贪婪/善良，欲望/价值，珍惜/离别……。

(5)作者以紧凑的情节、鲜明的人物特点为我们呈现了这部作品，但她仅在结尾以一块墓碑告诉读者温妮没有喝下泉水的结果，却未对杰西等待温妮这漫长的数十年做只字说明。请你设想一下永远 17 岁的杰西这数十年来的生活。想象一下温妮在 17 岁生日的时候会写下怎样的日记。两者任选其一，以小组为单位完成。

①永远 17 岁的杰西，终于等到了温妮 17 岁，可他并没有等来温妮。从那时起，他数十年来的生活是这样的——

②如果温妮有记日记的习惯，她在 17 岁生日这天，会写下些什么呢？

2. 视角 2：如果你有机会，喝不喝不老泉的泉水？

(1)引发学生讨论。

①我会喝——

②我不喝——

(2)古今中外，各国帝王寻求长生不老仙丹的故事不计其数，文学作品中也有很多谈论生死的作品。《不老泉》问世的年代并不久远，在探讨生死这个古老的主题中，它有什么特别之处？与《活了一百万次的猫》对比，用双泡图呈现。

(3)把学生“非对即错”的单一思维引向深入：没有绝对的答案，尊重个人的选择，这也正是优秀图书的魅力所在。

3. 视角3：作者希望不希望人们喝不老泉的泉水？

(1)抓住蛛丝马迹，感悟作者写作之巧妙。

①有文学评论家指出，有一些景物本身就具有象征意义。结合你读过的小说和其他文学作品，凭初步感受连一连景物和它通常代表的象征意义。联系学生学过的课文《我们上路了》。

风雨雷电	和平
橄榄树	爱情
相思鸟	困难、灾难

②《不老泉》中也有这样的景物、事物，你试着找一找。

预设：福斯特家的宅子——父母的庇护，过度的爱护；路——成长，突破；湖边木屋——个性、独立思考；八音盒——善良、柔和；树林——个性释放；风雨——灾难。

(2)看似与情节关联不大的蟾蜍，作者却几次三番地提到，并给予了这只蟾蜍永生的权利。再有，如果我们从第2章直接开始读，也不影响把握故事的主要内容，写蟾蜍、写序幕和第1章，都看似浪费了笔墨。如果你是作者，你会怎么向读者阐述你的创作意图？

(二)结合评论，阐述理解

《纽约时报》评论《不老泉》这部作品：“一部惊悚而美丽的小说，读来放不下，放下忘不了。”请用一句话结束今天对这本书的研读：

《不老泉》这部作品让我读来放不下的是：____________________；让我放下忘不了的是：____________________。

三、策略分析

任选书中“重要他人(非主人公温妮)”，以他(她)的口吻向世人介绍这种泉水，目的在于引导学生转换视角，重新梳理书中与人物相关的事件，并重新组织内容。引发对主题的多元探讨，直击阅读难点。用有收敛的讨论，整合学生的阅读感悟，呈现作品承载的多元主题。通过交流讨论，将学生的线性思维引向多维角度，帮助学生理解：作品并不是宣扬让人们放弃生命，而是为了让人们珍爱人间真情。

在学生重构内容的过程中，教师还会引导学生发现容易忽略的内容，即很多具有意象内涵的事物。例如：作者对大宅子、树林、木屋等空间意象的设立，也展现了温妮从父母庇护下逐步独立起来的过程，这既是她的成长历程，也是她性格发育的展现。很多学生在自读的过程中常常会跳读这些内容，引导学生在重构内容中发现这些易被忽略的内容，能够有效指导学生阅读小说作品时关注意象事物的设置作用。

引入作者视角，引导学生再次重构内容，体会留白的作用，能够帮助学生理解作者在序幕和第1章中巧妙地用景物渲染整个故事的意图，品味作者在富有哲理的全知视角下的点评语。

第三节　以“捕捉闪回”策略为主的阅读

案例1　《桥》：“肆虐的山洪”有用意

一、作品链接

《桥》是部编版语文教材六年级上册的一篇课文，是一篇小小说。作者满怀深情地塑造了一位普通的老共产党员的光辉形象，面对狂奔而来的洪水，他以自己的威信和沉稳、高风亮节、果决的指挥，将村民们送上跨越死亡的生命桥。他把生的希望让给别人，把死的危险留给自己，用自己的血肉之躯筑起了一座不朽的桥梁。这座桥梁是以老支书为代表的优秀共产党员密切联系群众的“桥”，这正是课文以“桥”为题目的深刻内涵。

这篇课文在表达方法上有以下三个突出的特点。

(一)构思新颖别致，设置悬念，前后照应

课文先写老汉将一个小伙子从队伍里揪出来，让他排到队伍的最后；又写小伙子让老汉先走，而老汉把小伙子推上了桥，但就在这时木桥塌了，他们二人被洪水吞没了；最后写洪水退了以后，一个老太太来祭奠两个人，一个是她的丈夫，一个是她的儿子。故事到这里戛然而止，直到这时人们才恍然大悟，知道了“老汉”和“小伙子”的关系。这虽让人感到在“意料之外”，但联系前文仔细想想，又觉得在“情理之中”。这样安排结构，达到了震撼人心的艺术效果。

(二)本文多用简短的句、段，来渲染紧张的气氛

如：课文开篇就写黎明的时候，雨突然大了。“像泼，像倒。”短短的四个字，构成了两句话，不仅描写出雨水之“大”，而且表现出雨水的来势凶猛，为下文的山洪暴发做了铺垫。反复提及的山洪、洪水，不断渲染了危急的氛围，推进了情节的发展。

(三)大量运用比喻、拟人等修辞方法，增强表现力

如：“山洪咆哮着，像一群受惊的野马，从山谷里狂奔而来，势不可当。”“他像一座山。”“老汉凶得像只豹子。”这几句话都运用了比喻的修辞方法，使描写生动形象，让人如闻其声，如见其人。再如：“近一米高的洪水已经在路面上跳舞了。”“死亡在洪水的狞笑声中逼近。”“水渐渐蹿上来，放肆地舔着人们的腰。”这里运用拟人的修辞方法，把洪水疯狂、肆虐的魔鬼形象表现得淋漓尽致。

二、学习阅读

(一)听写词语，回顾主要内容

1. 教师说意思，学生猜词听写

(1)形容水流的奔腾轰鸣，也形容人的暴怒喊叫，课文是指洪水来势凶猛，奔腾呼啸。——咆哮

(2)因害怕而慌张。——惊慌

(3)按照次序。——依次

(4)老汉把儿子拉出队伍的动词。——揪

(5)为死去的人举行仪式，表示追念。——祭奠

2. 浏览课文，用听写的词语串联课文的主要内容

小结：这条起伏的线条，也叫“情节曲线”，不仅帮我们抓住了事情的起因、发展、高潮和结局，更能贴切表现故事情节的起伏，一举两得！

(二)评价人物，感悟形象

1. 自主学习，初步感悟

(1)自学提示

• 读：默读全文。

• 画：描写老汉的语句。

• 思：老汉是个怎样的人？

• 批：简短词句记录心得。

• 读：根据心得朗读句子。

(2)教师巡视，相机引导学生板书。

预设：

• 镇定自若/果断/沉稳/临危不惧/沉着冷静……

• 舍己为人……

• 坚守原则/尽职尽责……

• 不徇私情/铁面无私……

2. 指导评价：有理有据

(1)以“镇定自若”(未必非得是这个词，意思一致就可以)为例指导。

预设：表明观点、抓住关键点、联系水势和人群的慌乱。

(2)出示课件，学法指导。

有理有据地评价人物

• 观点鲜明亮，

• 抓住关键点。

• 上勾下连思，

• 条理清晰言。

(3)师生配合读，PPT 展示第 1—8 自然段。

师——雨势　　众——全体学生　　老汉——发言学生

(4)关注易忽视细节：老汉提前赶到桥前。

过渡：通过朗读，我听出了众人的乱和老汉的稳。仅仅只有这样的不同吗？回读第 3—7 自然段，看看你还有什么发现？(课件适时显示“南”“东”“西”“北”“折回”标红的第 3—7 自然段)

①角色转换——老汉，你心里明镜儿似的知道：“________________！”(3—4 位学生)

点拨：这座窄窄的桥，就是唯一的逃生之桥，是关乎生命之桥啊！

②与“老汉”对话：已然站在桥前，本可迅速逃生，你为何选择留下来？

③补充：新的阅读感受——尽职尽责。

④引读回扣——“他像一座山”。

• 师：他不说话，盯着惊慌的人们。 生：他像一座山。

• 师：他不说话，盯着你拥我挤的人们。 生：他像一座山。

• 师：他不说话，盯着疯了似的折回的人们。 生：他像一座山。

正是这座山，带给人们生的信心和希望！

⑤再次出示 PPT，有理有据评价人物性格，练习思维和表达。

3. 多维评价，立体塑造人物形象

(1)同桌练习说一说(从黑板上的词语中，任选 1—2 个)。

(2)感悟“坚守原则”。

①学生练习评价。

②分角色朗读，教师读旁白。PPT 出示第 9—13 自然段。

③同桌练习读，师旁白，一人读老汉，一人读其他人的语言。

(3)感悟“不徇私情”。

①学生练习评价。

②出示 PPT。

老汉突然冲上前，从队伍里揪出一个小伙子，吼道：“你还算是个党员吗？排到后面去！”老汉凶得像只豹子。

老汉吼道：“少废话，快走。”他用力把小伙子推上木桥。

③做两个方向完全相反的动作“揪”“推”，再读句子，你发现了什么？

一揪一吼，一吼一推：党支书(父亲)。

④把“儿子”带入文章，再读读这段文字。(齐读)

老汉突然冲上前，从队伍里揪出儿子，吼道：“你还算是个党员吗？排到后面去！”老汉凶得像只豹子。

老汉吼道：“少废话，快走。”他用力把儿子推上木桥。

⑤在这生死关头，老汉到底爱不爱自己的儿子？引发争论。

⑥读写结合，任选其一写一写。

PPT：洪水已经蹿上人们的腰了，老汉把儿子从队伍里揪出来时，他想：________。

洪水已经爬上人们的胸口了，老汉推儿子先走时，他想：________。

木桥倒塌了，儿子被洪水吞没时，老汉想要喊：“________”。

⑦双重身份，排序。哪个排在前？为什么？

⑧圈出板书中的“尽职尽责”。

(三)体悟写法

1. 回顾全文，关注写法

在有理有据的评价中，老支书鲜明的人物形象就树立在我们眼前。我们再回顾全文，其实这些直接描写老支书的语句已足以让我们认识他、记住他。为什么作者还要花如此多的笔墨写洪水呢？

2. 根据板书小结，闪回：环境渲染、侧面烘托、巧设悬念。

3. 板书：小小说。

(四)拓展思维，升华形象

洪水退去，人们可能会重建一座桥。人们会给这座新建的桥起什么名字？为什么？

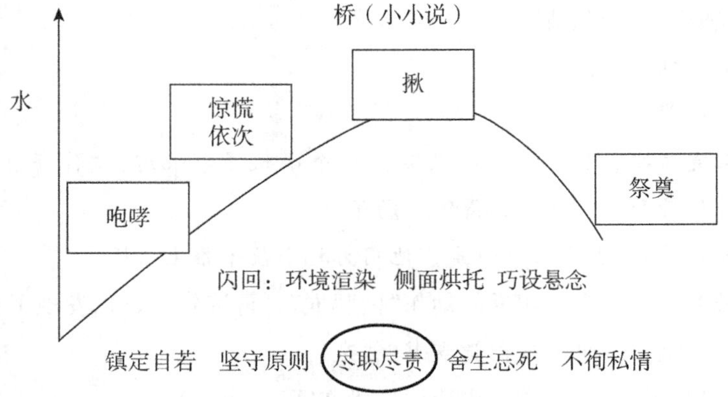

图 3-3 板书设计

三、策略分析

学生在阅读小说的时候，常被曲折的情节和主人公形象所吸引，从而忽略作者在创作中精心设计的一些“点”。

山洪肆虐的场景、木桥岌岌可危的状态，以及群众人物的表现，在《桥》一文中不止一次出现。勾连起这些场景、状态、表现，能够强化当时情况的危急紧迫，强化老支书党员干部尽职尽责的光辉形象。借助这一策略，学生能够从写作手法的角度实现与作者深度对话，产生创作共鸣。

案例2 《狼王梦》：做份紫岚形象说明

一、作品链接

《狼王梦》是一部长篇动物小说，是“动物小说大王”沈石溪的一部代表作品。

《狼王梦》是一部以自然主义观点写的动物小说。它以尕玛尔草原和日曲卡雪山为背景，讲述了母狼紫岚如何培育三只小公狼成为狼王的经过，把在大自然中挣扎求生存的狼，及因求生存而发展出来的“狼道”，刻画得淋漓尽致。

书中的主人公形象——母狼紫岚，在必要时可以为了不让孩子受猎人们的折磨和屈辱，维护“狼道”的尊严，一口咬断孩子的喉管，无论如何也要留全尸；它甚至眼睁睁地看着爱子在搏斗厮杀中受伤、死去，被饥饿的狼群咬成碎片，也不伸出援手。狼儿们长大后，它也不需要孩子们的“礼道”“孝道”来回报，反而接受它们的奴役。虽然“狼道”在我们读来太过残忍了，但动物也讲感情，紫岚为了自己的儿女，表现出的母爱无异于人类。

这部作品情节紧凑，环环相扣，把狼充满挫折的成长描写得十分精彩，巧设悬念，引人入胜。

二、学习阅读

(一)介绍“闪回”，了解表达效果

1. 闪回

小说创作中，作家常常在作品中抓住某些信息、对人物的某些特点进行重复提醒。这种被重复提及的内容，也被称为“闪回”，它是整本书创作的常用手法。小说利用重复形成前后的勾连，强化读者对人物的某些特点的印象。捕捉闪回就成为整本书阅读的独特策略，借助这一策略，我们能够更好地理解作者的创作意图，实现与作者的深度对话。

2. 举例

在小说《夏洛的网》中，我们就能找到作者对小猪威尔伯的“哭”有十余次的描写，还能找到作者对小猪威尔伯的“睡”的若干描写，此外还有对小

猪威尔伯的“吃”“尖叫”和“谈论生与死的话题”的重复叙述。提取出这些重复信息后，我们可以联系起来综合分析它们：有没有变化？是怎样变化的？为什么会有这样的变化？

表 3-7　梳理《夏洛的网》中小猪威尔伯的“睡”

页码	摘录
7	要是太累了，它会闭上眼睛，在洋娃娃的毯子底下睡觉。
17	它感觉到了肚子里的热牛奶。它感觉到棍子舒服地在挠它痒痒的背。它感觉到安宁、快乐和睡意。这真是一个累人的下午。才不过四点钟左右，可威尔伯已经要睡了。
20	威尔伯想着这些计划，想着想着睡着了。
26	“大概——大概——大概是十一点半吧，”母鹅说，“你为什么不睡啊，威尔伯？” “我心里想的东西太多了。”威尔伯说。 ………… 威尔伯打了好几个哈欠，回头继续睡它的觉。
38	它舒舒服服地侧身躺上很长时间，半睡半醒，做着美梦。
51	威尔伯于是快步走到它的猪圈最黑暗的角落，倒头躺下来。它闭上眼睛，可转眼间它又开口了。 ………… 威尔伯停了下来，然后慢慢走到它的食槽那里。它找到一点土豆，小心地嚼烂，吞下去，又走回来睡觉。它闭上眼睛，沉默了一会儿。 ………… 威尔伯闭上眼睛。
61	威尔伯深深陷在它软绵绵的床上呼呼大睡。
79	在麦草地上睡大觉的威尔伯跳了起来。
82	“这是真的，”夏洛回答说，“我有几个非常出色的堂姐。好了，威尔伯，你该睡觉了。” “那么唱点什么吧！”威尔伯闭上眼睛求它。
115	它话还没说完，威尔伯已经睡着了。从它的呼吸声可以听出来，它埋在麦草里睡得很安宁。

3. 小结

不难发现，威尔伯一开始时想什么时候睡就什么时候睡，睡得心无旁骛，睡得无忧无虑。到后来，它竟然为了夏洛的子子孙孙在该睡的时候却睡不着。从睡得香甜到睡不着，从满足生理上的“睡”到因为心理上的不安而“睡不着”，小猪威尔伯的精神发育史，就清晰地呈现在我们面前了。

(二)阅读实践

1. 让我们借助捕捉闪回这一阅读策略，再次走进动物小说《狼王梦》吧。这部小说中，关于紫岚的所作所为、所思所想，有哪些重复的地方？

2. 捕捉闪回角度提示。

(1)紫岚为了培养狼王做出了几次自我牺牲？

(2)小说提到了几次紫岚对黑桑的怀念？

(3)作为一匹狼，紫岚做了哪些违背狼的习性的行为？

(4)作为一匹狼母，紫岚做了哪些违背亲情的行为？

(5)作者写了几次紫岚回归狼群？

……

3. 借助表格，选择其中的一点重新浏览全书，数一数针对这个重复点，作者提到了几次。

表 3-8　梳理《狼王梦》中的重复点

重复点	提及次数	在书中的页码和简要记录	备注
紫岚为了培养狼王做出了几次自我牺牲？			
小说提到了几次紫岚对黑桑的怀念？			
作为一匹狼，紫岚做了哪些违背狼的习性的行为？			
作为一匹狼母，紫岚做了哪些违背亲情的行为？			
作者写了几次紫岚回归狼群？			

4. 请把你找出的重复点连起来读一读，为紫岚这个形象做一份形象说明。要求：

(1)在不同版本《狼王梦》的插图或《狼王梦》小说画本中选择一幅图，辅助你撰写的紫岚形象说明。

(2)所撰写的紫岚形象说明，与所选的插图表现的内容要相互匹配。

(3)形象说明文体不限，字数不超过 100 字。

5. 展示学生填写样例："紫岚对黑桑的怀念"。

表 3-9　学生填写样例表

重复点	提及次数	在书中的页码和简要记录	备注
小说提到了几次紫岚对黑桑的怀念?	5	P4 有孕的紫岚捕猎有心无力时，思念黑桑这个理想伴侣。 P8 与黑桑设计夺取狼王位置，但黑桑命丧野猪獠牙的那一幕。 P61 紫岚带着孩子们回到狼群，进行"认亲"仪式的时候。 P73 卡鲁鲁向紫岚示爱的时候。 P166 紫岚被迫离开石洞，流落到鬼谷的时候。	紫岚形象说明：紫岚，一匹隐忍的狼母，身边没有了伴侣的帮助，它隐忍着，近乎奇迹地生下狼崽。带狼崽回群，隐忍着自己的目标，顺从狼王。遇到新的爱情，它仍不忘自己的初心——把黑桑的孩子培育为狼王——而放弃爱情。它有智慧，有胆量，有信念，有大爱，是人性与狼性交织的母亲形象。

6. 交流展示，补充提示。

(1)写形象说明的时候，不用把事例写得太具体，多用概括性的语句。

(2)作者对每个形象的塑造，都不是从单一的角度出发的，在写形象说明的时候要从多角度考虑。

(3)最好用第三人称的方式撰写。

三、策略分析

相较于单篇的小小说，以整本书形式出现的中长篇小说中的"闪回"手法出现的频率更多，适合学生在阅读时有意识地捕捉。在《狼王梦》的阅读指导中，教师先迁移了学生阅读《夏洛的网》时运用的捕捉闪回的策略，接着给出可以捕捉"闪回"的角度，引导学生自主阅读与发现。无论学生选择哪个角度，都可以实现对整部作品的串联，形成个性化阅读的思维线索。在这个基础上，组织学生在讨论中不断丰富对紫岚形象的认识与理解，达到深化理解主题的目的。学生在运用中学习阅读，在阅读中实践策略，对他们未来阅读其他小说作品不无裨益。

第四节　以“对照阅读”策略为主的阅读

案例1　《刷子李》：对照曹小三心理变化体会刷子李形象

一、作品链接

《刷子李》是部编版语文教材五年级下册的一篇课文，它以主人公“刷子李”的高超技艺为话题，借一件极富戏剧性的小事窥见人物的大本领、大智慧。借由徒弟“曹小三”的叙事视角，一波三折地讲述故事，凸显“刷子李”的“奇人奇事”。

《刷子李》作为习作单元的一篇精读课文，着重发挥“阅读铺路”的教学功能，帮助学生进一步丰富写人叙事的方法。之前学生已经学习并初步尝试运用了直接描写表现人物的特点，因此学习本文时，在创设情境、预写先行的基础上，重点引导学生学习作家冯骥才抓住典型事例，将直接描写与间接描写自然融合，突出人物特点的基本写法。

二、学习阅读

(一)回顾所学，明确目标

1. 回顾单元情境任务

“遇见形形色色的TA”——校园公众号专栏征文活动；已完成第一次习作预写修改。

2. 走进《刷子李》，回顾文章通过什么事写出刷子李怎样的特点。

3. 本节课我们将继续学习《刷子李》，看看作者是如何刻画人物形象的，对我们的习作又会有哪些帮助？

(二)关注细节，探究写法(体会直接描写与间接描写的表达效果)

1. 自主阅读思考。默读课文，画出描写刷子李与曹小三的语句，思考作者是怎样写出刷子李技艺高超这一特点的，简要批注。

2. 小组交流。小组内分享阅读成果，借助表格梳理阅读思考。

表 3-10 《刷子李》人物形象刻画

人物	人物表现	我的发现
刷子李		
曹小三		

3. 全班交流，小组汇报。教师引导学生关注刷子李、曹小三两个人物的表现，文章通过对刷子李的直接描写和对曹小三的间接描写，刻画人物形象。教师相机点拨。

(1)关注对刷子李的描写

①刷墙动作

只见师傅的手臂悠然摆来，悠然摆去，如同伴着鼓点，和着琴音，每一摆刷，那长长的带浆的毛刷便在墙面啪地清脆一响，极是好听。

抓住“悠然摆来，悠然摆去，伴着鼓点，和着琴音”等关键词，体会刷子李刷墙就像在进行艺术创作。

②蘸浆手法

屋顶尤其难刷，蘸了稀溜溜粉浆的板刷往上一举，谁能一滴不掉？一掉准掉在身上。可刷子李一举刷子，就像没有蘸浆。但刷子划过屋顶，立时匀匀实实一道白，白得透亮，白得清爽。

通过对比普通粉刷匠刷浆，刷子李一举刷子，却像没有蘸浆，稀溜溜的粉浆一滴不掉，从蘸浆手法体会刷子李技艺的高超。

③刷墙效果

但刷子划过屋顶，立时匀匀实实一道白，白得透亮，白得清爽。……啪啪声里，一道道浆，衔接得天衣无缝，刷过去的墙面，真好比平平整整打开一面雪白的屏障。

这是怎样的“白”？“匀匀实实一道白”“白得清爽”“白得透亮”，这是对刷子李刷墙效果的直接描写。这面墙刷出来“匀匀实实”，白得“透亮”有光泽，白得“清爽”很舒适，刷子李刷完的墙就像一件艺术品。

④刷墙规矩

最让人叫绝的是，他刷浆时必穿一身黑。

他还给自己立下一个规矩，只要身上有白点，白刷不要钱。

照他的规矩一天只刷一间屋子。

干活前，他把随身带的一个四四方方的小包袱打开，果然一身黑衣黑裤，一双黑布鞋。

刷子李干活还有一个规矩。每刷完一面墙，必得在凳子上坐一会儿，抽一袋烟，喝一碗茶，再刷下一面墙。

刷子李为何要定下这些奇特的规矩？刷子李奇特的“规矩”背后是成功所需要遵循的“规律”，这样的人才能形成行业的“规范”，才对得起“行当＋形式”的名号。

(2)关注对曹小三的描写

①题目是《刷子李》，文章也主要表现刷子李这一人物的特点，为什么作者还要写到曹小三这个人物？引导学生发现曹小三学徒一天的心理变化，进一步探究曹小三的加入对于表现主人公刷子李人物特点的作用。

曹小三当然早就听说过师傅那手绝活，一直半信半疑，这回非要亲眼瞧瞧。

居然连一个芝麻大小的粉点也没发现。他真觉得这身黑色的衣服有种神圣不可侵犯的威严。

完了！师傅露馅儿了，他不是神仙，往日传说中那如山般的形象轰然倒去。

奇了！他凑上脸用神再瞧，那白点原来是一个小洞！

②教师小结。

这正是作者行文构思的巧妙之处。从徒弟曹小三的视角出发，写到了曹小三眼中的刷子李。随着他一天的所见所闻，心理变化，作者将对曹小三的间接描写与对刷子李的直接描写自然融合到一起，体现了刷子李技艺高超。

(三)梳理探究，感知写法(建立单元结构化认知)

1.《人物描写一组》与《刷子李》，在刻画人物特点方面有哪些不同？借助思维图梳理归纳。

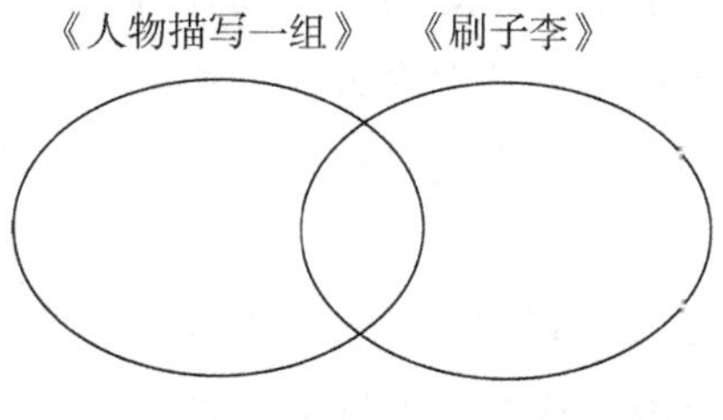

图 3-4 思维导图

2. 预设

(1)相同：两篇文本都选取了典型事例，突出人物特点。

(2)不同：《人物描写一组》通过直接描写人物的语言、动作、神态、心理等表现人物特点。《刷子李》不仅有对刷子李的直接描写，还用曹小三的心理变化间接表现人物特点。

3. 小结：《刷子李》正是将直接描写与间接描写自然穿插在一起，刻画刷子李这一人物形象的。

(四)迁移运用，二次修改

1. 基于这节课的学习收获，师生共同讨论，进一步补充"单元习作评价标准"。补充习作评价标准：通过描写其他人的反应间接地衬托人物特点。

"形形色色的 TA"习作评价标准

能选取典型事例，凸显人物特点。

通过直接描写人物的语言、动作、神态等，具体表现人物特点。

2. 基于评价标准，学生继续修改预写。

3. 展示交流，基于标准互相评价。

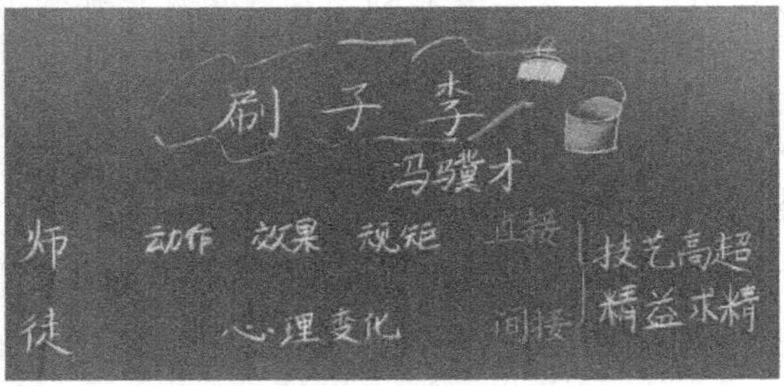

图 3-5 板书设计

三、策略分析

本课的设计先引导学生抓住对刷子李动作等方面的细节刻画，感受直接描写的表达效果。接着，引导学生关注曹小三的心理变化，感知间接描写对表现刷子李人物特点的作用。对照师徒二人的行为表现，探究直接描写和间接描写手法的作用。

对照师徒二人表现的过程中，区分他们对待"黑衣上小白点"的差别，探究差别产生的本质原因。这样借不同人物的行为表现，探究人物描写的方法，有助于学生在阅读中感悟作者将直接描写和间接描写自然融合的巧妙构思。

案例 2　《西游记》：对照称呼变化看形象

一、作品链接

《西游记》以历史上玄奘取经故事为原型，经长期民间流传和文人作家再创作，形成了今天我们所见的版本。它是中国古典文学名著之一，是神魔小说的典范性作品，结构宏伟，内容丰富，语言生动诙谐，具有独特的文学风格。

《西游记》采用传统的章回体结构，每一回都是一个完整的故事单元，有独立的情节和主题，同时又与前后回目相互关联，构成一个连贯的叙事链。每一回的标题通常由两个对仗的句子组成，形式上讲究对仗工整，内容上概括了该回的主要内容或主题。

小说中人物性格分明，形象生动，具有鲜明的个性特征。通过诙谐幽默的语言，将神话故事与现实生活紧密结合，对当时的社会现象和人物进行了深刻批判和嘲讽。取经的艰难历程，不仅表达了作者对忠诚、勇敢、智慧、忍耐等美德的赞扬，对贪婪、愚昧、邪恶等恶行的谴责，还同时创造了主人公人物形象的成长历程。

二、学习阅读

(一)回顾导入，布置任务

1. 这个学期同学们都阅读了《西游记》这部小说。谁来说说这部书主要讲了什么故事?

讲的是孙悟空、猪八戒、沙和尚和唐僧师徒四人西天取经的故事。

2. 布置阅读任务：这是一部中国古典名著，塑造了很多栩栩如生的人物形象。这节课，我们要走进这些人物，围绕他们，做西游人物卡。

(二)梳理线索，理解形象

1. 小组合作活动一：悟空名字大排队

(1)孙悟空名字大排队(排序，从了解整本书入手)，他有几个名字?

(2)你们能按事情发展的顺序，把他的名字排排队吗？(小组讨论)请代表到前面贴：石猴—美猴王—孙悟空—弼马温—齐天大圣—孙行者—斗战胜佛。

①PPT 出示石猴相关原文，指生读。(贴：石猴，贴：美猴王)

②PPT 出示孙悟空相关原文。(贴：孙悟空)

③PPT 出示弼马温相关原文。(贴：弼马温)

a. 解释弼马温称呼的来历，说一说，从这段话，你明白了什么？

b. 承认他的能力，并任用他了，其实质是天界对孙悟空的极大嘲弄。所以孙悟空保唐僧取经路上，各路妖怪称他弼马温时，孙悟空都愤怒至极，原因皆于此。

④PPT 出示齐天大圣相关原文。(贴：齐天大圣)

⑤PPT 出示斗战胜佛相关原文。(贴：斗战胜佛)

2. 小组合作活动二：制作孙悟空人物卡(法宝、性格)

(1)至此，我们梳理完孙悟空这个人物的名称，也回顾了整本书。书中提到他的法宝、法术有哪些？有何特别之处？

生汇报，师板书：72 变、筋斗云、火眼金睛、分身术

(2)孙悟空有这么多本领，用一个词形容他，他有什么特点？

①生自由说。

②师总结并板书：神通广大。

(3)孙悟空还有什么优缺点？

①优点：机智、勇敢、疾恶如仇……

②缺点：急躁……

(4)小结：现实中，猴子就是活泼灵巧的小动物，作者在写书时，把孙悟空赋予了人的特点和神的特点。多么有创造力啊！

(5)全书一共 100 回，前 7 回讲孙悟空和天庭斗，中间回目讲孙悟空和妖魔鬼怪斗，一步一步地，他由一个石猴变成了最终的孙悟空。

3. 小组合作活动三：制作人物卡

(1)这部作品不仅塑造了孙悟空这个人物形象，还塑造了很多人物形象，那就按我们小组分工，来制作小组西游人物卡。

(2)展示活动

①根据梳理猪八戒的称呼变化制作猪八戒的人物卡。

a. 展示支持该人物卡的事件。

b. 现实中，猪就是贪吃贪睡的动物，作者把猪八戒和猪的特点结合起来，长鼻大耳，贪吃好睡，非常切合人物需要。

②回顾孙悟空和猪八戒，我们不难发现，作者在塑造小说人物时通过不同情节，多方位刻画人物，让人物栩栩如生。作者让每个人物都有多方面的性格，很全面，很立体，与此同时，人物性格还随故事发展不断变化。

板书：情节、人物

(3)展示妖魔鬼怪的人物卡

①随机比较妖怪卡：作者讲述不同的故事时，叙述结构有没有相同之处？

②小结：原来《西游记》里一个个降妖除魔的故事，就是类似这样的重复。这样的结构方式有人称之为“冰糖葫芦式”。每一个故事就像一颗冰糖葫芦，相对独立完整；唐僧师徒取经任务就像中间的竹签，穿起一个个扣人心弦的故事。

③再看看每个章回的题目，回忆一下，有什么特点？

小结：这就是章回体小说的一个特点，每回对偶的文字作标题，称为“回目”，它能高度概括本回内容，语言精练。每一回叙述一个较完整的故事段落，有相对独立性，但又承上启下。

(三)透过背景看创作

(1)介绍吴承恩。

(2)创作来源：任何一个作者对小说人物的塑造，都会有现实的背景，吴承恩塑造的这些妖魔鬼怪又在影射什么呢？

(3)总结：《西游记》的诞生距离我们已经近500年了，它已经走进了人们的生活，我们在动画片中、电视剧中、京剧中，公园长廊等建筑上，邮票上，甚至在春节庙会上，都能发现它的身影。而现今，《西游记》也被越来越多的国际友人所喜爱。《西游记》就像一张名片，让世界认识中国，让中国走向世界。

三、策略分析

《西游记》中孙悟空的称呼变化反映了这一形象身份、地位及与其他角色的关系的转变。透过作者对这一形象称呼多样化的设计，我们看到的是一个人从寂寂无闻到成就一番事业的成长历程。

石猴是孙悟空刚出生时的称呼，因为他是从石头中诞生的。这一称呼既表明了孙悟空是从哪里来的，也表明了他没有世俗父母的约束，这样一个几乎没有任何社会背景的形象就此诞生。

美猴王是他在花果山瀑布后发现水帘洞，并带领其他猴子进入，被推举为王而得到的称号。这个称号不仅表明了他在猴群这个小社会中得到了认可，也勾勒出了他的外貌形象。

孙悟空是他的授业恩师菩提祖师为他取的名字，意味着希望他能够悟透“空”的真理，有禅味，有佛味，也蕴含着深厚的中国哲学文化。

然而，孙悟空第一次被天庭招安时得到的官职弼马温，意为辅佐马匹，防止马瘟。这个职位在天庭中属于较低的职务，加之约束重重，孙悟空对此感到不满。初出茅庐，事业遇挫，这一称呼中蕴含的蔑视之味不仅为情节发展做了铺垫，也折射了一定的社会现实。

不满意弼马温职位，孙悟空回到花果山后自封“齐天大圣”，意在与天庭的玉帝平起平坐。这浪漫与理想相结合的称呼，不仅为后文的发展埋下了伏笔，也彰显了这一形象的性格特点。

后续在取经过程中，一些神仙和有礼貌的妖怪尊称孙悟空为“大圣”，也源于“齐天大圣”这个称号；而一些神仙在不满或轻视孙悟空时则会称呼他为“泼猴”；如来佛祖和观音菩萨在私下里则又会用“猴头”这样透着玩笑与亲密的称呼喊孙悟空，可见孙悟空在神界多元化的人际关系。在不同的情节中，这些称呼也巧妙地反映了人物之间的关系，发挥了推动情节发展的作用。

孙行者，是师父唐僧为孙悟空取的法号，意在强调他在取经路上的行者身份；猴哥，是猪八戒和沙和尚在亲切或随意的场合对孙悟空的称呼；老孙，则是孙悟空的自称，显示出了他的自尊和傲性。在小团队生活中的称呼变化，把孙悟空在取经生活日常中与身边最亲近的师父、师弟间的关系，展现得淋漓尽致。

取经成功后，如来佛祖赐予孙悟空“斗战胜佛”的封号以表彰他的功绩。这也标志着孙悟空的成长之路达到了巅峰，圆满地完成了任务，经历了重重磨难，到达了“轻舟已过万重山”的境界。

这些称呼不仅描绘了孙悟空的性格特点和成长历程，也体现了《西游记》中丰富的人物关系和社会等级。通过对孙悟空称呼变化的梳理，学生可以更深入地理解他的性格发展历程。锚定、对标这条线索，还可以通过分支活动——制作西游人物卡，把握其他西游形象。

第五节　以“跨界阅读”策略为主的阅读

案例　《青铜葵花》：多元跨界纵深理解

一、作品链接

《青铜葵花》是中国首位国际安徒生奖得主曹文轩与西班牙著名插画家阿方索·卢阿诺的联袂之作。这部作品关注“美”和“苦难”构成“永恒”一体两面的同时，开启了以“纯美”抵抗“苦难”的叙事模式：全文以苦难叙事，却无人性险恶。

这部长篇小说，通过城市女孩葵花和乡村男孩青铜的故事，展现了一段深厚的兄妹情谊和人性的美好。主人公青铜和葵花的苦难经历被作者转化为一种诗意的美。小说中的人物形象鲜明，情感真挚，无论是家庭成员之间的亲情，还是乡邻之间的友情，都深深打动了读者的心。两位小主人公在苦难中成长的故事，传递出的是面对困难时坚韧不拔、积极向上的精神，对同龄读者的心灵成长具有积极的引导作用——教会小读者们积极面对生活中的挑战和困难。

市面上，《青铜葵花》的版本有很多种，选择中国作家与外国插画师联手呈现的版本，既有中华文化的味道，又有国际化的风格。这样的融合，也为跨文化理解提供了更多的可能性。

二、学习阅读

（一）TA来重讲故事

在《青铜葵花》这部作品中出现的人物有很多，理解人物与人物的关系、不同事件的情节发展，对同学们来说是比较复杂的。请你通过与其他小伙伴合作完成任务的形式来进行情节的梳理。小组要合作完成的任务：

从不同人物的视角出发，重新讲述作品中的故事。

图 3-6 《青铜葵花》人物画像

1. 这组画像中的人物，你认识吗？能说出他们都是书中的谁吗？

(1)他们依次是葵花、青铜、青铜家的老牛、嘎鱼、奶奶、青铜和爸爸妈妈。

(2)有的同学可能会质疑："老牛是动物，它不会说话，怎么讲故事呢？"

教师从儿童文学的角度来解释：儿童作品中动物和人其实没有太多区别，而且这部作品中，青铜完全把老牛当作了家庭成员来看待。请你回忆：作品中，青铜和它玩耍，与它倾诉，包括失去它之后伤心欲绝，是不是可以印证在青铜心目中老牛的地位呢？因此从老牛的角度讲述书中的故事，将更具新颖性。

2. 请同学们按照以下要求展开活动。

(1)从以上六个人物画像中任选一幅确定讲述视角。

(2)从《青铜葵花》这部作品中，选择一个或几个你选定的这个人物所在的章节，把书签夹在这个(些)章节所在的书页中。

(3)用选定人物的口吻，重新讲述选定章节的内容。

例：《老槐树》一章第 5 节，选择用嘎鱼的口吻来讲述。

太阳偏西时，老槐树下已经没几个人了，干校的阿姨还陪着葵花坐在碾盘上。

我妈坐在碾盘上，一手搂着葵花的肩膀，正侧着脸和她说话。我觉得葵花归我家是板上钉钉的事了，毕竟全村没有谁家能和我们家竞争了呀！我爸呢，此时正蹲在地上用细细的树枝在地上画着，原来他是在计算多养一个小孩儿需要家里那些鸭子多下多少只蛋呢。我和我妈都有些着急了，我心想：我爸真磨蹭，还算个啥？可他还是不松口，算一会儿，再抬头看一眼葵花。和我一样着急的还有村长伯伯，大家就等着我爸的一句话了。

正在这时，哑巴青铜一家也来到这了。

他们问村长葵花是不是有人领了，村长和干校阿姨们都说："还没有最后定下来呢。"这时，青铜他爸吁了一口气说："那就好。"

我赶紧低头看我爸，可他还是无动于衷，连看都不看青铜他爸一眼。我妈急了，冲我爸说："你快点儿说个准话啊！"青铜的爸毫不含糊地说："这闺女，我们家要了！"这时，我爸才抬头轻蔑地看了眼青铜他爸说："你们家要了？"这句话问出口可不得了。

青铜的爸说："我们家要！"

青铜的妈说："我们家要！"

青铜的奶奶用拐杖捅了捅地说："我们家要！"

连他家那头老牛都冲着天空吼了一声，还震下了许多落叶。

我吓了一跳，没想到青铜一家态度这么坚决，不过他家那么穷，估计葵花也不愿意跟他们家走吧？

……

葵花看了一眼那哑巴，在众人的目光之下，正一步一步地朝我们家这边走来。只见青铜低下了头。

"哈哈，还是我们家赢了吧？"我心里乐开了花，看了一眼垂头丧气的青铜，直笑得嘴角能扭到耳根。

葵花一直走到我妈身边，我更加得意："哼，就青铜家还想和我家争？门都没有！"可是，出乎我意料的是，葵花居然从口袋里掏出了那两个鸭蛋，放到了我妈的衣服口袋里，然后一边望着我们家人，一边往后退。退了几步，转过身去，朝青铜一家人站的方向走过去。

……

3. 引导学生发现转换视角讲故事的方法和规律。

(1)人称的改变。

《青铜葵花》原著的讲述口吻是第三人称，选定了人物后，就要站在这个人物的立场去说话、去做动作、去安排心理活动。因此，相应的人称要改为第一人称。

(2)融入心理活动。

用选定人物的口吻讲故事，需要用到换位思考的思维方式。TA 说的话和做的动作是显性的，TA 的心理活动则需要我们来揣摩，然后替 TA 说出来。这样，人物才更加鲜活，故事的讲述才更加吸引听众。

(3)转换视角讲故事不是简单地“模仿”或“复刻”词句。

转换视角再表达出来，是自己理解和接受之后的“再创造”。有人会将讲故事和背诵相混淆，这是不对的。讲故事的时候，我们需要记住的是故事的基本框架结构，然后以此为基础填充故事的具体内容；如果是背诵，情感就很难投入进来，不容易吸引读者。

(二)策划《青铜葵花》连环画

1. 关注版本差异。

《青铜葵花》的版本有很多，这一版本有什么独特之处呢？

(1)封面配图的独特之处：这幅画既有中华文化的味道，又有国际化的风格，因为它的作者是西班牙的插画家阿方索·卢阿诺。

(2)引导读《序》。作家曹文轩老师提道：“与中国画家相比，他们面对我的文字一定少感受到了一些东西，可也一定多感受到了一些东西。这些东西一定是独特的，出人意料的。”这一版本的插画非常值得我们仔细品味一番。

2. 利用插图梳理主要内容。

(1)利用这本书中的 13 幅插图，根据《青铜葵花》整体故事的发展顺序，为它们排排序。(排序结果：5—2—10—11—1—6—13—7—9—12—3—8—4)

(2)排好以后，请为每一幅图加上一句话的文字说明。

(3)分别用一个词语来概括每幅图。

学生作品举例：

①我为第一幅图配的说明：青铜家的钱只够供一个孩子上学，兄妹俩相互谦让让对方去上学。聪明的青铜抱来瓷罐，放入一红一绿两颗银杏，他用“小计谋”让葵花摸到红银杏，就这样把上学的机会留给了葵花。他笑中含泪，将永守秘密。我将用“永远的秘密”来概括这幅图。

图 3-7　《青铜葵花》插图

②我为第一幅图做了这样的词语概括：我想用“瓷罐中的红银杏”“善意的谎言”或“秘密”来概括这幅图。

③我想为第七幅图配文字说明：参加文艺会演的葵花因为缺少一条项链而失落，青铜采下屋檐下的冰凌敲碎，用吹芦苇管的方式为冰凌块打洞，再用红线串起冰凌块，为葵花制作了一条光彩熠熠、惊艳所有人的冰项链。我想用“冰项链”来概括这幅图。

3. 整部《青铜葵花》共 9 章，插画家阿方索·卢阿诺为正文共创作了 18 幅作品。请同学们以小组为单位，每组选一章丰富插图，或尽量与阿方索·卢阿诺的绘画风格一致，形成这一章的卢阿诺式连环画，或独创绘画风格，形成本组对这一章深入理解的连环画。最终，我们可以把各个小组的画连在一起，形成班级的《青铜葵花》连环画。

(1)在小组开始行动前，我们有必要了解一下连环画这种艺术形式的独特之处：连环画选取故事中的关键情节和重要场面绘制配图，再为其配上精简的文字，图文相互匹配，相辅相成。连环画的配图画种、风格不受限制，文字最好在图片下方，不宜过长。

(2)连环画中的每一页，版式要相同。比如：画面所占的面积、画框和文字在页面中的位置都须统一。

(3)哪些内容适合画在一幅画面中？哪些内容适合通过多幅画面表现？需要小组内好好讨论一番。

(4)同一组内的连环画，画面风格应保持一致。比如：线条的运用、涂色的方式等不要有太大出入。

(5)在每一页下标注页码，便于读者连贯地阅读。

(6)别忘了给每一章节的连环画或整本连环画设计封面和封底。

(三)朗读亭下

《朗读者》是中央电视台于2017年2月18日推出的节目。节目以个人成长、情感体验、背景故事与传世佳作相结合的方式，选用精美的文字，用最平实的情感读出文字背后的价值。我们将以朗读为载体，完成“朗读亭下”这个任务。

1. 如果《青铜葵花》这部作品中的人物有机会作为受邀嘉宾来参加《朗读者》这个节目，你希望他们中的谁为谁朗读哪篇文章呢？

(1)绘制人物关系图，确定由谁参加节目以及TA将为谁朗读。

①每人选定一个中心人物，或青铜，或葵花。用思维导图绘制全书的人物关系。

②绘制结束后在小组内研讨，小组最后绘制出最为清晰、完整的人物关系图；可以重新绘制，也可以在某一成员的思维导图上补充、完善。

③每个小组展示绘制的人物关系图，其他小组评价绘制效果(以“清晰”“完整”为标准)。

④根据其他小组的评价，继续完善自己组的人物关系图。

⑤从本小组的人物关系图中，先挑选出一个人物并把他看作参加《朗读者》节目的受邀嘉宾，然后再选定一个人物，把他看作嘉宾的朗读对象。

⑥将选定的这两个人物之间的连线描粗，回到书中再读读这两个人物之间发生的故事，然后把最能体现这两个人物之间关系的词语，记录在这根描粗的线段边。

　　　　依恋　　　　改变　　　　知心

例如：葵花—奶奶　嘎鱼—青铜　青铜—老牛　……

2. 参照主题词撰写相应的开场词和结束语。

(1)我们确定好主题词后，就着手写主持人的开场词吧。我们来参考几期央视《朗读者》节目的开场白和结束语。

第二期——陪伴

【开场白】“草，在结它的种子；风，在摇它的叶子。我们俩站着不说话。”在顾城的诗里，陪伴就是这么简单而美好。而在我们每一个人的生命里，会遇到各种各样的陪伴。比如说这会儿，你我之间是一段短暂的陪伴；比如说我们的学生时代，和我们的同学，那是几年的陪伴；还有一种陪伴，是生命里血脉注定的一生的陪伴，那是我们和父母，和孩子之间的陪伴。

【结束语】声音啊，虽然是用来听的，但是一旦注入了情感，就变得有分量，压在我们的心底，留下了无法磨灭的印记。就如同陪伴，虽然是最简单的一件事情，一旦拥有了责任，便让这一生都变得无怨无悔。

第六期——眼泪

【开场白】说到眼泪，你会想到什么呢？软弱？眼泪，有时候是软弱，有时候是坚强；有时候是忏悔，有时候是宽容；有时候是羞怯，有时候是勇气；有时候是失败，有时候是成功。就如同每一个人都是哭着来到这个世界，而当我们要谢幕的时候，也将会在别人的泪水里告别一样。那今天就让我们在一颗颗晶莹的泪水中，去感受那最真实的生命印记。

【结束语】人的心灵应如浩渺瀚海，只有不断接纳希望、勇气、力量的百川，才可能风华长存。我们也从一个科学家的眼泪当中，感受到一个人愿意为了理想奉献终身、矢志不渝的情怀。勇敢的人不是不落泪的人，而是愿意含着眼泪继续奔跑的人。

(2)同学们，你们从这两期的开场白和结束语中，发现了什么？

预设：我发现开场白和结束语的语言都有诗的韵味。

我发现里面引用了名人的话，而且这些语言很有节奏感和韵律美。

3. 选择朗读的篇目，阐述选篇理由与感悟。

(1)《朗读者》中嘉宾们分享的篇目，并非简单的过往经历，他们的选篇中都有深刻的内涵或动人的情感。

(2)请同学们围绕相关主题，选择能引发读者情感共鸣的作品。

4. 召开“朗读亭下”主题班会。

(四)建设青铜葵花文化景观园

1. 你听说过主题园区这个词吗？如果能把小说搬到真实的生活中，让更多的人亲身体验小说中人物生活的场景，设身处地地感受文中人的生活，这多好啊！这节课我们要完成的任务是设计“青铜葵花”主题体验园区蓝图。

预设：迪士尼主题园区

哈利·波特主题乐园

北京大观园

……

2. 我们要进行的主题体验园的规划，需要根据《青铜葵花》这部小说设计一张图纸，将小说中提到的场景——葵花田、芦苇荡、稻香渡、学校、油麻地镇、茨菰田、金茅草屋等用图标绘制到图纸上，在不同的场景区域内，安排青铜葵花林、放鸭子、制作冰项链等体验活动。在这份规划蓝图中，要写明设计理由，并为每处景点做具体说明。

(1)在班级内划分小组，每个小组 5—8 人为宜。因为设计蓝图要用到地理、美术、数学、语文等多学科的学习经验，需要大家集思广益形成合力才能考虑周密。

(2)小组成员再次阅读小说中描写环境与场面的文字，把小说中提到的主要场景提炼出来，在图纸上有序地安排它们的空间分布。

(3)再次阅读小说，抓住主要情节、主要事件，提炼出可供游客体验的活动项目，并把这些项目标注在图纸相应的场景区域中。

(4)小组讨论各个场景的景观特点以及在这个场景内进行体验活动的目的。

(5)美化蓝图，还可以使用立体模型、沙盘等更多样的形式表现它。在美化蓝图时，还可以参考小说中的插图。

表 3-11 学生小组作品举例

章节	关于环境描写的语段	提及场景名称	游客可以体验的活动
第一章 小木船	阳光“像清澈的流水一样，哗啦啦漫泻于天空”，“一直阴沉的天空，忽然飘飘然，扶摇直上，变得高远而明亮”，“世界万物都是湿的”。 ……	大河 ……	沿河漂流 ……

续表

章节	关于环境描写的语段	提及场景名称	游客可以体验的活动
第二章 葵花田	“四周是一片恐怖的叫喊声……远远近近，所有的狗都在狂吠……”	芦荡失火	用 AR 或 4D 技术，引导游客体验失火的场景，感受青铜的恐惧与无助。
	“中午时，太阳金光万道。葵花进入一天里的鼎盛状态，只见一只只花盘，迎着阳光，在向上挣扎，那一根根长茎似乎变得更长。一团团的火，烧在蓝天下。四周是白色的芦花，那一团团的火就被衬得越发的生机勃勃。” ……	葵花田	葵花油画写生
第三章 老槐树			小剧场：情景剧表现
第四章 芦花鞋			手工编织芦花鞋
第五章 金茅草			收割金茅草
第六章 冰项链			手工制作冰项链
第七章 三月蝗	青铜在大河边寻找嘎鱼家的公鸭时，“夏天的太阳，将硫黄一般的光芒，照在大河上”。	大河	捉鸭子比赛 放鸭子
……	……	……	……

3. 在草稿图上，根据一般地图的方位标注和比例尺规范，进行各景区的分布安排。

(五)寻梦环游

1.《寻梦环游记》导入

(1)2017 年，有一部动画电影风靡全球，它的名字叫作《寻梦环游记》。这部电影讲述的是这样一个故事：一个名叫米格的墨西哥小男孩一心梦想成为音乐家，他希望自己能和偶像歌神德拉库斯一样，创造出打动人心的音乐，但他的家族却世代禁止族人接触音乐。米格痴迷音乐，无比渴望证明自己的音乐才能，在亡灵节那一天，他误打误撞来到了五彩斑斓又光怪陆离的亡灵世界。在那里，米格遇见了落魄乐手埃克托，以及米格家族中已去世的亲人们，米格与他们一起踏上了探寻自己家族不为人知的往事的奇妙之旅。这个故事触动了很多观众内心最柔软的部分，浓浓的亲情嵌入电影的每个环节中。

(2)中国文化中没有墨西哥文化中的亡灵节的内容，但怀念离世的亲人的情感却是每个民族的文化中都有的内容。《青铜葵花》中，葵花的妈妈、哥哥，葵花的爸爸，青铜家的老牛，青铜的奶奶依次离世，如果他们在天有灵能够看到葵花与青铜的成长，他们会有哪些所思所想、所言所语呢？我们并不是宣扬有神论，而是借助《寻梦环游记》的故事架构展开想象，对文本进行全新的创作。

2. 小组讨论

(1)离开我们这个世界，去到另一个世界的葵花妈妈、哥哥、爸爸，还有青铜的奶奶、老牛，他们在另一个世界中的生活是怎样的？他们最牵挂什么？

(2)如果青铜、葵花以及青铜的爸爸妈妈，能在某一时刻与这些已到了另一个世界的人们交流，这会是怎样一个特殊的时刻？他们之间会说些什么呢？

(3)这个特殊的时刻会持续多久？再次分别的时候，另一个世界的人是安心地离开，还是仍有牵挂？

3. 回归作品，揣摩人物特点，联系主人公与这些人物的关系和情感

(1)葵花的哥哥：他在三岁的时候，因病离开。书中对他的描写是通过葵花爸爸的回忆提到的："葵花听爸爸说起过，她曾经有过一个哥哥，三岁时得脑膜炎死了。她没有见过这个哥哥。当爸爸说这个男孩儿(青铜)长得像她那个已不在这个世界上的哥哥后，她的头枕着爸爸的胳膊，两只眼睛在黑暗里久久地睁着。远处，是大河传来的隐隐约约的水声和大麦地的狗吠声……"作者为什么要把两个男孩儿写得如此相似呢？或许，在作者的心中，也同样在我们读者的心中，都希望青铜与葵花是一对亲兄妹，青铜与葵花早逝的哥哥渐渐地在我们的心中已幻化为一个人了。

(2)葵花的妈妈：她在葵花五岁时得病离世。她和葵花的爸爸一样，都是孤儿。书中对葵花妈妈的记录仅此几句，是通过作者叙述性的语言介

绍的。葵花的妈妈是个怎样的人？她短暂一生，没有父母的呵护，承受儿子夭折的巨大痛苦，她的内心之痛我们可想而知。她离开时，该多牵挂、多舍不得葵花啊！

(3)葵花的爸爸：他因一场意外而离开，这意外来得突然，令人读来倍感心痛。“他多么想最后看一眼女儿，然而，岸上却只有那棵老榆树……”他是带着遗憾、牵挂、不安与女儿葵花生离死别的。葵花的爸爸也是孤儿，他也经历了爱子的夭折，又经历了爱妻的离世。人世间最痛苦的事莫过于幼年没有父母的疼爱，中年的伴侣离世，以及眼看着自己的孩子在自己之前逝世。而葵花的爸爸，这三种锥心之痛却都经历了。他是把葵花带到大麦地的人，他见到过青铜——那个长得酷似自己儿子的男孩，他在这个世上唯一的血脉——葵花由谁来照顾和抚养？他怎能走得安心？

(4)青铜家的老牛：它虽然是动物，却被青铜一家人当作亲人。老牛任劳任怨地为青铜家服务了一辈子，也与青铜家一起经历了火灾、水灾、蝗灾等各种苦难。青铜家的人，心里有什么话，都会情不自禁地对它说。它不仅备受青铜家人的呵护与尊重，连大麦地的人也都不敢欺侮它。这头通人性的老牛，在奶奶采棉花病倒回来后，在第一场雪飘落时倒了下去。它临走时，目光慈和，内心充满着对这家人的感激。作者写道：“它活过了，很值得。它是这个世界上一头最幸福的牛。”同时，作者也写道：“它看到了青铜一家人，就是没有看到奶奶。它想：明年春天来了，大麦地满地野花时，她老人家一定会好起来的。奶奶平时，都喊它是‘畜生’，但口气里却是一番疼爱。它发现，奶奶有时在说到他的孙子孙女时，也会说：‘这个小畜生。’”老牛最后的牵挂是奶奶啊！

(5)青铜的奶奶：奶奶是在葵花从江南回来后的第二天离世的，临终前她一直在等待葵花回家，最后想抚摸一下葵花的脸，但最终没有力气做到这一点。奶奶爱葵花，比亲奶奶还要亲，弥留之际的她全靠对葵花的牵挂支撑着。

学生感受举例：

“我希望葵花的哥哥在另一个世界不再受病痛的折磨，他能和爸爸妈妈团聚。如果他能有机会在梦境中与葵花和青铜相遇，他一定会嘱咐青铜做一位好兄长，疼爱妹妹，保护妹妹。或许，在梦境中，他本就是青铜了。”

“我也希望葵花的爸爸、妈妈和哥哥能够在另一个世界重生，没有病痛，没有孤独，他们团聚在一起，一起牵挂和祝福着葵花。他们若能一起回来，看到葵花在青铜一家人的照料下，变得越来越勇敢，越来越坚强，该多欣慰啊。纵然葵花也吃了不少苦，但我认为葵花一家人给予葵花的一定是鼓励。同时，他们也会对青铜一家无限感激，他们可能还会对青铜一家人说：‘我们会好好照顾奶奶，我们也会好好照顾老牛的。’”

“我希望老牛能在另一个世界与奶奶相聚，奶奶会继续像疼爱孙子孙女一样疼爱它，和它说心里话。如果葵花的爸爸、妈妈和哥哥能遇到奶奶和老牛，他们一定会发自肺腑地感谢奶奶的。他们一定会共同牵挂葵花，在天上祝福她，在能够与她交流的神奇瞬间，给葵花鼓励，为葵花祝福，让葵花变得快乐。”

三、策略分析

借助文中插图，选择其中一个人物，转换视角来重构故事。因为每个人物的立场不同，讲述中情感倾向也会不同。无论学生选择青铜家任何一个人物来讲述故事，大家都会发现他们拥有共同点——把家人视作第一位，宁可牺牲自己的利益也要让家人幸福。家中每个成员都在深深地爱着这个家。选择嘎鱼的视角讲，能在一定程度上反映出读者视角：对青铜一家人的做法，存在不理解之处。学生在交流分享的过程中，将这个家庭内部和外部两个角度的讲述汇总在一起，使得这个家的整体形象立于读者面前。

创作连环画的任务，一能帮助学生梳理整本书的结构，二能利用已有插图引导学生通过补充插画的形式，把自己的理解嵌入作品中，形成与名作家、名画家在创作上的思维沟通、审美交流。

朗读亭的任务，指向的是学生对作品主旨的理解。选文、朗读都需要紧紧围绕着主题词开展，而这些主题词正是作者通过故事情节传递给读者的。我们能够发现，这些主题词在世界上所有的国家、民族以及在人类历史上都追求“真善美”的永恒主题。

建设文化景观园任务，引导学生关注小说的环境描写，体会环境描写在创作中发挥的巨大作用。寻梦环游的任务对应的是“美丽的苦难”主题，希望学生能够在这项活动中，释放出对苦难给一家人带来巨大磨难的遗憾，也引导学生进一步思考苦难带给人生的价值。

第六节　以“图表梳理”策略为主的阅读

案例　《长袜子皮皮》：多种图表做阅读“支架”

一、作品链接

《长袜子皮皮》是一部非常具有传奇色彩的书，是世界儿童文学之林的经典作品。它塑造了经典的儿童文学的形象——长袜子皮皮。

这部作品的主人公长袜子皮皮是一位小姑娘，她一个人住在一栋小房子里，自己照顾自己的生活起居。她不仅有足够的金币，富得像一位财神，还强壮得像一位大力士，能轻而易举地举起一匹马。她所做的所有事情几乎都违背成年人的意志：不上学，捡破烂，与警察开玩笑，花钱买很多糖分给全城的孩子……不过，她却成了全部孩子的偶像。皮皮的爸爸也是个有意思的人，他是一个海员，也是一个南海小岛上领导黑人的国王，皮皮的某些特点与她爸爸异曲同工。

成年人和孩童在阅读本书时往往会产生截然相反的体验。成年人往往边读边皱眉头：“这孩子简直无法无天，太不合规矩了!”孩子们往往会边读边欢呼：“皮皮真是个大英雄!”这巨大的反差着实令人好奇，这部作品究竟有着怎样的魅力？

阅读《长袜子皮皮》这本书，一定要去关注它的作者——林格伦，她是瑞典著名的儿童文学作家，全名是阿斯特丽德·林格伦，被称为瑞典的民族英雄。作为一个创作儿童文学作品的人，被称为国家的民族英雄，单这一个称号就足见林格伦在世界儿童文学中的地位。

林格伦，这位安徒生奖的获得者，还被孩子们称为“童话外婆”，这是一位在所有的儿童心中都非常重要的童话外婆，因为她创作了很多非常优秀的作品。从她 1945 年步入儿童文学领域，就开始孕育皮皮这样一个形象，这个形象影响了一代又一代世界各地的孩童。我们有必要用一串数字来了解她的作品：被译成 86 种文字，可以说世界上通用的文字都曾被用来翻译过林格伦的作品；发行量达到了 1.3 亿册，形象地说，把她的书摞起来，足足有175个埃菲尔铁塔那么高，排成行的话可以绕地球三周。从这些数字中我们就可以深切地感觉到林格伦作品的受欢迎程度。如此之高的关注度，与林格伦作品的独特性，以及其对儿童和儿童文学研究者的吸引力密不可分。

林格伦的主要作品有《吵闹村的孩子》《失心兄弟》《疯丫头马蒂根》《米欧，我的米欧》《路林女儿》《小飞人卡尔松》《淘气包埃米尔》《大侦探小卡兰》《长袜子皮皮》。不得不说，《长袜子皮皮》是林格伦写的儿童形象当中最经典的一个，她的其他作品中的儿童形象也有着皮皮的一些基本特征，所以说这也能看出林格伦整个的创作方向，即所有的儿童都有神力，所有的儿童都喜欢自由。

二、学习阅读

(一)运用“K—W—L”表确定阅读思考目标

1. 阅读《长袜子皮皮》之前或粗略地初读《长袜子皮皮》后，你已知的是什么？可以罗列到表3-12的K栏中。

2. 阅读《长袜子皮皮》之前或粗略地初读《长袜子皮皮》后，你还想知道些什么？可罗列到表3-12的W栏中，比如：还有什么想了解的或对于书中没有写到的部分有哪些好奇，都可以罗列到这一栏中。

3. 表3-12的L栏中，你可填入的是在阅读这本书的过程当中，你学习到了什么。

表3-12　阅读思考目标

书名	K(已知)	W(想知)	L(获知)
《长袜子皮皮》	1. 2. 3. ……	1. 2. 3. ……	1. 2. 3. ……

(二)运用韦恩图对比皮皮与阿妮卡

1. 试着将皮皮和阿妮卡进行比较，找到她们的共同点。

例如：她们都是女孩，都喜欢吃，喜欢游戏，喜欢刺激，喜欢做手工……这些相同元素，就可以写到两个圆圈交集的部分。

2. 试着将皮皮和阿尼卡进行比较，找找她们的不同点。

例如：皮皮力气很大，而阿妮卡不是；皮皮非常勇敢，而阿妮卡就像一个普通的小女孩一样，在勇敢方面略逊一筹……这些对应着的相异元素，就可以分别写在两个圆圈没有交集的地方。

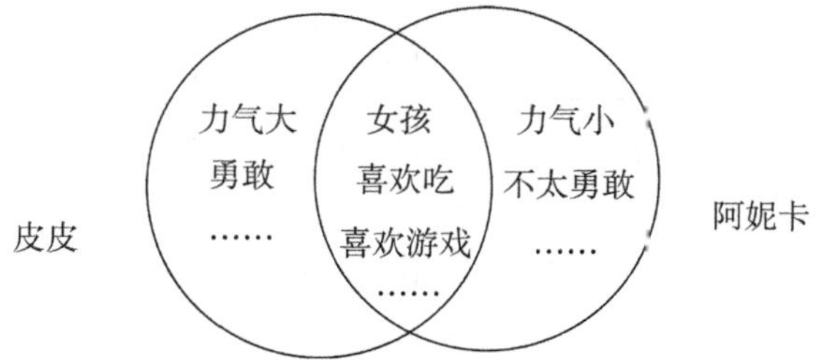

图 3-8　韦恩图

(三)利用多层气泡图做出人物特征

1. 下面这张人物特征图由中心向四周发散。

2. 最中间部分填入的是人物名，在阅读过程中，请你通过该人物的言行举止、处世风格总结该人物的特征。一个成功人物形象，其特征一定不单一，需要读者不断去提炼、归纳和总结。

3. 每个特征需要有相应的证据来支撑，请你通过继续发散的图框来记录。

例如：皮皮的主要特征之一是力气大。作品给出的证据是她举起过一匹马，她推倒了一头牛，她举起了鲨鱼等。

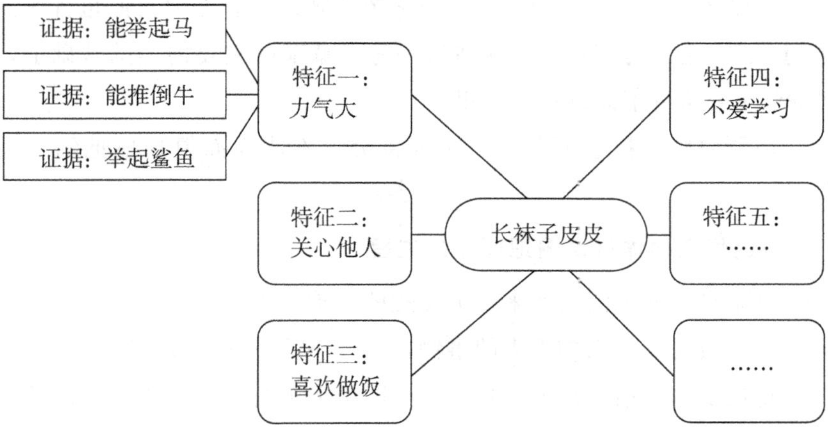

图 3-9　多层气泡图

(四)利用结构化表格归纳、梳理全书的内容

表 3-13 《长袜子皮皮》结构化表格

要素	时间	地点	主要人物	主要事件
第一章				1. 2. ……
第二章				1. 2. ……
……				
第二十五章				1. 2. ……

1. 了解表格内容。

(1)填写相关章节提及的时间、地点、主要人物、主要事件等信息。

(2)以第一章的填写方式为例，填写至第二十五章。

2. 利用填写好的表格，综合所有篇章内容。

(1)按章节纵向使用表格，可以按照情节发展把握全书的主要内容。

(2)按项目横向使用表格，可以梳理出时间发展线索、地点迁移线索、人物出场顺序、事件与事件之间的关联信息等。

(五)运用故事发展图(鱼骨图)宏观把握全局

1. 这张图是故事发展图。有人说它像叶脉，也有人说它像鱼骨，只是没有“鱼头”，也没有“鱼尾”。在厘清了每一章节的主要内容的基础上，可以把章节主要事件汇总到这张图里。

2. 填写原则：抓重要部分、主要部分，不能面面俱到地把细节都写进去。

(六)运用六面体讨论图把握作品主旨

1. 联系自己的生活实际来理解皮皮的无拘无束。

2. 罗列表现皮皮无拘无束的事例，通过事例中的细节进行说明。

3. 将皮皮与书中的其他人物，比如阿妮卡进行比较，感受皮皮的无拘无束。

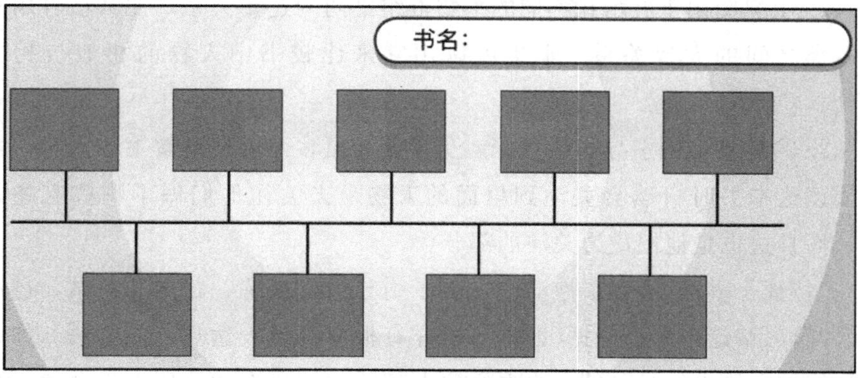

图 3-10　鱼骨图

4. 从相反的角度，即用争论与反驳的方式去把握主题：皮皮的生活中是否存在不自由？你认为皮皮的无拘无束是不是完全可取？

5. 应用：我们从皮皮身上可以学到些什么？又怎么把学到的知识应用到自己生活当中去呢？

6. 分析：作者为什么要创作这样一个与生活中的“规矩”不相融合的无拘无束的形象？从写作的角度分析形象的塑造原因。

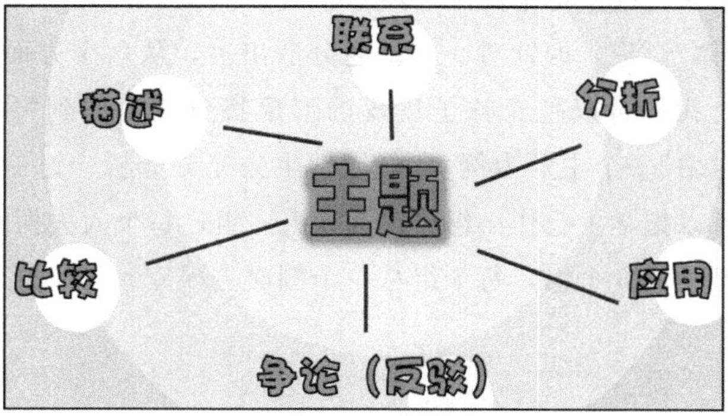

图 3-11　六面体讨论图

三、策略分析

1. “K—W—L”表有利于学生梳理初读收获。该表可以在阅读前给学生，引导学生确定阅读思考目标，起到类似预习的作用；也可以把它放在阅读过程中和阅读后，促进学生把控自己的认知程度。

2. 韦恩图用于展示在不同的事物群组之间的逻辑关系，尤其适合用来表示类之间的大致关系。学生可以用它来比较书中人物的相似与相异之处。

3. 人物特征图引导学生更深、更多元、更多角度地理解书中人物。学生阅读这本书时自然会关注到里面的人物，去关注他们做了哪些有趣的事，而且这也是他们最为关注的部分。

“特征＋事例”的双层泡泡图，除了引导学生提炼、归纳和总结，还渗透了“给出结论＋列出论据(证据)”这样有根有据地表达观点的方法。如果学生能够在给出的“证据”旁边再标注上相关内容所在的页码，就会使得自己的观点更具有说服力。

4. 归纳一本书的主要内容，是逻辑思维能力形成的标志，也是提炼和概括能力发展水平的呈现。把通篇、通册的内容进行提炼，需要结构化的表格辅助完成。

一本书中与主要人物相关的事件有很多，对应的时间、地点也会相应较多，它不像一篇文章只包含一两件事，最多两三件事。表格也好、鱼骨图也好，都旨在帮助学生以拆分的方式，先化整为零地归纳篇章的主要内容，再综合起来把握整本书的主要内容。

5.“六面体”讨论，即针对一个主题分散出去，从六个方面围绕这个主题进行讨论。我们可以把长袜子皮皮的形象特点逐一放到“主题”的位置(上文仅以“自由”一个主题为例)，引导学生去充分分析、讨论。在实际操作中，我们可以把学生合作小组设定为6人一组，每个人去探究一个方面；也可以把全班分成6个组，每个组从一个侧面去探究。

第四章　散文作品的阅读

第一节　小学生的散文阅读策略

一、散文的特点

散文是一种题材广泛，结构和表达自由灵活，能抒发作者真实情感与感受的文体。它与诗歌、小说、剧本等并列，为文学样式之一。按照内容来划分，散文可分为抒情散文、叙事散文、杂文、游记等。

（一）题材自由

散文之“散”，体现在这类文体的选材上的自由。既可以写人叙事，也可以写景咏物；既可以怀古访旧，也可以描写风土人情。它不必像小说那样一定要有人物形象和富有矛盾冲突的情节，也不需要一定要有叙述完整的故事。能够触动作者情感的生活片段、镜头、场景、境遇等，都可以呈现。

（二）结构自由

散文之“散”，还体现在这类文体的结构没有严格限制和固定模式上。教学中，我们常说散文“形散神聚”，其中“形散”说的就是其在布局谋篇和语言表达上没有什么一定要遵循的法则或格式。但是，它散而有序，靠情感线凝聚着主旨。

（三）笔法自由

散文之“散”，更体现在笔法上的自由。时而勾勒描绘，时而倒叙联想，时而抒情言志，时而侃侃议论。记叙、议论、描写、修辞、倒叙、白描……只要能符合作者的心境的表达手法，皆可为作者所用。不过，看似自由的笔法中也包含着作者精心对比、取舍、筛选的思维过程，选择最恰切的表达方式抒情。

(四)中心明确

散文之“散”，最终都要凝在“神”上，即“神不散”。散文的中心明确，主题突出。形式上可见的零散、随性、信手拈来，其实都贯穿在一条思想感情主线上，字字句句皆紧扣主题。

二、散文的阅读策略

(一)想象画面

散文语体属于文艺语体，具有形象性与生动性的特征。作者通常运用拟人、比喻、对偶、通感、夸张、借代等修辞手法，描绘能寄托自己情感的场景和细节，使散文的情感能够通过文艺语体传递给读者。这样形象性、生动性且富有感染力的语体，需要读者在阅读时不断将文字转化为头脑中或静态或动态的画面，将自己身临其境地代入其中，才能更好地体会作者那时那刻的情感。

因此，在阅读散文的过程中，引导学生抓住关键词句，借助结合生活经验、联系上下文、查阅资料或工具书等多种方法，在头脑中营造作者用文字创造的那一幕幕画面、场景，“看”到场景中的人、事、景、物，才能有效地进入作者的情感世界。

(二)感情朗读

高度个性化的言说对象和言说方式，是文学性散文的特点。作者之所以要写散文，要表现的是自己眼中的景和物，自己心中的人和事，要与读者分享的是自己独一无二的所思、所想、所感。作为读者，阅读这样的文字，为的是感受作者的所见所闻，体验作者的所感所思，而非以达到共情为目的。

作为读者的小学生，一来很难使用与作者话语体系一致的表达方式和用词来言说体会到的感受与情感；二来受认知水平、时代差异的客观限制等，无法复刻那时那刻作者所处的环境与心境。学生不可能“具有”和作者等同的经验，即使是教师和其他读者，也无法真正“具有”和作者等同的经验。因此，根据自己的理解进行有感情的朗读，表现出自己独特的个性化理解，是小学生学习散文作品最常使用的阅读策略之一。通过朗读音调、音长、重音、节奏、停顿等变化，配合自己的神态或肢体动作，表现出自己对作品的理解即可。

（三）探究象征

散文中，作者常常通过具体的事物或行为来代表抽象的概念或情感，增强作品的深度和内涵。例如，自然界中的山、水、风、云等元素常被用来象征人的情感或生命状态，不同的颜色象征不同的心境，有些动物在散文中也常被用来象征某种品质或情感，还有的散文使用特定的事物或抽象概念象征更深刻的含义。探究这些具体事物、行为、抽象概念等背后隐藏着的象征意义，更能体察作者用艺术化的方式传达出自己的思想和情感。在这一点上，散文与诗歌有着类似的表达特点，在运用探究象征意义的过程中，还可以借助同样出现过该事物、行为、抽象概念的散文或诗歌作品，以归类的思维看到文学世界中的文化韵味。

（四）线索梳理

散文是一种自由灵活的文学形式，它不像诗歌或小说那样有严格的结构和格式，因此散文的线索通常不显见，需要在阅读过程中去发现和梳理。例如，作者的情感变化是散文的一条重要线索，抓住含有感情色彩的语句，上下关联地理解、品味，从而把握文中蕴含的这条情感线。

散文中的时间线索可能不是线性的，作者可能会用回忆、梦境、联想等方式来重组时间线；空间线索则可能通过地点的转换来体现。阅读时可运用图示的方法梳理时间线或空间线，理解作者在不同时间节点或地点的所思所想。

虽然散文的结构不像其他文学形式那样固定，但作者可能会通过段落的划分、重复的句式、对比和对照等手法来组织文章，形成具有内在逻辑的结构。

如果散文中出现了人物和事件，它们往往是作者用来表达主题的工具。分析这些人物和事件，有助于理解散文的深层含义，发现散文中的美和深意。

（五）互文比较

通过互文比较，关注不同散文文本之间的异同，建立关系和对话，是一种拓展延伸式的阅读策略。同题材的散文比较阅读，不同体式的散文比较阅读，不同历史时代的散文比较阅读等，都可以成为互文比较的阅读载体。互文阅读可以揭示文本之间的复杂联系，帮助读者更深入地理解文学作品的丰富性和多样性。

第二节　以“想象画面”策略为主的阅读

案例1　《威尼斯的小艇》：在头脑中“绘制”静态和动态画面

一、作品链接

《威尼斯的小艇》是部编版语文教材五年级下册第7单元中的一篇课文，体裁为散文。这篇散文是马克·吐温的名作，收录在他的旅行文学作品《在海外的岁月》中。这篇文章以生动的语言和细腻的笔触，描绘了意大利威尼斯这座城市独特的交通方式——小艇，以及这座城市的风情和生活。

作者详细描述了威尼斯小艇的外观、构造、装饰及船夫高超的驾驶技巧。此外，作者还描述了小艇在威尼斯人日常生活中的重要性及乘坐小艇游览威尼斯的浪漫体验。

马克·吐温的文字生动入微，将威尼斯的小艇的艇深、艇窄、两端翘起的艇形描绘得栩栩如生，将船夫动态中的高超驾驶技术如同放电影般呈现在读者眼前。人们的生活方方面面都离不开小艇，作者就用文字将这“方方面面”中的典型场景“描绘”了出来。作者还描写了水城沉沉睡去后的寂静，表现了威尼斯的静态美。作者以文字“绘图”进行了静态描写和动态描写，体现出“人动则艇动，人歇则艇歇”的特点，突出了小艇为威尼斯这座城市的生活带来的无尽情趣，展现了威尼斯这座城市的文化特色和生活气息。

二、学习阅读

(一)开启深度游，布置任务单

不同的自然环境以及地域文化会产生不同的交通工具，今天我们就和著名作家马克·吐温一起，继续乘坐小艇，畅游威尼斯。

1. 回顾课文主要内容。

2. 布置“深度游”情境任务，出示任务单。

(1)为乘艇全过程做游览点评。

(2)为船夫留言。

(3)选择心仪的威尼斯之行旅拍，说出理由。

威尼斯小艇“深度游”任务单

①请用朗读表现您对本次旅行中的乘艇游览服务的感受，并请听者打分：

• 所乘小艇美观、灵活。☆☆☆☆

• 乘坐舒适，可欣赏古建筑，体验到与来往船只打招呼的乐趣。☆☆☆☆

• 小艇行驶速度快且平稳，船夫操作自如。☆☆☆☆

②请为小艇的船夫留言：

亲爱的旅客，我是为您服务的船夫，欢迎留下宝贵的乘坐游览感受：

________________________。

③您选择了旅拍服务，请在下面推荐的拍摄背景中选择几处心仪背景，并告知旅拍摄影师您选择的理由，便于他为您记录下美好瞬间。

a. 白天，水城居民们乘坐小艇的场面。

b. 半夜，剧院散场后人们乘坐小艇的场面。

c. 夜深，小艇停泊，水城寂静的场面。

(二)以读言感受，想象“景”中游

1. 感受小艇的美观与灵活。

(1)对比欣赏其他艇的图片，思考：为什么威尼斯的小艇船头和船艄向上翘起？(便于交错航行、靠岸、稳定)

(2)指导朗读，闭目想象小艇的造型。

2. 感受乘坐的舒适与乐趣。

(1)出示威尼斯河道纵横交错的图片，谈感受。

(2)角色扮演想象画面：夸艇内环境，与交错船只的船夫、游客打招呼。

3. 感受行驶的速度与平稳。

(1)渲染情境，领读并指导朗读：

来往船只多太多了，眼见要追尾了——

呀，再不停下来，就要迎头撞上了——

前方极窄，几乎和艇宽分毫不差——

(2)配威尼斯小艇穿梭的视频朗读展示。

(三)为船夫留言，想象“驾驶图”

1. 转换身份，以船夫视角再看“快”“挤”“窄”，感受船夫技术的高超。

2. 为船夫留言，夸赞其驾驶技术。

3. 指导朗读，表现船夫操纵小艇时的动态画面。

(四)交流选背景，想象“一日生活”

1. 通过想象穿梭水城，以朗读表现与当地人的相遇。

2. 换位思考，教师采访“威尼斯当地人”：小艇在您的生活中意味着什么？

3. 延展想象：假如月亮、石头建筑、桥、小艇会说话……

4. 选择旅拍背景，交流选择的理由。

三、策略分析

马克·吐温在《威尼斯的小艇》这篇散文中，不仅描绘了静态的画面，还描绘了动态的画面。阅读中，引导学生成为入“境”的游客，借助文字去“看”小艇的样子，去“乘”小艇出行，去“拍”水城居民日常生活的场面留念。用任务驱动的形式促学生抓关键词品读文字，与文中的“船夫”“威尼斯当地人”等角色交流收获，运用朗读表现自己的理解。

任务驱动给学生在想象画面的基础上与同伴对话，与船夫“对话”，与当地居民“对话”，还与拟人化的月、桥、艇、建筑“对话”。全方位想象用小艇串联起的威尼斯水城生活与景致，引导学生在头脑中描绘那情那景下的画面，“回”到作者游览的那时那刻，感悟作者抒发的情感。

案例2　《四季之美》：为读与写搭建“画面”之桥

一、作品链接

《四季之美》是部编版语文教材五年级上册第7单元中的一篇课文。这篇散文是日本散文鼻祖清少纳言的代表作《枕草子》的开篇之作，全文三百多字，篇幅简短，结构简约，以季节为序，每个季节各抓住一个时刻，用细致的笔触描绘春之黎明、夏之夜晚、秋之黄昏、冬之早晨不同时间、不同景物的动态变化，营造了美的氛围，表达了作者对自然的热爱，对生活的热爱。

文章以细腻的笔触，清新优美的语言，创造出富有诗意的美。如诗如画的文字，意境深远，令人回味无穷。作者把自己的情感融入四季的景色之中，情景交融，抒发了对大自然美景的热爱之情，也表达了作者热爱生活的人生态度以及淡泊明志、超然物外的人生境界。文章运用了描写、抒情、议论等多种艺术手法，增强了文章的表现力。

二、学习阅读

(一)读词猜诗，了解唐代的文化输出

1. 读词语，猜诗词。

第一组：日出、江花、江水。

第二组：绿蚁、酒、红泥、火炉。

2. 了解唐代的文化输出。

(二)了解作者，初感四时之美

1. 齐读课题。

2. 结合资料介绍作者。

预设：

清少纳言：清是姓，少纳言是官职。他精通汉学，著有《枕草子》，是日本历史上第一本散文集。

3. 作者笔下的四季之美，美在春天的黎明、夏天的夜晚、秋天的黄昏、冬天的早晨。

4. 读句子，体会“最美”，感受作者视角的独特。

预设：

(1)“最美”两字，说明作者选择了自己觉得最美的景致来写，表达了作者独特的感受。

(2)作者选择了四季的四个时刻来写。

(三)欣赏景致，体会动态之美

1. 导学，感受春天黎明的灵动。

(1)读第 1 自然段，看看与白居易的“日出江花红胜火，春来江水绿如

蓝”有哪些相通之处。

①都描写了黎明。

②都描写了颜色。

(2)体会动态之美。

有些文字，我们读着读着，可以把文字想象成一幅画。一名同学来读读这一段，其他同学边听边试着把这部分文字描绘的内容想象成一幅画。

预设：“泛”，天空渐渐亮起来，范围越来越大。“染”，霞光渐渐映照，天空中的红晕是一层一层逐渐浓起来的。“飘”，感受到云的轻盈飘动，为天空增添生机。

作者描写了春天黎明时天空的色彩变化之美，一幅静止的图片展示不出这种动态美。

(3)诵读，读出动态之美；评读。

小结：同学们把文字想象成了画面，还是一幅动态的、色彩流动的画面，这就让文字更具体、更直观，这就是我们对文字的感觉，也就是语感。

2. 共学，选择一个季节，小组合作学习。

我们在读散文的时候，不仅可以把文章想象成一幅画，还可以想象成一个梦，甚至关联到一首歌、一支曲子、一首诗。接下来，我们以小组合作的方式学习夏、秋、冬三个季节之美。

学习提示：选择夏天、秋天、冬天中的一个季节，小组合作学习。

(1)默读，圈出文中描写的景致。

(2)交流作者是怎么写出景致的动态之美的。

(3)合作，把文中描写的景致想象成一幅画，或者关联到一首歌、一支曲子、一首诗……

3. 汇报，交流合作学习成果。

(1)夏天夜晚的情趣。

①描写了明亮的月夜、漆黑漆黑的暗夜、蒙蒙细雨的夜晚以及萤火虫。

②动态美：蒙蒙细雨是轻轻地、细细的，当萤火虫的微光在雨中闪烁时，它们的光聚拢、分散，忽远忽近，忽高忽低，若隐若现。萤火虫的微光与细雨相互交织，那是一种朦胧的动态之美。

③关联到一首歌《虫儿飞》。

小结：一千多年前还没有电灯，对清少纳言来说，萤火虫不停流动的光亮是很美很美的，虫儿本无情，但是当人有情时，虫儿飞的时候就带上了人的主观感情色彩，即有了寻找温暖的含义。

(2)秋天黄昏的温暖。

①描写了归鸦、大雁、风声虫鸣。

②动态美：乌鸦急急匆匆地朝窠里飞去，成群结队的大雁在高空比翼齐飞。夕阳西下，秋风吹起，伴着虫鸣，令人心旷神怡。

相机点拨：乌鸦在日本被看作吉祥之鸟，所以作者选取了乌鸦归窠的景象。那你们由作者描写的事物想到了什么？

③联想到黄昏时候，倦鸟归巢，大人、小孩都急急匆匆地往家奔，让人想到家的温暖，亲情的温暖。

④想象到雁群在天空飞翔的画面，大雁比翼而飞所展现的团队力量，叫人感动。

相机点拨：在文化的传输过程中，中国古典诗词借助“意象”表达情思的方法也被作者所习得。

⑤配乐读：学生自读，指名读。

(3)冬天早晨的闲逸。

①描写了落雪的早晨、铺满白霜的早晨或无雪无霜的早晨手捧火盆穿过走廊的场景。

②霜雪与炭火，一白一红、一静一动、一寒一暖的对比中，体会到冬日暖炉在手的心情，在温暖中体会到闲逸之感。

③联想到一首诗：

问刘十九

白居易

绿蚁新醅酒，

红泥小火炉。

晚来天欲雪，

能饮一杯无。

读一读《枕草子》这本书，感受清少纳言的日常生活，也从中找找白居易作品的影子。

(四)迁移训练，修改景致片段

1. 浏览课文，回顾收获。

(1)相似结构之美。

(2)描写景致的动态美。

(3)视角的独特。

2. 课文所写景致不多，却营造出美的氛围。仿照课文，修改自己所写景致的片段。运用一种或几种方法修改片段，交流展示。

(五)学生质疑，激发探索欲望

这节课即将结束，也许你的问题还没解决，或是你又有了新的疑问，可以提出来。

预设：作者为什么会选取黎明、夜晚、黄昏、早晨这四个时间段？

相机点拨：四季之中，黎明、夜晚、黄昏、早晨，作者说此时最美，我们会发现作者都没有选喧闹的白天，这和作者的心境有关，正是这些静谧的时刻和景物才能表现作者安逸的心境。

短短的一节课是不能解决所有的问题的，我们在课后还可以去探讨、去揣摩。

四季之美

春之黎明　色彩变化

夏之夜晚　萤光飞舞

秋之黄昏　鸦雁飞翔

冬之早晨　熊熊炭火

视角独特　动态美

图 4-1　板书设计

三、策略分析

从词语关联到诗句，引出白居易与作者的联系，把学生的视角平移到古代，感受文化输出的前世今生。视角跨文化平移的过程中，词语的叠加出现也是意象叠加出现在学生头脑的过程。一幅幅有着中国文化意蕴的图景牵引着学生实现视角转换。

接下来，学生在自由读文、主动发现的过程中，就按照这样的思路，先找出作者描写的景物，然后叠加景物意象，在想象、关联中体会景物的静态画面和动态画面，最后在诵读中表现对画面的理解，感受每个季节的独特韵味。

本文文质兼美，为学生学习语言、运用语言提供了范本。仿写课文的语段，也是在引导学生尝试抓住典型事物，进行景物意象叠加，形成画面，再把画面转化成文字。

第三节　以“感情朗诵”策略为主的阅读

案例 1　《剃头大师》：读出诙谐幽默，感受童年之趣

一、作品链接

《剃头大师》是部编版语文三年级下册第 6 单元的一篇课文，讲述了“我”给表弟小沙剃头的故事。

作者以细腻的文笔，真实地刻画了“我”的内心世界，展现了成长过程中的烦恼和困惑，这种真实性使得作品能够引起孩子们的广泛共鸣。文章以幽默风趣的叙述风格，使读者在阅读中感受到乐趣，获得启发和思考。

文章通过具体的场景描写和细节刻画，使得故事生动形象，让读者仿佛置身其中，感受到故事的趣味性。而且，作者运用“冤家”“害人精”等幽默的语言和情节设计，巧妙地反映了儿童天真无邪的性格特点。

课文中人物特点鲜明，适合学生用朗读的方式来表达不同人物：小沙对剃头的害怕，老剃头师傅的严厉，“我”的无知者无畏和最终的无奈等，都适合用朗读惟妙惟肖地表现出来。

作者在叙述时，还巧妙地运用了比喻和夸张的修辞手法，如“姑父的睡衣就像一张熊皮，上面落满了头发”等，增强了语言的表现力，朗读可以帮助学生更好地理解和感受这些修辞手法的表达效果。

此外，文章的语言风格多样，既有口语化的表达，也有书面语的规范。丰富多彩的语言风格，通过朗读更能直观地表现出来，突出文章幽默诙谐、精当巧妙的特色。

二、学习阅读

(一)回忆人物，回顾内容

1. 回忆人物，快问快答。

PPT 出示文中的三个称呼："剃头大师""害人精""胆小鬼"，说说对应的是文中的哪个人物。

(1)"剃头大师"是"我"。

(2)"害人精"是"老师傅"。

(3)"胆小鬼"是"小沙"。

2. 借助这三个称呼，说说小沙的不同体验，回顾课文的主要内容。

工具不同：剃刀　剪刀

发型不同：合格　光头

体验不同：难受　舒服

态度不同：被迫　自愿

结果不同：付两倍　不给钱也愿意

3. 发布学习任务：在这个有趣的童年故事中，每个人物都极具特色，请用朗读的声音和形象的表演展现你对这些人物形象的理解。我们继续争当朗读表演大师。

(二)感情朗读，读懂"害人精"

1. 为什么小沙称剃头师傅为"害人精"？

自学提示：

- 默读：老剃头师傅给小沙剃头的段落。
- 思考：为什么小沙称剃头师傅为"害人精"？
- 理解：遇到难懂的句子，尝试用学过的方法理解。
- 练习：读得惟妙惟肖。

2. 交流汇报，点拨朗读。

预设 1：

PPT：总是一个老剃头师傅来做小沙的"冤家"。老师傅耳朵不好，听不清小沙的抗议，而且，他有一把磨得锃亮的剃刀，所以，小沙只得规规矩矩由老师傅摆布。

(1)结合工具书理解小沙口中的“冤家”。

《现代汉语词典》中冤家：①仇人；②称似恨而实爱，给自己带来苦恼而又舍不得的人。文中指的是“仇人”。

(2)小沙为什么说老剃头师傅是他的冤家？

①角色表演：小沙的抗议。

②教师配合表演“老剃头师傅”：我耳朵可不好使，抗议根本没用。

③采访小沙，预设：老剃头师傅可能能听见，装听不见；我爸爸还拿着尺子在门口监督着，我跑不了；老剃头师傅手里还有把锃亮的剃刀，一动就伤到我的耳朵了，我也不能动；我叫天天不应，叫地地不灵，只能任其摆布……

(3)把文中的“小沙”换成“我”，有感情地朗读。

PPT：总是一个老剃头师傅来做我的“冤家”。老师傅耳朵不好，听不清我的抗议，而且，他有一把磨得锃亮的剃刀，所以，我只得规规矩矩由老师傅摆布。

预设2：

PPT：最痛苦的是，老师傅习惯用一把老掉牙的推剪，它常常会咬住一绺头发不放，让小沙吃尽苦头。这还不算，老师傅眼神差了点儿，总把碎头发掉在小沙的脖子里，痒得小沙吃吃发笑。你想想，这一会儿痛一会儿痒的，跟受刑一样。

(1)图片出示：老掉牙推剪。

(2)结合生活实际理解“受刑”般的难受。

(3)把文中的“小沙”换成“我”，有感情地朗读。

PPT：最痛苦的是，老师傅习惯用一把老掉牙的推剪，它常常会咬住一绺头发不放，让我吃尽苦头。这还不算，老师傅眼神差了点儿，总把碎头发掉在我的脖子里，痒得我痴痴笑。你想想，这一会儿痛一会儿痒的，跟受刑一样。

预设3：

PPT：最让小沙耿耿于怀的是，每次剃完头，姑父还要付双倍的钱给“害人精”。

(1)结合生活经验理解：这么难受，就不该给钱，结果不仅给钱，还给双倍。

(2)结合工具书理解“耿耿于怀”：在心里难以排解。

(3)联系上下文理解：联系上文的第3自然段，在姑父看来，老剃头师傅并不害人，还帮助不配合的儿子理发。在小沙眼中的“害人精”，在姑父眼中是真正的剃头大师，谢都来不及。

3. 引读。

(1)总是一个老剃头师傅来做小沙的冤家……

(2)最痛苦的是……

(3)这还不算……

(4)最让小沙耿耿于怀的是……

(三)有感情地朗读，读懂“剃头大师”

老剃头师傅入行几十年，都没能让小沙这位顾客满意。文中的“我”为什么第一次剃头就有了“剃头大师”的称号呢？走进“我”给小沙剃头的过程吧。

1. 学习提示。

(1)默读“我”给小沙剃头的段落。

(2)思考：为什么“我”觉得自己像“剃头大师”？

(3)理解：使用学过的方法理解难懂的句子。

(4)练习：读得惟妙惟肖。

2. 交流汇报，点拨朗读。

预设1：自身原因

PPT：

其实，不给钱我也愿意，因为从来没有人肯把头交给我随便处理。我一连在他肩上拍了三下，表示：有你的，老弟。

……

虽然以前没有干过这一行，可我好像有剃头的天分。我先把姑父的大睡衣给他围上，再摆出剃头师傅的架势，“嚓嚓”两剪刀，就剪下一堆头发。

……

我觉得自己像个剃头大师，剪刀所到之处，头发纷纷飘落，真比那老剃头师傅还熟练。这儿一剪刀，那儿一剪刀，不一会儿，姑父的睡衣就像一张熊皮，上面落满了黑头发。

(1)自信源自被顾客充分信任的感觉。

(2)认为自己有天分，所以盲目自信。

(3)创造出氛围感，且开头非常顺利。

预设 2：顾客原因

PPT：

……央求我替他剪头发，并答应剪完后付给我五块钱。

……

小沙坐在凳子上，看我找剪刀，才有些慌，说："别剪破耳朵，你得发誓！"

……

"嗬！"小沙高兴了，"你真把头发剪下来了！"

……

小沙连忙摸耳朵，看它们还在，就无所谓了。我敢说，世界上再也没有比他更优秀的顾客了。

(1)顾客求"我"，还给"我"钱。

(2)顾客的要求并不高，是优秀的顾客。

(3)一出手就得到了顾客的夸赞。

3. 合作朗读：一人读描写"我"的语言，读出自信满满之感；一人读描写小沙的语言，读出"最好的顾客"之感。

4. 然而，再自信的"剃头大师"，再优秀的顾客，也无法挽救糟糕的结局。指导朗读第 16—18 自然段。

(1)读出巨大的反差之感。

(2)赋予角色，分别"采访"。

"剃头大师"，你看到这梯田般的发式，想说些什么？

小沙，你看到镜子里的自己，想说些什么？

姑父，您看到这表兄弟俩现在的样子，想说些什么？

(3)根据补白想象，再读第 16—18 自然段。

(四)聚焦题目，体会诙谐

1. 老剃头师傅和"我"，到底谁才是真正的剃头大师？

(1)预设 1：老师傅是真正的剃头大师。

题目以"剃头大师"为题，不是应该写老师傅高超的手艺吗？

(2)预设 2：老师傅和"我"都不是真正的剃头大师。

①有反转对照的味道。

②吸引读者，充满幽默感。

2. 本文选自秦文君的《调皮的日子》，出示《调皮的日子》中的故事目录进行预测：还有哪个故事也可能出现情节反转之乐？激发阅读整本书的兴趣。

三、策略分析

首先，通过联系生活经验、补充资料、联系上下文、查阅工具书等方法，理解文中难懂的句子。然后，在理解的基础上，通过有感情地朗读把人物的所言、所行、所想表现出来，体会不断反转的故事情节以及反差鲜明的剃头结果带来的诙谐幽默之感。感情朗读还进一步激发学生阅读的表演欲，学生读着读着就自然而然地“化”为了文中人：成为不动声色就能让小沙毫不反抗“受刑”的老师傅；成了拼尽浑身解数也毫无用武之地，任老剃头师傅“摆布”的小沙；成了盲目自信又剪了个“梯田”发型的“我”……生成置身于故事之中的感觉。

补白想象后的感情朗读更是将作者没有写的部分，也融汇在朗读中，引导读者加入与自己生活经验相联系的感受，通过读表达出自己独特的体悟，激活自己对童年生活中趣事的回忆和习作创作欲。

案例 2　《肥皂泡》：读出冰心特色，触摸文学印记

一、作品链接

《肥皂泡》是部编版语文三年级下册第 6 单元的一篇课文，作者是中国现代著名女作家、诗人、翻译家、社会活动家冰心。文章用词优美绵密，语言隽永深刻，情感自然流露，具有诗般的意境。文章内容的重点不在吹肥皂泡本身，而在吹肥皂泡中蕴含的美好情感。作者用细腻的表达展现出肥皂泡的颜色美、形态美、变化美，更通过小小的肥皂泡寄托了自己的梦想与希望。肥皂泡的轻盈、自由和美丽，象征着作者心中的美好愿望和纯真梦想。

《肥皂泡》创作于 20 世纪初，是冰心对童年美好记忆的一种追忆。冰心生活在一个社会变革的时期，中国正经历着从封建社会向现代社会的转变。在这样的背景下，冰心的作品中常常蕴含着对传统和现代价值观的思考。

文学语言的表达方式是本文的精髓所在，这种表达特点与学生的日常表

达习惯存在着差异，而这种差异正是本文的教学价值所在。以实写虚的独特语言和情感表达特点，适合引导学生运用多种方法的朗读来感受和品味。

二、学习阅读

(一)回顾所学，讨论朗读标准

回顾所学，明确任务。

(1)回忆课文围绕肥皂泡写了哪些内容。

“吹肥皂泡”“赏肥皂泡”和“想肥皂泡”。

(2)正确、流利地朗读课文，用自己的话说清楚吹肥皂泡的过程。

(3)明确本课的学习任务。

通过有感情地朗读，再现肥皂泡的美好。书写我心中的肥皂泡，制作“会说话”(朗读二维码)的明信片。

(4)聚焦朗读的真实困难，播放朗读示范音频，明确朗读标准。

表 4-1　朗读标准

朗读课文	整体感知	评价指标
能够基本读准字音、完整朗读。	只记得课文的部分内容，不能全面概括地说出主要内容。	☆
能够读准字音、基本读通句子。	能够概括地说出课文的主要内容，但缺少要点。	☆☆
能够正确、流利地朗读课文。	能够全面概括地说出课文的主要内容。	☆☆☆

(二)理解难懂句，有感情地朗读

1. 根据提示，默读自学。

(1)默读第 4、5 自然段。

(2)聚焦难懂的句子并标画下来。

(3)运用多种方法理解难懂的句子。

(4)练习有感情地朗读这些句子。

2. 聚焦难点，小组合作学习。

(1)小组交流自学成果，聚焦难点。

(2)互相交流，尝试解决难点。

(3)记录下来依然难以理解的句子，做好全班交流的准备。

3. 分享交流，小组汇报，教师相机点拨。

预设 1：

PPT：这肥皂泡，吹起来很美丽，五色的浮光，在那轻清透明的球面上乱转。

(1)运用查字典的方法理解“浮光”，感受肥皂泡富有变化的色彩浮于表面的特点。

(2)关联“五色的浮光”“轻清透明”“乱转”，想象画面，感受肥皂泡颜色、形状、动态之美。

(3)有感情地朗读，通过调整发音轻重、节奏快慢、语调起伏，表达自己的理解。

预设 2：

PPT：有时吹得太大了，扇得太急了，这脆薄的球，会扯成长圆的形式，颤巍巍的，光影零乱。这时大家都悬着心，仰着头，屏住呼吸……

(1)关联上下文和生活实际，想象画面，感受肥皂泡在孩子眼中的美丽与神奇，体会内心的紧张、专注、担心与期待，在此基础上，有感情地朗读。

(2)现场吹肥皂泡，引导学生直观感受，有感情地朗读。

(3)变式朗读，再现美景。

PPT：

五色的浮光
在那轻清透明的球面上乱转。

一个大球，
会分裂成两三个玲珑娇软的小球，
四散分飞。

这脆薄的球，
会扯成长圆的形式，
颤巍巍的，光影零乱。

预设 3：

PPT：那一个个轻清脆丽的小球，像一串美丽的梦，是我们自己小心地轻轻吹起的，吹了起来，又轻轻地飞起，是那么圆满，那么自由，那么透明，那么美丽。

(1)“轻”字在文中出现的频率较高，从“轻”字中你感受到了什么。

PPT：

轻圆的网球大小的泡儿

轻轻地一提

轻轻地扇送

轻圆的球儿

轻清透明的球面上乱转

轻清脆丽的小球

轻轻地吹起

轻轻地飞起

轻轻地挨着明月

轻悠悠地飘过大海

①肥皂泡的轻盈之态。

②作者在做肥皂泡的过程中动作轻柔，生怕肥皂泡破裂。

(2)小结：“轻”字中包含着肥皂泡的轻盈之态和作者的呵护之情。练习朗读，表现“轻”字中蕴含的深刻含义。

4. 回读课文，感悟心声。

再读课文，从哪里感受到吹泡泡小女孩的心声？将有关的句子画下来。

预设1：

学生抓住第5自然段中写肥皂泡吹起、飞走的语句谈感受。

①担心好不容易吹出的肥皂泡破裂了。

②作者很快乐，可以吹出一串轻清脆丽的小球。

③作者充满骄傲之感，因为这是自己制作、自己吹起并送飞的肥皂泡。

④作者寄托了美好的希望在肥皂泡中。

预设2：

学生关注到了代词“她”字。

PPT：……借着扇子的轻风，把她们一个个送上天去送过海去。

……目送着她们，我心里充满了快乐、骄傲、希望。

小结：肥皂泡在冰心心中已经不是一个物、一个游戏，而是鲜活的、有生命的、永不破裂的泡泡，还有可能就是她自己！

5. 配乐朗读，体会美好。

(1)师生合作配乐有感情地朗读。

教师引读——那一个个轻清脆丽的小球，像一串美丽的梦，

学生接读——是我们自己小心地轻轻地吹起的，吹了起来，又轻轻地飞起，是那么圆满，那么自由，那么透明，那么美丽。

教师引读——借着扇子的清风，

学生接读——把她们一个个送上天去送过海去。

——到天上，轻轻地挨着明月，渡过天河跟着夕阳西去。

——或者轻悠悠地飘过大海，飞越山巅，

——又低低地落下，落到一个熟睡中的婴儿的头发上……

(2)相机点评：我听到了泡泡飞过山野林间的快乐，听出了泡泡越过大海的希望，感受到了冰心自己创造出来这样永恒泡泡的骄傲！

(3)全班齐读：目送着她们，我心里充满了快乐、骄傲与希望。

6. 补充资料，体味真情。

(1)资料。

资料一　冰心(1900—1999)，原名谢婉莹，现代著名的散文家、诗人。她的作品充满了对大自然的赞美，以及对母爱与童真的歌颂。本文写于1936年3月22日。

资料二　冰心小时候曾经是个像男孩子一样的女生，经常在山上、海边无拘无束地玩耍。由于生活的变动，在她11岁时回到了规矩众多的大家庭中，无法再在山野间自由自在地玩耍。

(2)冰心笔下的肥皂泡，能够替她飞过山巅大海，飞去天上，永不破灭。这是她的梦想与希望，也是她对童年无拘无束的美好生活的无尽怀念。结合理解，再次有感情地朗读第5自然段。

(三)展开想象，写出“我”心中的肥皂泡，完成肥皂泡明信片

1. 由“她”及“己”，延展画面：畅想自己肥皂泡的样子和去处，写在明信片上。

(1)书写《我的肥皂泡》明信片。

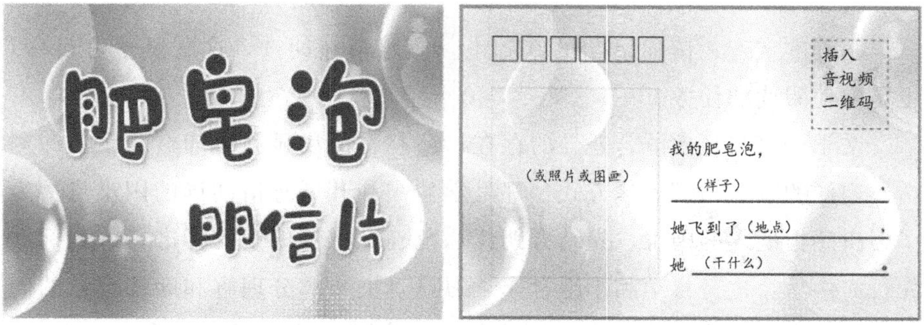

图 4-2　明信片

(2)交流分享，深刻体会“快乐、骄傲、希望”的含义。

2. 交流展示，总结升华。

(1)同学们笔下的肥皂泡能够飞到任何你想要去的地方，只要有追逐梦想的勇气，就可以飞向远方，追逐梦想。

(2)出示冰心生平资料。肥皂泡不仅飞得高，飞得远，还飞得久，已经飞了将近一个世纪，温暖了一代又一代人的童年。每个人看到她都会想起童年的快乐、骄傲与希望。

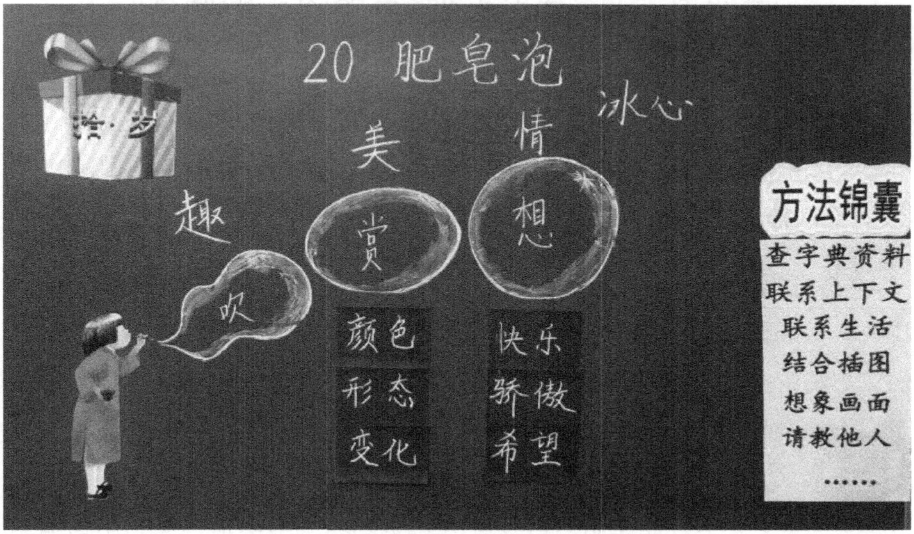

图 4-3　板书设计

三、策略分析

在读准字音、读通语句的基础上，有感情地朗读，这既是学习目标，也是驱动阅读的任务。

文学语言与日常语言差异的存在，还有看似浅显易懂却藏着作者深刻情感内涵的“冰心式”表达方式，都是学生顺利开展感情朗读的困难点。为了解决感情朗读的困难，先结合朗读示范确定感情朗读的标准，做到标准先行。然后，进行自学和小组合作学习，解决一部分理解和朗读难点的同时，筛选出仍无法解决的理解困难句，在全班交流中运用结合生活经验、查工具书和资料、联系上下文等多种方法突破理解难点，扫除朗读障碍，进行感情朗读。

本文兼具散文之美和诗意之美，变式朗读，配乐朗读，想象画面读，都是适合理解本文的朗读形式。学生结合自己的理想与希望，读写结合，填写明信片并录制感情朗读的音频，都是为了将此时此刻的感悟记录下来。由作者及读者，童年生活中流动的美与情，跨越了时空，在此刻形成圆满的闭环。

第四节　以“探究象征”策略为主的阅读

案例1 《搭石》：探究朴素事物中蕴含的丰厚精神内涵

一、作品链接

《搭石》是部编版语文教材五年级上册第2单元中的一篇课文，由著名诗人、一级作家刘章所著。这篇文章以作者的家乡为背景，通过描述乡亲们在小溪中摆放石头以方便行人过河的情景，展现了淳朴的乡村生活和乡亲们无私奉献的美好品质。

文章开头介绍了作者家乡的小溪和周围的环境，以及汛期过后乡亲们的生活状态。接着介绍了搭石的样子和作用。文章细致描写了乡亲们摆放搭石的情景，以及他们在日常生活中如何相互礼让、帮助，尤其是对老人和小孩的照顾。文章中还特意提到了家乡的一句俗语“紧走搭石慢过桥”，反映了人们在走搭石时的行为准则。

《搭石》的语言质朴生动，充满了生活气息，能够让读者感受到乡村的宁静和美好。作者通过文字勾画描绘的一幅幅具体生活画面，传达了乡亲们之间和睦友善的情感，以及他们淳朴善良的品质，渗透了社会责任感和集体主义精神教育，激发起了人们对美好人性的向往和追求。

二、学习阅读

(一)回顾方法，继续运用

1. 上节课我们一起体验了提高阅读速度的一些方法，我们简要回顾一下：在阅读时，我们要做到集中注意力，遇到不懂的词语不要停下来，不要回读。

2. 在本节课的学习中，我们还要继续运用和巩固这个方法。

(二)抓住典型事例，感受质朴精神

1. 品读摆搭石中的典型事例，感受乡亲们一心为他人的精神品质。

作者在写《搭石》这篇文章的时候，用文字描绘了好几幅感人的画面。课后的题目也引导咱们关注画面，体会情感。一起来读读课后第二题：说说课文给你留下印象最深的画面是什么，从哪些语句中可以体会到乡亲们美好的情感。

(1)再读课文来讨论这个问题，阅读任务：

①找找文中令你印象深刻的画面。

②借助关键语句体会乡亲们的美好情感。

③阅读要求：做到集中注意力，不停顿，不回读，还可以边读边圈画文中的关键语句，以此帮助我们体会乡亲们的美好情感。

(2)学生汇报：找到了哪些令你印象深刻的画面？找到了哪些能帮助你体会到乡亲们美好情感的语句？

根据学生发言出示 PPT：

进入秋天，天气变凉，家乡的人们会根据水的深浅，从河的两岸找来一些平整方正的石头，按照二尺左右的间隔，在小溪里横着摆上一排，让人们从上面踏着过去，这就是搭石。

①根据“进入秋天，天气变凉”“平整方正”感受到：秋凉时节，脚泡在

冰冷的河水里，容易着凉生病；选择平整方正的石材，人们走在上面才会稳稳当当的。

②根据“二尺左右的间隔”“横着摆上一排”，可具身体验，站起来走走，发现这个间隔正好符合一般人的步幅。

小结：从时令、石材选择、摆放间距几个方面看，摆搭石的人都是从走搭石的人的需要考虑的。

(3)根据学生发言出示 PPT：

秋凉以后，人们早早地将搭石摆放好。如果别处都有搭石，唯独这一处没有，人们会谴责这里的人懒惰。上了点儿年岁的人，无论怎样急着赶路，只要发现哪块搭石不平稳，一定会放下带的东西，找来合适的石头搭上，再在上边踏几个来回，直到满意了才肯离去。

①抓住“早早”这个词，联系上文对搭石的介绍，体会到摆搭石的人们生怕行人再脱鞋挽裤，所以早早地将搭石摆好，行人便可不必再去蹚水。

②抓住“如果别处都有搭石，唯独这一处没有，人们会谴责这里的人懒惰”，感受到了乡亲们已经将摆好搭石当成了理所应当的责任。体会一心为他人着想，已成为作者家乡的人们深入骨髓的一种精神品质。

③指导朗读：对“早早”和“唯独这一处”进行强调。

④抓住“上了点儿年岁的人摆搭石”的事。

• 想象画面：眼前仿佛出现了老人俯身摆放搭石，反复确认搭石是否稳定的形象。老人把自己的事儿先放在一边，摆好后还反复确认的举动，心里想的都是他人。本来上了年岁的人，应该受人照顾，可他却只顾着行人，他的身上集中闪现着乡亲们为他人着想的精神光辉。

• 换位思考：把自己想象成画面中的老人，然后根据提示语，将老人摆搭石过程中的心里话补充进来。在补充老人的心里话时，可以结合课文中的语句来思考。

PPT：

见到此处没有搭石时，老人想：(　　　　　　　　　　　　)。

挑选河岸边的石头时，老人想：(　　　　　　　　　　　　)。

摆放一排搭石的时候，老人想：(　　　　　　　　　　　　)。

摆好后踏几个来回时，老人想：(　　　　　　　　　　　　)。

⑤引导学生为画面命名，突出乡亲们可贵的品质。

例如："心有他人摆搭石"。

2. 品读走搭石中的典型事例，感受乡亲们协调有序、相互谦让、尊老敬老的精神品质。

(1)行人们协调有序地通过搭石的画面。

PPT：每当上工、下工，一行人走搭石的时候，动作是那么协调有序！前面的抬起脚来，后面的紧跟上去，嗒嗒的声音，像轻快的音乐；清波漾漾，人影绰绰，给人画一般的美感。

①联想乐谱：一个音符挨着一个音符，和谐地流动，和谐地奏出轻快优美的曲子。

②指导朗读，生生互评。

预设：听出了赞美的味道；富有节奏韵律感的表达；具有和谐之美。

③关注"嗒嗒的声音"中的象声词"嗒嗒"表现的欢快节奏。从视觉到听觉，再到人们内心的世界，这都是画一般的美。

(2)第4自然段中礼让对方的画面。

①两人面对面走到溪边时"总会在第一块搭石前止步，招手示意，让对方先走"。抓住"总会"感受到谦让已经是这里的人们形成的一种习惯，一种自然而然的行为。

②招手的动作，是把对方排在了自己之前，希望别人先过，自己再过。

③情境表演以下场面：

甲(招手示意)：您好啊，请您先过吧。

乙(招手示意)：您好，您好！您先过吧，我没什么急事。

甲：那谢谢您啦，我就不客气地先过了啊。

乙：您留心脚下，走稳当了。

甲：谢谢您！谢谢您！这搭石摆得真好，走着真稳当！

乙：看您这气色真不错！最近都挺好的吧？给您一家带个好啊。

甲：好着呢，好着呢！也给您一家老小带好啊。

乙：谢谢，谢谢！您先忙，咱们回聊。再见啊！

(3)第4自然段中尊老敬老的画面。

①根据"总要""理所当然"体会年轻人俯身背老人走搭石的画面。"总

要”，强调了人们已将尊老敬老的品质化为习惯，当作和呼吸、吃饭、睡觉一样自然、平常的事。

②为后续的几幅画面命名。

预设：“协调有序走搭石”“互相礼让走搭石”“尊老敬老过搭石”。

(三)结合插图升华主旨

1. 轻轻地把本课的教材展平，你发现了吗？两页教材中间的插图，正是搭石。

(1)本课的插图中，一个人物也没有，可我们的眼前却分明出现了摆搭石的老人，互相礼让的村民，背着老人的年轻人，或许你的眼前还会有牵着小同学走搭石的大哥哥，帮别人分担重物过搭石的叔叔，时而来到此处加固搭石的老爷爷……带着想象的画面，带着对美好情感的体会，再读读课文。

(2)聚焦结尾段：一排排搭石，任人走，任人踏，它们连接着故乡的小路，也联结着乡亲们美好的情感。

①这段话是全文的中心句。是在借搭石赞扬乡亲们一心为他人着想、相互礼让、尊老敬老的人性之美。

②“连接”和“联结”一方面说的是搭石形成的路，另一方面则表现了搭石将人与人之间用友善、互助的情感紧密联系在一起。

③聚焦题目“搭石”。

2. 联系生活：在作者的家乡，乡亲们用无私奉献、友善互助的精神描绘出的美好画面一幅连着一幅，在你的生活中，是否也有这样的一幅幅画面联结着人们的情感呢？

3. 结合文本和生活，进一步体会“搭石”的深意。

三、策略分析

“搭石”因其丰富的象征意义，被作者命名为这篇散文的题目。探究“搭石”象征意义的构成，也是透过画面走进乡亲们美好心灵的路径。“搭石”的丰富象征含义体现在：搭石的摆放是乡亲们自发的行为，没有人强迫，也没有报酬，体现了他们乐于助人、无私奉献的精神。搭石成为连接两岸的纽带，象征着乡亲们之间的团结互助。无论谁需要过河，都可以踩着搭石安全通过。

在走搭石的过程中，年轻人会主动背老人过河，体现了尊老爱幼的传统美德。搭石成为乡亲们日常交往的场所，人们在走搭石时相互礼让，和气生财，体现了和谐共处的社会风尚。

搭石需要定期维护，乡亲们不辞辛劳地挑选石头、摆放石头，展现了勤劳朴实的品质。搭石看似普通，却解决了乡亲们的实际问题，体现了在平凡小事中也可以做出不平凡的贡献。此外，搭石是作者家乡的一道风景，也承载着作者对家乡的眷恋和热爱之情。

通过这些象征意义，《搭石》传递了积极向上的价值观，鼓励人们在日常生活中践行美德，构建和谐美好的社会。同时，搭石也成为连接人与人之间情感的纽带，让读者感受到乡土的温暖和人间的温情。文中的“搭石”在读者的身边也有，所以，探究“搭石”的象征意义也是对普世性价值的追求。

案例 2　《节气的呢喃与喊叫》：探究节气中的文化象征

一、作品链接

《节气的呢喃与喊叫》是谈正衡的作品。这本书并不厚，200 多页的容量却包含了江南物候、气象、天文、地理、农时、饮食，回味江南过去生活场景等丰富的内容。这些内容被作者精心地安排在四大板块中：辑一，春雨惊春清谷天；辑二，夏满芒夏暑相连；辑三，秋处露秋寒霜降；辑四，冬雪雪冬小大寒。

这本书是用《节气歌》的四个分句进行的篇章划分。每一辑中正是每个季节中对应的六个节气，每一节气大约十几页的篇幅。作者以自己的丰富经历作为本书的写作素材，深入浅出地让更多的人亲近二十四节气。

本书除了文字，还有一道亮丽的风景，那就是与文字匹配的 40 幅精选的耕织图和民俗图画。审美的情趣不仅浸润在文字中，更融汇在充满浓郁中国味儿的图画中。本书除了封面、封底有二十四节气名称的水印，其腰封也值得品味一番：二十四节气的名称由右至左依次排列，仿佛把一年内的时间流转定格在了这小小的纸条上。节气名称下，是几幅小图：耕牛、插秧、放风筝、春燕、舞春牛……过电影一般展现着不同时节最具特色的物候。

二、学习阅读

(一)制作传统生日卡

1. 拉近学生与节气的距离。

同学们，你的生日是阳历哪年哪月哪日？很多同学能根据自己的出生日期，知道自己的属相、星座。我们阅读了《节气的呢喃与喊叫》后，你现在是不是能为自己的生日再增加一层含义呢？对照日历看一看，你的生日距离哪个节气更近一些。

例：我的生日在 2 月 17 日，距离雨水节气最近。

我的生日在 7 月 31 日，距离大暑节气较近。

2. 激发对包含节气信息的生日卡的期待。

如果以往你期待收到一张包含你的属相或星座介绍的生日卡片，现在你是否能根据《节气的呢喃与喊叫》，说说更期待贺卡上出现哪些内容吗？

例 1：我的生日在 2 月 17 日，我希望我的生日卡片上绘有冒头的小竹笋，满卡片的蔷薇花，再有一两只小燕子做点缀就更好了。除了生日祝福语，我还希望卡片上有郑板桥的诗：“不风不雨正晴和，翠竹亭亭好节柯。最爱晚凉佳客至，一壶新茗泡松萝。”

例 2：我的生日在 7 月 31 日，我希望我的生日卡片上绘有夏季最美的星空，萤火虫星光点点与繁星遥相呼应。如果再绘上几块荷花糕就更好了。除了祝福语，我希望读到《夏夜追凉》这样的诗句：“夜热依然午热同，开门小立月明中。竹深树密虫鸣处，时有微凉不是风。”

3. 活动发布。

(1)希望你把自己对生日卡的期待写出来，张贴在班级壁报上。当全班同学把对生日卡片的期待都张贴出来后，请你选择为两三位好友送上这充满浓郁中国味道的生日卡。

(2)有心的你，还可以为自己的父母、爷爷奶奶、姥姥姥爷准备这别具一格的生日卡。

(3)制作要求。

①如果好友的生日距离清明节比较近，你在生日祝福时选用“清明时节雨纷纷，路上行人欲断魂”就不太合适了。要注意古诗句的选择，与生日的气氛相吻合，如果选择“借问酒家何处有，牧童遥指杏花村”就比前两

句好多了。

②配图也要与生日主题对应一下，不要过多地出现白花或落败的景象。

③可以选用水墨风格、彩铅风格的图画，与中国传统风韵相吻合。

④可以引用一些与节气对应的古诗词。

（二）设计时令菜菜谱

1. 活动情境。

邻居孟叔叔主打江南风味的餐厅就要开张了，此时，正在设计菜谱的他遇到了困难，希望得到同学们的帮助。

孟叔叔根据市场调查发现，顾客希望依照节气吃到最具时令特点的家常菜，孟叔叔知道你们在阅读《节气的呢喃与喊叫》，需要你们按照时令帮他设计至少 24 道菜。

2. 设计时令菜菜谱的要求。

(1)确保每个节气都至少有一道主打时令菜。

(2)要在菜谱中简要介绍这道菜的原材料，如果这道菜有相关典故更佳。

(3)为这道菜取一个有诗意的菜名。

(4)这道菜可以是菜肴，也可以是点心、小吃。

(5)菜谱也属于书的一种，在配图上也希望同学们能给些建议。

3. 范例引领，激活思维。

(1)以立春为例，设计一款美食吧。

例 1：设计春卷。它外皮酥脆金黄，肉馅鲜嫩多汁，一定颇受食客欢迎。立春距离春节不远，人人都希望讨个好彩头，叫“招财进宝金春卷”，点单量一定高。

例 2：设计春饼。中间裹有芹芽、香菇、肉丝、干丝、白萝卜丝，五彩斑斓，好看又好吃。在菜谱上，还可以加上“咬春”的含义，把李时珍在《本草纲目》中对具有升散性质的食物的介绍也写上。菜名叫“迎新春饼”，借白萝卜辛辣味道的“辛”，与新年的“新”同音，一举两得。

例 3：设计一道七彩汤。用七种蔬菜做成，既漂亮，又暖肠胃。因为立春时节气温低，饭前喝口汤很养生呢。名字叫“七彩如意汤”。

(2)关于菜谱的设计。

例：可以借用《节气的呢喃与喊叫》中的插图，比如谷雨这一章中的插图，配的是《四时幽赏录》中的一幅，图下有文字："每于春中，笋抽正肥，就彼竹下，扫叶煨笋，至熟，刀截剥食，竹林清味，鲜美莫比。"与这张图对应，推出一道谷雨煮笋。

4. 以小组为单位设计时令菜菜谱。

(1)大家以小组为单位进行分工，每人负责设计一两个节气的时令菜。

(2)设计中小组应统一菜谱风格，色调、排版、字体、字号等均需统一。

(3)到生活中的餐厅去实地考察一番，看看菜谱在材质、规格、定价等方面需要注意些什么。

(三)撰写天气预报开场词

1. 联系生活发布任务。

大家一定收看过天气预报节目，不过你有没有注意过，每逢节气，主持人在介绍具体的天气情况前，会突出介绍一下这个节气的物候特征，有时会介绍这个节气的传统美食，还有的时候会嘱咐大家在这样的时节里如何保持身体健康。

位于安徽芜湖的某小学电视台正在招聘气象预报导播编辑，需要同学们参考《节气的呢喃与喊叫》为2025年的二十四节气的播报写开场词。请同学们试试看。

2. 分解任务，合作完成。

(1)先找到2025年的年历，把二十四节气的具体日期和时刻记录下来。开场中需要介绍节气的具体时刻，因此节气对应的阴历和星期几都要记录下来。

(2)时间和篇幅要求：中央电视台的天气预报的节目时长大约为10分钟，校园电视台的天气预报时间大约只有3分钟。开场的时长约1分钟，用我们正常的语速说话大约每分钟是220字。介绍完当天的阳历和阴历日期、节气发生的时刻后，大约有150字的空间。这就要求我们在150字内，把这个节气对应的最典型和突出的物候及人们在养生方面的注意事项表达出来。

(3)以“立春”举例示范：

①材料选择：以立春为例，根据《节气的呢喃与喊叫》我们可介绍的内容有很多。北斗七星斗柄位置、帝王的迎春大典、百姓打春牛、行春、春卷、春饼、七彩汤、咬春、拜年请客吃春酒、唱春歌、春帖子、耍龙灯、捞塘泥、清理牛棚、唱歌谣、放风筝等，如果一一介绍，时间不够用，需要考虑节目的受众——小学同学们的实际需求——进行材料筛选。

• 预设 1：捞塘泥、清理牛棚、拜年请客吃春酒都与我们小学生的生活距离有些远，可以不介绍这几个方面。

• 预设 2：吃美食、放风筝能够引起同学们的共鸣，可以提及。

• 预设 3：学校有天文社团，同学们的报名特别踊跃，可见同学们对天象很感兴趣，北斗七星的斗柄位置，可以提上一句。

②撰写初稿：筛选材料后，某小组完成了开场的初稿，字数约为 133 个字。

PPT：

亲爱的同学们大家好！某小学天气预报播报时间到。今天是公历某年某月某日，阴历某月某日。新的一年中的第一个节气——立春于今天某时某刻来到我们身边。同学们记得要去吃春卷、春饼，喝七彩汤啊。今天的北斗七星斗柄指向东北 45°。放学后，适合去放风筝，大家可以结伴去。接下来请收听具体预报。

③修改稿件：同学们写完以后，觉得有些不太满意。虽然这里包含了相关的要素，可衔接却不顺畅，感觉句子的顺序也要调整一番，于是他们改了一稿，字数约为 146 个字。

PPT：

亲爱的同学们大家好！某小学天气预报播报时间到。今天是公历某年某月某日，阴历某月某日。新的一年中的第一个节气——立春于今天某时某刻来到我们身边。春来了，我们可以“忙趁东风放纸鸢”，可以品尝美味的春卷、春饼、七彩汤，还可以举头望星空，找找北斗七星的斗柄，它一定指向东北方向 45°。好了，接下来请收听具体预报。

3. 以小组为单位，任选几个节气，结合《节气的呢喃与喊叫》，为校园天气预报播报撰写开场词吧。

(1)对播报素材进行合理筛选。

(2)要抓住听者的心理设计开场语。

(3)字数控制在150字以内。

三、策略分析

中国的二十四节气是中国古代农业文明的产物，每个节气都蕴含着深厚的文化象征意义，反映了古人对自然规律的观察和理解。

以《节气的呢喃与喊叫》为阅读读本，设计三个与学生生活相关的表现性评价活动：制作生日卡、设计时令菜谱、撰写天气预报开场词。学生要完成这三个任务，势必要去了解二十四节气中蕴含的天文学、地理学、生物学等知识，从中感受到中国人与自然和谐共生的文化理念。

二十四节气中，每个节气都有其丰富的文化内涵，学生任选其中的某个或某些节气去完成任务，在交流中势必会涉及节气中的物候、习俗、人们的生活方式等，而这些正是中华民族在中华大地上生存繁衍几千年来的文化内涵：

立春，象征着万物复苏和新的开始；

雨水，象征着生命力和生长；

惊蛰，象征着自然界从沉睡中苏醒；

春分，象征着平衡和和谐；

清明，象征着对先人的怀念和对生命的尊重；

谷雨，象征着农业生产的希望和丰收的预期；

立夏，象征着热情和活力；

小满，象征着事物发展的过程和期待；

芒种，象征着收获和播种的双重意义；

夏至，象征着阳光和能量的顶峰。

……

每个节气都是中国传统文化中的重要组成部分，它们不仅指导着农事活动，也影响着人们的日常生活和节日庆典。最终，学生在任务驱动下，通过阅读和对节气的观察、体验，理解中国人崇尚的人与自然和谐相处的文化内涵，指向中国古代“天人合一”的哲学思想。

第五节　以“线索梳理”策略为主的阅读

案例 1　《忆读书》：梳理书目线索，把握读书心路

一、作品链接

《忆读书》是部编版语文教材五年级上册第 8 单元的一篇课文，是中国现代著名女作家、诗人、翻译家、社会活动家冰心晚年的作品，她通过回忆自己的读书经历，表达了对读书的热爱和对书籍的深刻认识。冰心通过自己的经历告诉读者，读书不仅能增长知识，还能带来精神上的愉悦和满足。

本文语言质朴浅显，满含情感。文章采用了“互文见义”的笔法，通过不同层面的叙述来展现主题。文章的三个层次——“读书好”“读好书”“多读书”——相互交织，没有明显的界限，但整体上突出了作者的核心意图，即鼓励孩子们多读书。

冰心在文中表达了自己对读书的深厚情感，她认为读书是一种享受，是一种生命中最大的快乐。这种情感贯穿全文，感染着读者。因此，冰心读书并获得快乐的心路历程是课文中隐藏的一条线索，这也正是这篇散文的“神”之所在，需要读者细细品味和研读。

冰心在《忆读书》中运用了多种文学手法，如回忆、对比、象征等，使得文章层次丰富，富有艺术感染力。此外，文中涉及的文学作品甚多，学生对这些提及的文学作品的了解程度参差不齐，引导学生阅读本文时还要关注到生生之间的差异，适时补充资料，建立阅读经验的链接并激发阅读兴趣。

二、学习阅读

(一)立足全篇，整体回顾

1. 开门见山，齐读课题。

2. 音义结合，复习词语。

勉勉强强　怒发冲冠　三十六天罡　七十二地煞(强调读音)

心动神移　不能自已(理解词义)

3. 回忆内容，整体感知。

浏览课文，回忆文章主要写了什么。

(二)阅读探究，品读感悟

1. 回忆所读书目，体会“多读书”。

(1)引导学生回忆冰心在少年时代的不同阶段分别读了什么书。

(2)依据回答，相机出示文中提到的主要书目的字数，体会冰心少年时代读的书真多呀！

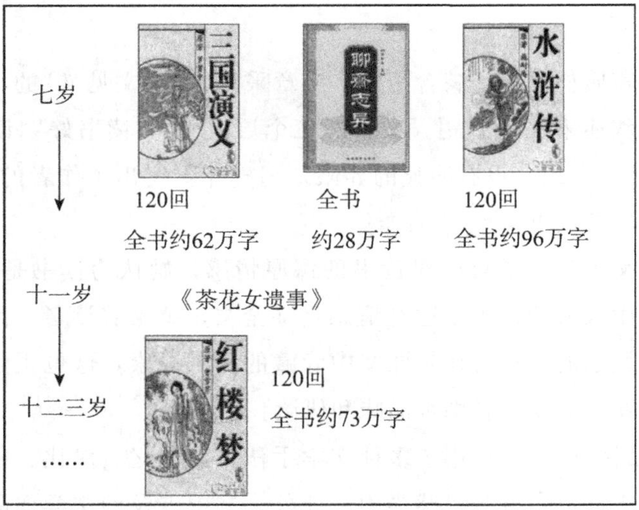

图 4-4　文中冰心阅读书目及字数

2. 了解读书经历，理解“读书好”。

(1)学习第 2—5 自然段，同读《三国演义》知方法。

①出示自学提示：

默读第 2—5 自然段，看看读《三国演义》给冰心带来怎样的收获、感受。边读边画出相关语句，标出关键词语，做适当的批注。

②学生汇报，教师相机点拨。

预设 1：谈到“津津有味”“无限悬念”“含泪上床”等听书的内容。

出示 PPT：

那时，我的舅父杨子敬先生每天晚饭后必给我们几个表兄妹讲一段《三国演义》，我听得津津有味，什么“宴桃园豪杰三结义，斩黄巾英雄首立功”，真是好听极了。但是他讲了半个钟头，就停下去干他的公事了。我只好带着对于故事下文的无限悬念，在母亲的催促下，含泪上床。

通过联系生活实际，抓住“津津有味”“无限悬念”“含泪上床”等词语，体会七岁的冰心等待舅父讲《三国演义》故事的迫切心情，为自己阅读《三国演义》奠定感情基础。

预设 2：谈到“咬了牙”“居然”等自己阅读的内容。

a. 对比读句子。

出示 PPT：

此后，我决定咬了牙，拿起一本《三国演义》来，自己一知半解地读了下去，居然越看越懂……

此后，我决定拿起一本《三国演义》来，自己一知半解地读了下去，越看越懂……

• 透过“咬了牙”，体会冰心读书的决心之大，书对她有很大吸引力。

• 品味“居然”一词，感受读书带来的意外喜悦。

b. 在理解的基础上，学生通过不同形式的朗读，体会着读书的收获与喜悦。

预设 3：谈到自己阅读《三国演义》的过程的内容。

出示 PPT：

谈到《三国演义》，我第一次读到关羽死了，哭了一场，便把书丢下了。第二次再读时，到诸葛亮死了，又哭了一场，又把书丢下了，最后忘了是什么时候才把全书读到“分久必合”的结局。

a. 调动阅读经验：你知道关羽、诸葛亮的哪些故事？给你留下了怎样的印象？

b. 补充课外资料：了解书中提到的“三国”人物的生平事迹。抓住“哭”字，体会出冰心当读到他们死去时，那痛苦的心情，读书时那忘我的境界。

出示 PPT：

关羽	诸葛亮
身在曹营心在汉	七擒孟获

华容道，捉放曹	赤壁鏖战
千里走单骑	草船借箭
过五关，斩六将	出师未捷身先死
单刀赴会	鞠躬尽瘁，死而后已
刮骨疗伤	……
……	

c. 再次回读包含关键词语“心动神移、不能自已”的语句。

③总结学法——边读边体会并批画。

(2)自学第6—10自然段，博览群书理收获。

①PPT出示自学提示：

按照前文的学习方法(边读边画边体会并批注)自学第6—10自然段，看看其他书带给冰心怎样的收获、感受。

②小组交流，随机引导学生将批注展示在黑板上。

③结合学生的汇报交流，教师适时总结并提升。

预设1：谈到读《聊斋志异》

点拨：在阅读中潜移默化地学习了表达，这就是我们常说的“读书破万卷，下笔如有神”！

预设2：谈到读《水浒传》

PPT：那部书里着力描写的任务，如林冲——林教头风雪山神庙一回，看了使我“愤气填胸”！

a. 抓住“愤气填胸”一词体会作者为英雄的遭遇而愤怒不已。这也是“心动神移、不能自已”的表现。

b. 点拨：冰心从小就被英雄的豪气所感染，内心埋下了正义的种子，知道了是非曲直，懂得了做人的道理。

预设3：谈到读《红楼梦》

点拨：读书知道了朝代、家庭的兴亡盛衰。

④结合板书，修改批注，进一步感受读书带来的收获。

3. 反复对比朗读，领悟“读好书”。

(1)就这样，在书的陪伴下，冰心从少年走到了青年，又从中年走到了老年。小声读读第12自然段，思考冰心对读书还有哪些感悟？用曲线画出来。

PPT：同时，书看多了，我也会挑选、比较。

(2)通过师生对读、生生对读，体会冰心喜欢读什么样的书，体会对比写法，读出喜爱之情。

PPT：我看了(　　)，就会丢下(　　)，看了(　　)，就不会看(　　)。

总结：故事精彩、人物如生、真情实感、语言质朴，这就是好书的标准，对比着读是读书的一种基本方法。

(3)回忆自己读书的经历，用对比的方法说说自己心中的好书。

(三)总结升华，理解主旨

1. 教师引读，回读梳理

师：缕缕书香滋养和丰富着冰心奶奶的人生，她由衷地感叹——

生(根据 PPT 提示)：我永远感到读书是我生命中最大的快乐！

师：一谈到读书，我的话就多了！我想到了七岁时被《三国演义》故事所吸引，想到了初读时的惊喜——

生(根据 PPT 提示)：此后，我决定咬了牙，拿起一本《三国演义》来，自己一知半解地读了下去，居然越看越懂……

师：一谈到读书，我的话就多了！我想到了同时看的放在妈妈针线笸箩里的《聊斋志异》，它让我领略到语言表达的快乐——

生(根据 PPT 提示)：聊斋故事是短篇的，可以随时拿起放下，又是文言的，这对于我的作文课很有帮助，因为老师曾在我的作文本上批着"柳州风骨，长吉清才"的句子……

师：一谈到读书，我的话就多了！我想到了《水浒传》，书中刻画的那一个个栩栩如生的人物深深吸引着我，感染着我——

生(根据 PPT 提示)：那部书里着力描写的人物，如林冲——林教头风雪山神庙一回，看了使我义愤填膺！

师：一谈到读书，我的话就多了！我想到了看到的第一本林译小说《茶花女遗事》，从此以后——

生(根据 PPT 提示)：那时只要我手里有几角钱，就请人去买林译小说来看，这又使我知道了许多外国的人情世故。

师：一谈到读书，我的话就多了！

生(根据 PPT 提示)：我永远感到读书是我生命中最大的快乐！而且我从读书中还得到了做人处世的"独立思考"的大道理。

师：到了老年，“读万卷书”更成了我唯一的消遣，同时——

生(根据 PPT 提示)：书看多了，我也学会了挑选、比较。

师：在 89 岁高龄之际，在特殊的日子里，提笔为文，写下了自己一生读书的感悟，同时也是对青少年寄予的殷切希望——

生(根据 PPT 提示)：读书好，读好书，多读书。

2. 总结提升

冰心奶奶从读书到创作，从欣赏那些“满带着真情实感，十分质朴浅显”的文章，到创作出清新隽永、纯朴自然的作品，从读书到写书，从写书到做人，都堪称典范。希望同学们也能这样，一生与好书相伴，成就自己的精彩人生！

图 4-5　板书设计

三、策略分析

在开始学习阅读的时候，便出示关键词语“心动神移、不能自已”，说说对这两个词语的理解，确定学习起点，为接下来梳理“读书带来的快乐”这条线索做铺垫。

接下来，整体回顾文章后，把一个个关于冰心少年时代读书的字数呈现出来，让数字带给学生最直观的感受。和学生当下年龄差不多大时的冰心，已经读了这么多大部头的作品，体会读书量之“多”。

然后，通过品词析句，结合作者具体提到的阅读作品，在具体内容中对“心动神移、不能自已”有了更深的感悟，感受作者畅游文字间，品味、感悟时收获到的阅读之乐。第三次回读关键词语，旨在引导学生反复品味，感悟蕴含在词语背后作者对书的深厚情感。

从整体到局部，再回到整体。师生合作读的方式，使学生在朗读中进一步厘清全文的线索，理解冰心在讲述读书经历时抒发的对书的热爱之情，感悟这其中传达出的作者对读书的看法。

从入课开始，贯穿整个阅读学习过程的线索梳理，以冰心少年时代读书的经历与感受为载体，学生通过抓关键词语、对比朗读、阅读课外资料理解语言文字背后的情感，逐渐了解到本文叙事、抒情、议论相结合的写作特点，领悟到作者读书的心路历程。

案例 2 《陀螺》：借助批注理线索，感悟童真和童趣

一、作品链接

《陀螺》是部编版语文教材四年级上册第 6 单元中的一篇课文，是儿童文学作家高洪波的一篇回忆性散文。本文以陀螺为线索，写了“说陀螺—做陀螺—得陀螺—斗陀螺—悟陀螺”五部分内容，结构清晰。其中“斗陀螺”是全文的核心部分，主要叙述了作者自己的一只其貌不扬的陀螺战胜大陀螺的事情，并从中悟到了一个深刻的道理——“人不可貌相，海水不可斗量”，体会到了成长中的快乐，从而表达了对陀螺的喜爱之情。本文作者以儿童的眼光和心理去观察事物、描写事物，字里行间充满了童真童趣。

本文篇幅长，语言品味点也较多。课文所在单元的第一个语文要素是“学习用批注的方法阅读”，旨在让学生养成“不动笔墨不读书”的习惯，学习用批注的方法加深、丰富对文章的理解。《陀螺》作为本单元的第三篇课文，用留白的形式让学生继续练习用批注的方法阅读。学生通过自主阅读，从不同角度对文章作批注，借助批注体会“我”心情变化过程这条线索，最终借由批注加深对课文的理解与感悟。本单元的第二个语文要素是“通过人物的动作、语言、神态体会人物的心情”，本文通过描写陀螺，从侧面表现人物心理，是突出的写法。因此，引导学生通过批注体会人物心情变化，深入理解课文，结合语文园地“词句段运用”，用动作描写表现某种心情，引导学生从阅读走向表达。

本单元的两个语文要素在《陀螺》这篇文章的学习中可以达成一种巧妙的融会贯通，在学习中发展学生边阅读边思考的能力，提升思维品质是本课的教学重点。本单元的主题活动是“漂流日记”再启航之游戏特辑，《陀螺》一课完整地描绘了一场游戏的过程、参与者的游戏体验以及游戏后的感悟，正是学生沉浸式参与本单元主题活动中最有力的支撑。通过本课的学习，学生开启“漂流日记”第三站，加深对“批注”这一阅读方法的理解与运用，并为本单元接下来的习作打下坚实的基础。

二、学习阅读

(一)复习词语读课文，回顾陀螺游戏

1. 情境导入。

同学们，我们在第6单元的学习中，举办了“漂流日记”再启航之游戏特辑活动。(出示单元活动海报、漂流活动精彩瞬间、习作互批照片)

2. 出示评价单，播放游戏视频，开启第三站漂流之旅。

(1)回顾争当优秀点评员评价单。

(2)观看游戏视频，齐读课题。这节课让我们再次走进高洪波老师笔下的《陀螺》，继续学习用批注的方法阅读，去感受作者笔下的童真童趣。

3. 词语复习，整体感知《陀螺》内容。

(1)引导学生读两组词语，回顾文章内容。

PPT：不甘人后　一战即败　得心应手　堆满乌云

预设：我想到了第4自然段，讲述了“我”削制陀螺的经历。

PPT：嘲笑　挑衅　顽强　溃败　辉煌　自豪

预设：第8—12自然段，讲述了“我”和其他的小伙伴斗陀螺的故事。

(2)引导学生读文，整体回顾课文内容。

总结并板书：说、做、得、斗、悟

(二)批注阅读理线索，欣赏他人游戏

正是这些童年趣事，让作者对陀螺念念不忘。让我们跟随作者走进课文第4—13自然段，感受他别样的心情。

1. 出示评价单与学习提示。

(1)批注评价表

表 4-2　批注评价表

具体要求	星级
能从文中找出关键语句，至少从两个角度作批注。	☆
能从文中找出关键语句，从多个角度作批注。 能关注到作者对动作、语言、神态的描写，体会到作者心情的变化。	☆☆
能从文中找出关键语句，从多个角度作批注。 能关注到作者对动作、语言、神态的描写，体会到作者心情的变化。 能联系上下文，联系生活，说出作者心情变化的原因。	☆☆☆

(2)学习提示

①默读第 4—13 自然段，回顾所作批注。

②小组内交流完善批注。

③根据批注，试着画一画“我”的心情曲线图。

2. 引导回顾批注内容，小组内交流。

(1)汇报“做陀螺”。

预设 1：抓住“堆满乌云”“快乐像过冬的燕子一般，飞到一个谁也看不到的地方去了”。体会到“我”削不出高质量陀螺懊恼的心情。

预设 2：联系上下文，感受“我”苦闷的原因：“我”好胜、执着、认真，为陀螺而痴迷，这是天大的事情，“我”的世界只有陀螺。

小组汇报完，结合评价单点评，小结：体会了作者懊恼、苦闷的心情。

(2)汇报“得陀螺”。

预设 1：“恍惚”这一神态写出了叔叔答应送“我”一个陀螺时“我”期待渴望的心情。

预设 2：在“我”的想象中，那只陀螺会有什么样的英武风姿？它的外形……它的战绩……

预设 3：抓住“手舞足蹈”这一动作描写，写出“我”看到陀螺圆且光滑，又嵌一粒大滚珠时兴奋、迫不及待试一下的心情。

小组汇报完，结合评价单点评，小结：能抓住描写动作、状态等相关语句进行批注，感受到作者渴望得到陀螺以及得到陀螺后的兴奋心情。

(3)汇报“斗陀螺”。

预设 1：“这使我士气大减，只是在一旁抽打，不敢向任何人挑战。”通过“士气大减”“不敢”，写出了“我”十分沮丧、失落。

预设 2：通过“这真是辉煌的时刻”“我尝到了胜利的滋味”，写出了“我”的陀螺彻底击败别人的大陀螺时激动的心情。

预设 3：质疑批注——为什么小陀螺战胜了大陀螺？

小组汇报完，结合评价单点评，小结：能抓住心理变化的相关描写进行批注，感受到作者心情的变化波动。

3. 根据小组交流汇报的结果，在板书上绘制“我”的心情变化曲线，可视化地梳理出文章的线索。

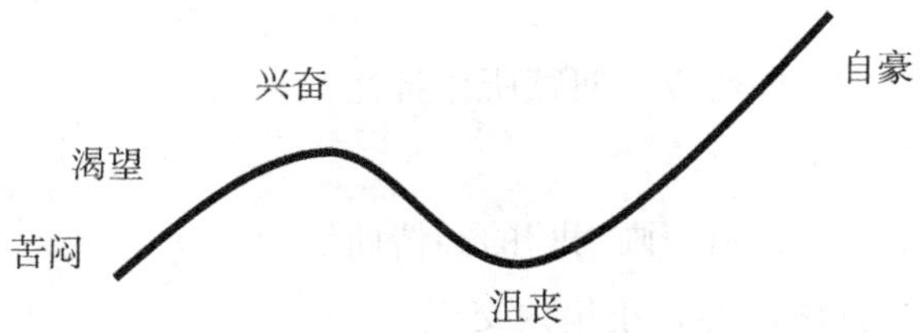

图 4-6 “我”的心情变化曲线

(三)链接生活观视频，感悟游戏内涵

1. 出示插图，借助插图，二次批注，关注斗陀螺场面，体会作者的自豪与喜悦。

2. 抓住有启发的地方——“人不可貌相，海水不可斗量。”作批注。

(1)联系陀螺，理解道理。

(2)联系生活去突破理解难点。

(四)相互批注改作文，完善游戏

1. 学以致用，开启习作漂流第三站。

2. 组织小组内交流习作批注内容。

(1)阅读同学的游戏习作，了解前期批注内容。

(2)组内交流：对这篇习作进行第三支笔的批注。

3. 组织小组汇报批注内容，全班交流。

4. 采访小作者：你同意他的想法，接受他对你习作提出的建议吗？

5. 提出批注修改建议。

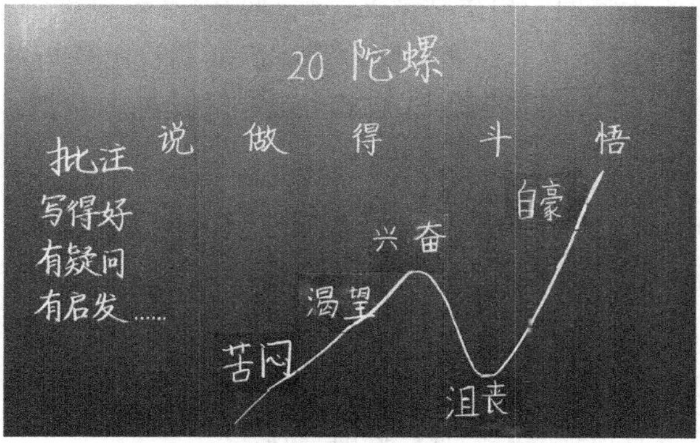

图 4-7　板书设计

三、策略分析

《陀螺》作为本单元的第三篇课文，在单元中的定位是在阅读实践中练习运用之前习得的批注方法，强化阅读时的批注意识。在复习词语的同时，帮助学生回忆课文内容，整体感知课文结构，为梳理线索奠定基础。

批注阅读时，首先对“标”自主批注，接着交流自己的批注，再通过小组交流和全班交流，梳理归纳体会深刻的地方。一边批注、交流，一边抓住关键句中的关键词体会作者的心情。在充分理解的基础上进行感情朗读，加深感悟。让隐藏在文字中的作者的心情，一步步浮现出来。联系起来，形成可视化的心情曲线图。

批注作为本次阅读的主要方法贯穿整堂课，学生从课文走向自己的生活，再从自己的生活关注他人的生活，达到课内外体验的联结。这一过程，也能够帮助学生深刻理解“人不可貌相，海水不可斗量”这句话的深刻内涵。

第六节　以“互文比较”策略为主的阅读

案例 1　《白鹅》与《白公鹅》：同题材比较阅读

一、作品链接

《白鹅》是部编版语文教材四年级下册第 4 单元中的一篇课文，是著名画家、散文家丰子恺的一篇生活散文。《白鹅》一文着重刻画了白鹅的“高傲”。原文有两部分，前部分状物写白鹅，后部分写小屋生活，衬托对白鹅的感情。课文所选部分专注于白鹅的叫声、步态和吃相，从三方面塑造了“白鹅”的高傲形象。

作者运用了总—分的结构来布局，每一个分述部分又都以总起句开头，是学生学习谋篇布局、安排篇章结构的经典案例。文章开头先交代白鹅的来历以及作者对鹅的初步印象——“好一个高傲的动物”。以“鹅的高傲，更表现在它的叫声、步态和吃相中”一句总起全文，分别从叫声、步态、吃相三方面具体描写，呈现白鹅的“高傲”。

从语言表达上看，《白鹅》一文也颇具特色。

首先，作者运用了对比的方法突出鹅的特点。比如：鹅的“引吭大叫”与狗的“狂吠”对比，表现鹅的叫声“大”和“严厉”；用鸭的“步调急速，有局促不安之相”和鹅的步态作比较，显出鹅“步调从容”“大模大样”的傲然风范；通过对狗“躲在篱边窥伺”“敏捷地跑过来，努力地吃它的饭”“立刻逃往篱边，蹲着静候”等描写，彰显出鹅老爷的“一丝不苟”“从容不迫”的姿态。这一系列的对比描写形象生动，使人如见其形、如闻其声。阅读中，可以借助韦恩图这一学习“支架”感受对比的作用，学习对比的写作方法。

其次，作者的用词十分精准。丰子恺的散文创作与他的漫画异曲同工，用寥寥几句便勾勒出生动的画面，神形具备、言简义丰。在遣词造句上，善用平实质朴的语言，亲切自然，仿佛随性而谈，用最质朴的语言书写最真实、深沉的情感。

再次，作者巧妙地运用了“明贬实褒”的写法。文章语言幽默生动，善用反语，看似调侃、讽刺和批评，实则明贬实褒，对白鹅有着掩饰不住的珍视和钟爱，在读者忍俊不禁的同时也能深深感受到作者的喜爱之情。比如：称白鹅为“高傲的动物”“我们这位鹅老爷”，看上去似乎都含有贬义，但其实言语间流露出的是对白鹅的亲昵和喜爱，写出了这只鹅虽然高傲，却个性鲜明、惹人喜爱的特点。课堂上我们也在反复品读中深入感受这种写法的妙处。

《白鹅》课后的“阅读链接”栏目，编排了俄国作家叶·诺索夫的《白公鹅》。《白公鹅》通过讲述白公鹅的生活，展现了动物的高傲和尊严。叶·诺索夫在《白公鹅》中运用了多种文学手法，如拟人化、反语、对比等，增强了作品的艺术效果。

通过比较阅读《白鹅》和《白公鹅》，学生能够体会这两篇文章表达上的相似之处，更能感受到不同作家表达情感的特点，还能为单元习作做准备。

二、学习阅读

(一)回顾课文，理清结构

1. 回顾课文《白鹅》的主要内容，重温白鹅高傲的特点。

通过第一课时的学习，我们认识了丰子恺笔下的白鹅。回顾课文，说说作者笔下的白鹅给你留下了怎样的印象。

2. 文章主要从哪些方面写出了白鹅高傲的特点？

预设：鹅的高傲主要表现在叫声、步态和吃相中。

(二)对比阅读，感悟“高傲”

品读叫声，对比中初识“高傲”。

1. 读第 3 自然段，说说从哪里能体会到白鹅的高傲。

预设：严肃郑重、厉声呵斥、引吭大叫、厉声叫嚣等。

2. 提到声音大，老师脑海中也浮现了一个词语——狂吠，观察这两组词语，带到文中读一读，你有什么发现？

(1)两组词的相同点是都写出了声音大。

(2)狗的“狂吠”是没有规律的乱叫；而白鹅的“呵斥”像在训斥、批评人，因此白鹅显得更高傲。

3. 明明是写白鹅，为什么要写狗呢？

预设：将白鹅和狗进行对比，是为衬托出白鹅的高傲。

4. 构建韦恩图进行对比，通过比较发现两者之间的共同点。

借助对比图，梳理狗和鹅叫声的相同点，都能“看守门户”。

5. 现在，你对这只白鹅有什么新的认识？带着你的感受读一读白鹅的叫声。

(三)合作交流，对比中体悟“高傲”

1. 自主学习，小组合作

(1)运用韦恩图，自主对比学习。

通过抓词语、做对比，我们发现了鹅与狗之间的相同点和不同点，体会到鹅的叫声真是高傲。接下来，我们继续运用图示来对比，在小组合作中学习描写白鹅的步态和吃相的词语，将词语填入对比图的相应位置。

(2)小组合作，交流对比感受。

找出描写白鹅步态和吃相的词语，在填入对比图的过程中发现鹅与鸭、狗的异同。

2. 全班交流

(1)交流步态，高傲之中悟从容。

①小组汇报步态部分，完成对比图。

预设：用“步态从容、大模大样”等词语写出了鹅步态的沉稳与傲慢，而描写鸭的词语是为了与鹅作比较。

相同点：大体相似。

②播放“净角出场”视频，引导关注步态特点，感受鹅高傲步态中的从容。

③对读，感受鸭的“局促不安”和鹅的“大模大样”，进一步体会鹅步态的高傲。

(2)交流吃相，高傲之中悟原则。

①小组汇报吃相部分，完成对比图。

预设：“三眼一板”等词语，感受到白鹅吃饭的一丝不苟，感受到白鹅的高傲；“窥伺”等词语，感受到狗的吃相似小偷模样。

②师生对答，进一步感受鹅吃相高傲。

a. 先喝水，行吗？

b. 不吃草，行吗？

c. 吃饭的顺序……

d. 难怪丰子恺先生说……

③引导学生合作朗读，体会鹅、狗吃相的不同。

④引导学生使用对比图，比较鹅、狗吃相是否有相同点，修改对比图。

小结：鹅与狗的交锋，让慢性子鹅与急性子狗形成了鲜明的对比，更加凸显了鹅不紧不慢的高傲之态。

(四)二次对比，赏同品异

1. 借助板书，回顾单元前两篇课文，引导学生梳理课文写法，品味作家表达的情感。

预设：作者明贬实褒的表达方式，以及背后蕴含的喜爱之情。

2. 丰子恺为什么对这只高傲的白鹅怀有如此深厚的情感？让我们到原文里去寻找答案。

预设：白鹅是作者排遣苦闷的一种寄托，所以作者对它有那么深厚的情感。

（五）对比实践，思维进阶

同样是写鹅，俄国作家叶·诺索夫笔下的文字又是怎样的呢？继续运用韦恩图，比较阅读《白鹅》与《白公鹅》。

1. 根据学生发言相机点拨两文相似处。

(1)两篇文章都运用了拟人化的手法，赋予鹅以人的情感和特征，使得鹅的形象更加鲜活、有趣。

(2)两篇文章都表达了作者对鹅的喜爱之情，通过反语或幽默的表达方式，传达了对鹅的深厚感情。

(3)两篇文章的语言风格都风趣幽默，用词生动形象，能够吸引读者的兴趣。

2. 根据学生发言相机点拨两文差异处。

(1)《白鹅》中更多的是以善意的揶揄来描述鹅的行为，而《白公鹅》中则更多地表现出对鹅行为的欣赏和调侃。

(2)《白鹅》主要通过描述鹅的吃相来展现鹅的高傲，而《白公鹅》则通过写鹅强占地盘的种种举动来展现鹅的海军上将的派头。

(3)《白鹅》中的情感表达更为细腻，作者与鹅之间的互动更多，而《白公鹅》则更多地从旁观者的角度来描述鹅的行为。

3. 作业。

回顾单元的大任务“品词对读悟情感，比较阅读习表达——制作动物名片，介绍动物朋友”。

三、策略分析

《白鹅》这篇文章本身就采用了大量的对比手法来表现鹅的高傲。在阅读过程中，引导学生认识韦恩图，使用韦恩图，分享使用韦恩图后自己的发现。这一学习过程既可以加深对丰子恺先生笔下白鹅形象的理解，又进行了审美鉴赏的思维训练，还渗透了对思维工具的认识和实操。

基于上述学习，与《白公鹅》进行对比的时候，学生便有了相应的思维

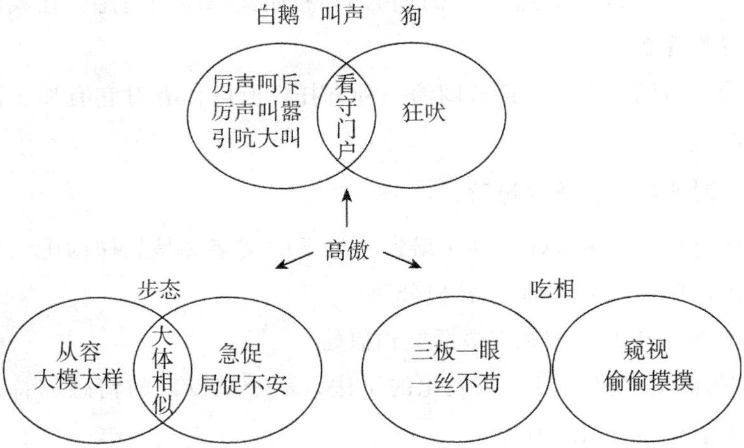

图 4-8 板书设计

工具储备，鉴赏意识储备。加之两篇文章的主题相同，塑造的对象都是同一种动物，写作手法上也有许多异曲同工之妙，所以适合学生迁移学法，即学即实践。

比较是打开思维方向的一道闸门，激发学生从多个角度去对比：研究作者的写作风格和语言使用，比较文本的结构安排，分析同一事物在不同文本中的象征意义是否有所不同，分析作者的创作意图等。通过对比，建立不同作品之间的对话和互动，增进读者对文本深层次含义的理解。

第五章　科普作品的阅读

第一节　小学生的科普阅读策略

一、科普类作品的特点

据统计，小学语文教材六年级下册中科普类文章占比为7%，是除记叙性文章以外的第二大文体。王荣生在《语文学科知识与教学能力》一书中指出，“科普文章大致分为两种：一种是科学小品，另一种是科学说明文”①，将科普文章进行了大致分类。

纵观部编版语文教材六年级下册中的科普作品，以及通过非正式访谈调查的学生常读的科普类读物，这些作品通常具有以下特点。

（一）准确性

科普作品所传达的科学信息必须是准确无误的，以确保读者获得正确的科学知识。

（二）易理解性

将复杂的科学概念和理论用通俗易懂的语言表述，使不具备专业背景的读者也能理解。

（三）教育性

科普作品往往具有教育目的，能够提高公众的科学素养，激发人们对科学的兴趣。

（四）趣味性

为了吸引更广泛的读者群体，科普作品通常会采用有趣的案例、故事

① 王荣生、宋冬生：《语文学科知识与教学能力》，北京：高等教育出版社，2011年，第41—42页。

或比喻来讲解科学知识。

(五)启发性

好的科普作品能够启发读者的思考，引导读者对科学问题进行深入探索。

(六)时效性

科普作品往往会关注最新的科学发现和研究进展，及时更新内容以反映科学的最新发展。这一点，在科普期刊上表现得更为突出。

(七)图文并茂

为了更好地解释科学概念，科普作品常会使用图表、图片、图解等视觉元素辅助说明。

二、科普类作品的阅读策略

《义务教育语文课程标准(2022年版)》(以下简称新课标)对学生阅读科普类文本的类型、阅读时常用的阅读方法，以及阅读目的做出了相应描述。其中，关于阅读方法的内容如下。

在“实用性阅读与交流”学习任务群第三学段的学习内容中指出：“……学习记笔记、列大纲、写脚本、画思维导图等整理和呈现信息的方法；学习通过口头表述和多种形式的书面表达，分享观察自然、探索科学世界的所见所闻、所思所感。”

在“思辨性阅读与表达”学习任务群第三学段的学习内容中提到：“……用画思维导图等方式辅助，简洁清楚地表述科学家发现、发明的过程，学习科学家的创造精神，体会猜想、验证、推理等思维方法。”

新课标提及了一些阅读科普类文本时常用的方法，但并没有将阅读方法提炼上升为阅读策略。P. 大卫·皮尔森等学者总结了优秀阅读者的有效阅读策略：监控理解进程；激活并关联背景知识；提问；推断和构建感官图像；筛选重要信息；总结和整合信息。① 基于这一研究，阿德丽安·吉尔在《阅读力：知识读物的阅读策略》②中提出五种策略能够帮助学生理解

① 斯蒂芬妮·哈维、安妮·吉德维斯著，刘成盼译：《上好一堂阅读课》，北京：北京科学技术出版社，2021年，第19页。

② 阿德丽安·吉尔著，王威译：《阅读力．知识读物的阅读策略》，南宁：接力出版社，2017年，第10页。

此类文本。笔者结合教材安排的科普类文本和通过调查了解的学生常读的课外科普类文本，为五种策略进行了如下界定。

（一）推进

能够通过文本的结构和呈现信息的方式识别出此类文本与文学作品的区别，即识别和确定。能够对识别和确定依据进行合理的解释，最终创建自己的科普类读物术语大全，如：索引、图谱、标签、注释说明、示意图、流程图、项目符号；科学严谨地用词、作比较、列数字、打比方、举例子……

（二）提问、推测

1. 提问：能够提出让思考继续进行的“深层问题”。所谓“深层问题”，就是答案不能从文本当中直接提取，而是来自其他来源；通常这个问题不止有一个正确的答案，思考这个问题能够帮助自己加深对文本内容的理解。

与“深层问题”相对应的是“浅层问题”，即一旦知道答案，思考就会停止的问题。这类问题通常能够快速得到回答，能从文本中直接提取到答案，且通常只有一个答案。

学生能够分辨出自己提出的问题属于“浅层问题”还是“深层问题”。依“深层问题”继续思考，以加深对文本的理解。提出“深层问题”，也是“推测”的思维基础。

2. 推测

推测的思维过程有三步。第一步是观察，寻找直观观察到的信息。第二步，根据这些直观观察到的信息进行思考，问自己：我从中得到了什么信息？我不知道什么信息？缺少了什么信息？第三步，尝试联系文本以及自己的背景知识或经验“填补”缺失的信息，用“我想……”或“可能……”开始自己的推测。

（三）确定重点，找到文本的核心观点

1. 关注文本的主题、标题、段落首句、图像、结尾等处的信息，说说自己现在知道的哪些信息可能对于理解这一文本十分重要。

2. 如果文本包含标题，可以将标题转化为问题，然后在文本中寻找答案。

3. 如果文本没有明确的标题，通读后梳理文本把握文本的结构（描写，记叙，对比和比较，原因和结果，问题、解决）。也可以通过绘制结构图，直观表现文本的结构。

4. 寻找关键词，即寻找与主题相关的词语，寻找在题目、标题或文中重复出现的词语，寻找能帮助自己想象的词语，寻找能帮自己记忆重要观点的词语。组合这些关键词形成句子，总结出观点。

(四)联结

1. 将文本中的信息与个人经历建立联结。

2. 将文本中的信息与其他文本来源或音视频来源建立联结。

3. 将文本中的信息与自己对世界的已知信息建立联结。

(五)转化(或综合)

阅读文本，将文本信息与自己思维中的信息融合在一起，使自己的思考得到了启发，或产生了新的思想，便是转化。

第二节　以“推进：识别和确定”策略为主的阅读

案例 1 《赵州桥》：发现文本标志，感知体裁特点

一、作品链接

《赵州桥》是部编版语文教材三年级下册第 3 单元中的一篇说明性文章，本文用简洁有条理的语言对赵州桥的位置、设计者、建造年代、外形特点和设计价值做了具体的介绍，表现了对古代劳动人民智慧和才干的高度赞扬和深情歌颂。

全文结构清晰，共分三部分。第 1 自然段为第一部分，连用三个地点名词介绍了赵州桥的位置，随后介绍了赵州桥的名称、建造年代和建造者等情况。第 2—3 自然段为第二部分，从“雄伟坚固”和“美观”两个方面介绍了赵州桥的特点，是本文最富有写作艺术的重点部分。两段在结构上都是相似的，均采用了“先总说后分说”的写法，在语言形式上，都是“中心句在前，具体描写在后”。第 4 自然段为第三部分，总结了赵州桥的历史价值，表现了对古代劳动人民智慧和才干的高度赞扬和深情歌颂。

文章先介绍了赵州桥“雄伟坚固”的特点，然后介绍了它“美观”的特

点，这样的结构顺序主次清晰，逻辑层次分明。

作者围绕“美观”一词介绍了桥面石栏栏板上精美的图案，在介绍图案的过程中，作者运用了排比句，又用准确的动词、生动的语言描绘了不同精美图案的不同姿态，把龙的各种姿态和动作描写得栩栩如生，惟妙惟肖，把一个个静物写动了，写活了，写美了。“似乎”“好像”这组词，不仅体现了作者的用词准确，又用这种似梦非梦、似醒非醒、醒梦之间的矛盾揭示了赵州桥带给作者的震撼、触动和感发，从而表现了对古代劳动人民智慧和才干的高度赞扬和深情歌颂。

二、学习阅读

(一)对比发现——感受文本特点

1. 听写词语：赵县　石匠　设计　历史　创举　智慧

2. 根据听写的词语说说《赵州桥》这篇课文的主要内容。

3. 出示资料。

资料一：赵州桥

赵州桥来什么人修，玉石栏杆什么人留。什么人骑驴桥上走，什么人推车轧了一道沟。赵州桥来鲁班修，玉石栏杆圣人留。张果老骑驴桥上走，柴王爷推车轧了一道沟。

资料二：赵州桥

清风拂过赵州桥，枫叶斜红落又飘。

独自立于桥头望，江水潺潺思无熔。

淮畔春光美无比，桥头行人怡然游。

相对赏景心欢畅，此情此景皆难收。

读读题目同为《赵州桥》的其他版本，说说咱们课文版的《赵州桥》有什么独特之处。想想：哪一篇更适合当讲解员的讲解词？

这节课，让我们一起走近中国古代建筑——被称为“天下第一桥”的赵州桥，争当优秀讲解员吧。

(二)情境导入——驱动课文学习

1. 关注文本结构特点。

(1)再读课文，边读边思考：结合课文说说，你认为可以从哪些方面把赵州桥介绍给游客？

预设：①中外闻名、雄伟、创举、美观——宏观方面

②年份、建造者、雕刻——微观方面

(2)如果我是游客，无论是宏观的方面，还是微观的方面我都想了解。不过，我们是讲解员。宏观方面看，有几个段落要说清楚；微观方面看，全文处处都散落着这样的信息。你有什么好办法吗？

(3)预设：先介绍大的方面，再一部分一部分地介绍每部分中的小信息。

点评：文章整体和局部的关系如此清晰，优秀的讲解员们关注到了结构特点，真了不起。

2. 以介绍基本信息为例，尝试准确、有序、流畅、洪亮地讲解。

(1)引导学生讲解赵州桥的基本信息，借助建筑名片介绍赵州桥。

大家好，我是小导游×××，我为大家介绍赵州桥……

(2)小导游评价要点。

表 5-1　赵州桥简介

建筑名称：	
曾用名：	设计者：
地理位置：	桥梁类型：
名气：	建造年代：

表 5-2　评价标准

评价标准	星级
围绕关键词，语言组织有序，讲解正确。	☆☆☆
声音洪亮，语言清楚流畅。	☆☆☆

(三)探秘赵州桥——绘制赵州桥图样，搭建支架明顺序

1. 梳理绘制建筑图样方法。

想要当好讲解员，还可以用绘制的赵州桥图样作为辅助，谁有好办法？

预设：利用文章提供的信息、插图，提前查阅的资料等辅助介绍。

2. 布置学习任务：默读课文第 2 自然段，画出描写赵州桥样子的句子，绘制建筑图纸。

学习任务一

读一读：请同学们默读课文第 2 自然段。

画一画：画出描写赵州桥样子的句子，绘制建筑图纸。

(1)聚焦“桥面”品雄伟。

①“雄伟”是什么意思？你从哪些句子感受到赵州桥的雄伟？(引导学生用生活中的事物作比较，感知桥面的长度和宽度，如：我们的教室有三米多高，五十多米就相当于有十七层那么高，一般的马路只有三米多宽，赵州桥的宽度是一般马路的三倍呢！)

②出示比较句子。

桥很长，很宽，中间行车马，两旁走人。

桥长五十多米，有九米多宽，中间行车马，两旁走人。

引导学生理解通过具体数字可以表现出赵州桥的雄伟，学习列数字的说明方法。

指导“桥长五十多米，有九米多宽”，探究“多”能不能去掉，体会说明文语言表达的准确性。指导学生将数字加入图纸中。

(2)聚焦“大桥洞”品雄伟。

通过赵州桥与其他桥(有桥墩桥、公园里的单孔小桥)的图片作比较，理解“净跨”，直观感受赵州桥的雄伟。

3. 研中探究，议创举。

(1)合作探究解密。

①学习任务二

读一读：默读课文第 2 自然段，试着解开赵州桥设计背后的秘密。

画一画：绘制建筑图纸。

②聚焦“小桥洞”议创举。

a. 从“拱上加拱”体会赵州桥的独特精巧，为什么说这种设计在建桥史上是一个创举？说明了什么？

b. 教师播放介绍赵州桥特点的视频，让学生直观了解这一创举。

(2)想象表达激发情感。

①资料补充：据史料记载，1400 多年来，赵州桥共经历了 10 次水灾、8 次战乱和多次地震，尤其是 1966 年的邢台大地震，当地许多公路桥梁、建筑被摧毁，赵州桥距离震中只有 40 多千米，仍然保持完好。

②引导朗读。

4. 转换思维，学绘制。

了解了赵州桥的样子，试着画出赵州桥的样子。注意根据课文内容按一定顺序绘画。

5. 借助支架，练解说。

(1)搭建讲解的广度支架。

出示著名建筑专家梁思成先生给赵州桥画过的图纸。

(2)搭建讲解的结构支架。

表 5-3　讲解员评价要点

讲解员评价标准	星级
1. 结合关键信息，正确绘制赵州桥的图纸。	☆☆☆
2. 围绕关键词，语言组织有序，讲解正确。	☆☆☆
3. 能用上表示数量、方位等词语，介绍准确具体。	☆☆☆
4. 声音洪亮，语言清楚流畅。	☆☆☆

(四)礼赞赵州桥——美化赵州桥图纸，融入情感讲生动

1. 品悟“美观”。

(1)学习任务三。

读一读：默读课文第 3 自然段。

画一画：描写赵州桥美观的句子。

想一想：作者是怎样把赵州桥的美观写清楚的。

(2)探究文意。

引导学生品读课文，从图案精美、句式齐整、意蕴深远等方面体会课文描写生动，引人入胜。

预设 1：图案精美。“双龙缠绕吐出美丽的水花”“飞龙遥望”“双龙戏珠”，描写出了龙的生动形象。

预设 2：句式整齐。用“有的……有的……还有的……”写出了不同的龙的形态。

预设 3：意蕴深远。龙，是中国古代神话中的动物，是中华民族的象征之一，象征着力量、祥瑞、尊严与荣耀。

(3)想象延展。

“所有的龙似乎都在游动，真像活了一样。”请你想象一下，还有哪些不同形态的龙。

(4)朗读展示。

读一读这段话，试着加上动作，声情并茂地读，读出龙在游动的感觉来。

2. 点拨写法，有序介绍。

(1)为了写清楚“赵州桥非常美观”，课文详细介绍了桥面石栏上精美的图案，把各种姿态的龙写得活灵活现，这样围绕一个意思就把这段话写清楚了。

(2)根据讲解员评价要点，练习介绍赵州桥美观的特点。

表 5-4 讲解员评价表

讲解员评价标准	星级
1. 结合关键信息，正确绘制赵州桥的图纸。	☆☆☆
2. 围绕关键词，语言组织有序，讲解正确。	☆☆☆
3. 能抓住对各种龙的生动形象的描写，用上一些句式，使介绍更加丰富。	☆☆☆
4. 声音洪亮，语言清楚流畅。	☆☆☆

(五)关照情境，模拟竞聘小讲解员

1. 任务驱动。

讲解员竞聘会：赵州桥作为国家重点文物保护单位，国家5A级景区，同学们，在之前的学习中，我们了解了赵州桥，练习了如何进行导游解说。下面我们模拟竞聘会，看看哪些同学能入选“中华优秀传统文化”展厅第一批讲解团。

2. 学习任务四。

小组交流讲解内容。

合作动手完善赵州桥图纸。

结合图纸，练习解说。

3. 出示小小讲解员招募标准，展示讲解并对照练习。

表 5-5 小小讲解员招募标准

小小讲解员招募标准	自评	互评	师评
1. 能从课文中提取信息，正确绘制赵州桥建筑图纸。	☆	☆	☆
2. 能借助建筑图纸和关键信息介绍赵州桥，语言组织有序，讲解正确。	☆	☆	☆
3. 能用上表示数量、方位等词语或句式，使介绍内容更加具体丰富。	☆	☆	☆
4. 声音洪亮，语言清楚流畅。	☆	☆	☆

三、策略分析

使用题材同为赵州桥的不同文体作品，引导学生关注差异，找到本文的结构和呈现信息方式的特点。初步感知文本，带着当赵州桥小讲解员的任务走入文本，在整体感知中发现文章的组篇方式鲜明：围绕“雄伟”“坚固”“美观”等关键词组织段落，而每个段落又围绕着中心句把意思说明白。

设计中还融入了绘制图纸的环节。一方面，学生将对文本的理解通过绘制简图的方式表现出来。另一方面，简图作为示意图，也成为辅助理解文本的资源。在交流点评中，相关术语自然地被提及和使用，为学生创建自己的科普术语大全提供了素材。

案例 2 《只有一个地球》：正确认识，理性表达

一、作品链接

《只有一个地球》是部编版语文教材六年级上册第 6 单元中的一篇课文。文章先提出三个观点，逐层推理，环环相扣，有理有据地阐明了人类的生存空间只有一个地球的事实，有序有力地支撑起结论，具有很强的条理性和严密的逻辑性。而每一部分的论述，又都从两个角度进行对比，具有思辨性。

第一部分写“地球美丽壮观，在宇宙中很渺小”；第二部分写“地球资源有限，还遭到人类随意毁坏”；第三部分写“地球是唯一适合人类居住的星球，人类无法移居他处”。通过前三个部分的逐层递进，最后一个部分得出结论：我们要精心保护地球，保护地球生态环境。

《只有一个地球》证明了人类的生存空间“只有一个地球”的事实，呼吁

人类应该珍惜资源，保护地球。

二、学习阅读

(一)数说地球，把握观点

1. 导入新课，回顾旧知。

(1)齐读课题。

(2)浏览课文，回忆课文围绕“只有一个地球”写了哪四个方面的内容。

2. 聚焦数字，形成观点。

(1)自读课文，画出文中列出的相关数字，借助数字说说你对地球的了解。

预设1：地球很大，但是和宇宙比很渺小。

预设2：资源形成不易，易被破坏，所以地球资源很有限。

预设3：地球是唯一适合人类居住的星球，我们无法移居。

(2)通过数字形成观点。

- 6400千米——渺小
- 几百万年、几亿年——资源有限
- 40万亿千米——无法移居

3. 补充数字，把握观点。

结合学生查找到的数字资料，说说对地球的了解。

预设：物种多样、环境优美，受到破坏、污染……

4. 根据观点，得出结论。

(1)通过课文及课外资料中的数据得出“保护地球”的结论。

(2)齐读结论：我们要精心保护地球，保护地球的生态环境。

(二)文说地球，厘清思路

1. 细读文本，绘制思维图。

(1)课文围绕“只有一个地球”写了四个方面的内容，梳理四个方面之间的关系，思考得出结论的过程。

(2)小组合作，思考讨论，用思维图的形式画一画、说一说。

2. 比较探究，梳理关系。

(1)出示两组不同形式的思维图，进行对比，说一说思考。

预设 1：前三者并列，得出结论。

小组学习单：

课文四个方面之间存在怎样的关系呢？请大家小组合作，思考讨论，用思维图的形式画一画、说一说。

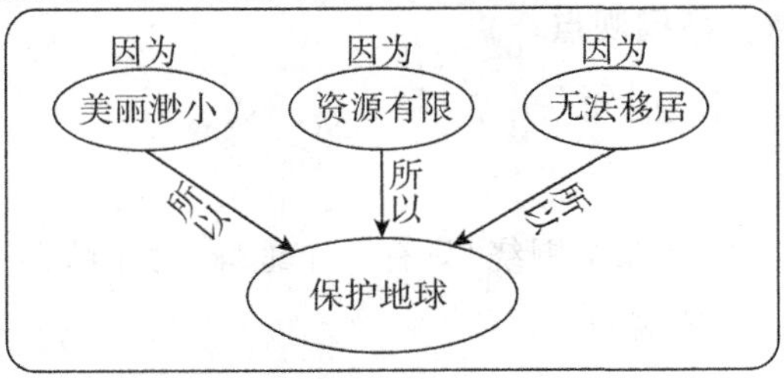

图 5-1　思维图 1

预设 2：层层递进，得出结论。

小组学习单：

课文四个方面之间存在怎样的关系呢？请大家小组合作，思考讨论，用思维图的形式画一画、说一说。

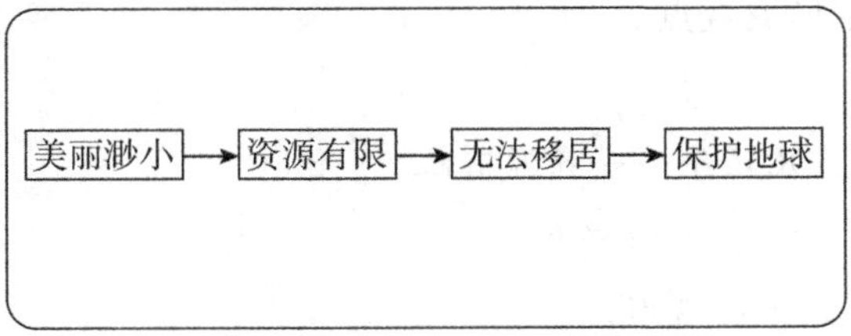

图 5-2　思维图 2

(2)这两组的思维图最后同样得出了“保护地球”的结论，但是两者对于前三个方面内容的排列是不一样的。聚焦到前三个方面，思考三者能否调换顺序。

3. 整体把握，厘清关系。

预设 1：不能调换。虽然地球“美丽”，但是它“渺小”“资源有限”，并且“无法移居”，所以我们要“保护地球”。前三个方面是一步步层层递进陈述事实。

预设 2：不能调换顺序，因为地球的“美丽渺小”是对地球外观的说明，“资源有限”是对地球本身特点的说明，正因为这些原因，提出“移居”假设，但是“无法移居”，所以必须保护地球。这三个方面是层层递进的，不能调换顺序。

(1)本课的前三个方面和最后一个方面之间是因果关系。

(2)文章层层递进，水到渠成地得出结论。文章的结论不是一步到位的，是经过严谨清晰、有理有据的论述得出的。

(三)图说地球，提升思维

1. 出示视频，了解地球的过去与现在。

课文结论是地球的现状令人担忧，保护地球。面对这样的地球，引导学生深入思考。

预设1：我们要保护水资源，节约用水，洗手后关紧水龙头。

预设2：我们要绿色出行，减少私家车出行，多乘坐公共交通工具和使用共享单车。

……

2. 设计标语，为地球代言。

作为地球代言人，联系生活，为保护地球或节约资源设计一条宣传标语，写在宣传卡上。

3. 由果索因，逆向推理。

(1)课文的结论是一步一步得出的，你的标语是怎样设计出来的？

(2)为什么这样设计标语？通过简洁的图示表示出来。

4. 同桌互评后，展示交流宣传标语，阐述设计理由。

(1)评价先行，出示评价表。

表5-6　宣传标语评价表

评价标准	评价等级
标语内容具体、有针对性	☆☆☆
标语理由充分、表达清晰	☆☆☆
作品推荐指数	☆☆☆

(2)学生回答提纲框架。

①设计的标语；

②设计的理念；

③张贴的位置。

5. 教师总结，提升思维。

同学们，千言万语汇成一句话：只有一个地球。这节课，我们从数字出发了解地球，深入文本，借助思维导图厘清文章的逻辑关系，并设计标语，呼吁人们保护地球。在我们的身边还有很多默默守护地球的人们，让我们下节课走进他们的故事。

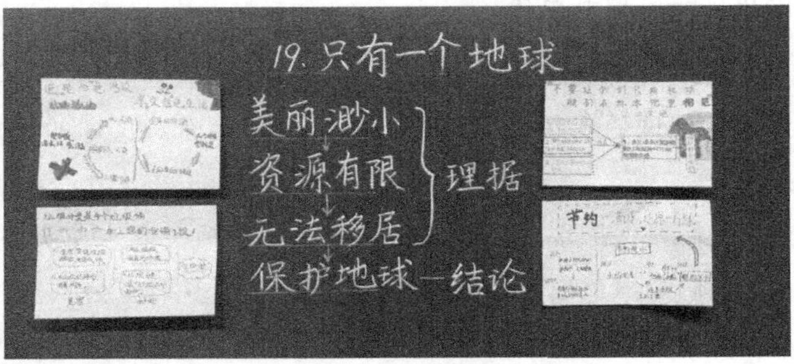

图 5-3　板书设计

三、策略分析

引导学生发现文本中多处列有数字，以数字为撬动点初步了解地球。对文本出现的数字进行分析、比较，逐步梳理出文章观点。再从课内延伸到课外，通过课外资料中数据的补充，进一步了解地球的现状，自然而然地得出结论。同时，为下一步厘清观点之间的逻辑关系做好铺垫。

通过小组绘制思维导图，引导学生将思维“可视化”，围绕“只有一个地球”完整有条理地讲述文中几个方面之间的关系，并表达自己的认识和看法，从而清晰地认识到文本中观点与观点之间、观点与结论之间的逻辑关系，知道文章结论是怎么一步一步得出的。通过这一活动，把握文本的结构特点。

以设计《我是地球代言人》宣传片为任务驱动，指向了高阶思维发展。引导学生设计环保宣传标语，并指导学生进行学法迁移，阐述设计理由，激发学生以实际行动参与到保护地球的行动中，实现“由知而行”的实践转化。

通过“数说地球”“文说地球”“图说地球”三个学习活动，学生经历了思维进阶——从阅读到表达，从抓住关键句把握文章观点，到借助思维工具厘清文章观点与结论的关系，再到条理清晰、有理有据地表述自己设计的环保标语与设计缘由。在这三个学习活动中，文本结构特点、表达特点，也随学生思维活动变得越发清晰。

第三节　以“提问与推测”策略为主的阅读

案例1 《呼风唤雨的世纪》：形成并筛选问题，推动理解与思考

一、作品链接

《呼风唤雨的世纪》是部编版语文教材四年级上册第2单元中的一篇课文。这篇课文通过简短的几百字，清晰地介绍了20世纪100年间科学技术的发展历程，展示了科学技术的飞速发展给人类生活带来的巨大变化和灿烂前景，唤起了学生对科学的兴趣和探索精神。

文章结构条理清晰，先总述20世纪科学技术的成就，然后分述具体的发现和发明，最后总结并展望未来。通过与过去农耕社会的对比，突出了20世纪科学技术给人类生活带来的翻天覆地的变化。课文在描述科学技术成就时，运用了富有感染力的语言，激发了学生对科学的热爱和对未来的憧憬。如使用比喻、夸张等修辞手法，形象地表达了20世纪科学技术发展的速度和广度。

二、学习阅读

(一)谈话导入，揭示课题

1. 看到题目，你想到了什么，产生了哪些问题？

预设：想到了神话故事中的神仙，可以召唤风雨，无所不能。

预设：这个世纪的人，是怎么做到呼风唤雨的？

……

2. 同学们勇于提问，这非常值得肯定。不过，大家提的这些问题中，有些需要我们深入地思考、深入地细读文章才能获得答案。咱们一边学习课文，一边比比学习课文过程中谁能提出更多这样的问题。

(二)初读课文，筛选问题

1. 回顾已有经验：我们可以从哪些角度提问题？

我们可以针对全文或者从课文的一部分提问；也可以从文章的内容、

写法以及给人的启示，或者联系生活实际来提问。

2. 再读课文，尝试从不同角度提出能让自己不断思考的问题，把筛选后的问题填写在“问题清单”中。

(1)画掉那些一旦知道答案，思考就会停止的问题，即能从文本中直接提取到答案，且通常只有一个答案的问题。

(2)保留能让思考继续进行的问题，填写问题。

表 5-7　问题清单

问题清单	难易程度
“发现”和“发明”有什么区别？	易
“千里眼”“顺风耳”和腾云驾雾的神仙，在现代指什么？	易
什么是“程控电话”？	易
20 世纪的科学技术还创造了哪些神话？	易
未来科学技术的发展还会给我们带来怎样的变化？	易
为什么“科学使得我们这个时代不同于以往的任何时代”？	中
现代科学技术给我们带来的全是好处吗？	中
“忽如一夜春风来，千树万树梨花开”是什么意思？20 世纪的科学成就为什么可以用这句诗来形容？	中
为什么新的交通工具能把地球变成“地球村”？	中
20 世纪是呼风唤雨的世纪，课文为什么要写 20 世纪以前人们的生活场景呢？	难
为什么说 20 世纪是一个“呼风唤雨”的世纪？	难

3. 问题很多，怎样筛选出能指导我们深入理解文本的问题呢？

(1)学生交流。

(2)小结：可以先将相似的问题合并，按难易程度分类，先解决容易的问题，然后同学和老师一起解决较难的问题。需要查找资料的问题，课后查找资料，再来分享。按照这样的思路，请同学们整理一下你的问题清单。

(3)学生以小组为单位尝试为问题分类。

(三)问题分类整理

交流筛选依据，分享后整理全班的筛选结果：梳理了 5 个比较简单的问题，4 个中等难度的问题，还有 2 个较难的问题。

(四)解决分类中易解决的问题

1. 发现和发明有什么区别?

(1)阅读第2自然段,说说你对“发明”和“发现”的理解。

①预设:学生用简单直白的话语说自己的理解,我觉得发现指的是以前不知道,经过了一些努力和探索现在知道了。发明是以前没有,人类自己创造出来的。

②出示工具书中的解释。

发现:经过研究、探索等,看到或找到前人没有看到的事物或规律。

发明:创造(新的事物或方法)。

(2)提取信息,结合词义理解词语。

①发现:登上月球,潜入深海,洞察百亿光年外的天体,探索原子核世界的奥秘,这些都是人类经过研究、探索看到前人没有看到的事物,这是发现。

②发明:电视、程控电话、因特网这些都是以前没有,人类创造出来的,这是发明。

2.“千里眼”“顺风耳”和腾云驾雾的神仙,在现代指什么?

(1)从课文第3自然段中提取信息:望远镜是千里眼,收音机是顺风耳,飞机是能够帮助人们腾云驾雾的神仙。

(2)在现代生活中你还想到哪些千里眼、顺风耳以及腾云驾雾的神仙呢?

预设:

• 望远镜、卫星就是千里眼,让我们足不出户就可以看到很远的地方;

• 手机、电话、收音机就是顺风耳,可以让我们知道很多的新闻时事;

• 高速火车、飞机、火箭、宇宙飞船,能够让我们在很短的时间内,迅速到达想要去的地方。

小结:问题能将文本和我们生活中的事物联系起来,引发我们的思考。

3. 什么是“程控电话”?20世纪的科学技术还创造了哪些神话?未来科学技术的发展还会给我们的生活带来怎样的变化?

(1)暂时不解决，继续查资料。

程控电话是作者举的一些新发明的科技事物实例，这个问题不影响我们对课文内容的理解，可以在预习或课后，通过查资料、请教他人等方法解决。

(2)查阅资料，再来一起讨论分享。

解决“20 世纪的科学技术还创造了哪些神话?”“未来科学技术的发展，还会给我们的生活带来怎样的变化?”需要我们查找大量的资料。

(五)解决分类中有一定难度的问题

1. 发现问题之间的关联，体会有价值的问题。

(1)“忽如一夜春风来，千树万树梨花开”是什么意思? 20 世纪的科学成就为什么可以用这句诗来形容?

①阅读课文第 3 自然段，画出相关的词句，说说自己的理解。

a. 从诗句意思出发理解：诗句选自《白雪歌送武判官归京》，作者用了比喻的修辞手法，把雪花比作梨花。意思是说诗人早晨醒来突然发现，树上挂满雪花，好像昨天吹来了春风，使千树万树的梨花盛开。作者用这句“忽如一夜春风来，千树万树梨花开”比喻雪来势迅猛，下得快、下得大。

b. 结合文中语句理解：人类在上百万年的历史中一直很依赖自然，生活在一个慢吞吞、静悄悄、一到夜里就黑暗无光的世界。那时候没有电灯，一到晚上到处都是黑漆漆的，也不能在明亮的灯光下看书；没有电视，生活非常枯燥，也没法知道外界的消息；没有汽车，要是去远的地方就需要攀山越岭，一走就是好几个月，甚至几年。

②建立联系，理解诗句。

作者想借雪来得快、下得大，来比喻现代科学技术的成就大、发展快，这是人们没有想到的，给人们带来了意想不到的惊喜。

(2)20 世纪是呼风唤雨的世纪，课文为什么要写以前人们的生活场景呢?

关注对比写法：写科学技术没有改变之前人类生活的样子，让我们更真切地感受到人类社会发生了翻天覆地的变化，体会这样的变化之快，成就之大。

小结：解决“千树万树梨花开”这个问题的同时，解决了对比写法的体会问题。有价值的核心问题能推动思考不断深入。

2. 为什么说20世纪是一个呼风唤雨的世纪？

为什么说20世纪是一个呼风唤雨的世纪？从文中找出相关语句，说说你的理解。

①抓住“奇迹般的”“出乎意料的发现和发明”等关键词，体会科学成就大，发展速度快。

②抓住“上百万年的历史中一直生活在一个慢吞吞、静悄悄、一到夜里就黑暗无光的世界”等语句体会短暂的100年间，人类把不可能实现的幻想都成功实现了。

③抓住“登上、潜入、洞察、探索、变成”等动词感受科学技术的强大力量，同时解决“为什么新的交通工具把地球变成地球村”的问题。

3. 体会科学技术创造的奇迹。

(1)补充资料。

1902年英国发明家设计了第一个空调系统；1903年俄国“火箭之父”通过大量研究，明确、系统地阐述了利用火箭进行太空飞行的设想。同年，莱特兄弟发明了第一架飞机；1904年，世界上第一只电子管诞生，从此人类进入了电子时代。1911年第一个磁垫列车模型的发明，1912年第一支霓虹灯广告的出现，以及维生素的发现，让我们的生活方式发生了巨大的变化，正如课文中说的“是科学，使得我们这个时代不同于以往的任何时代”。

(2)联系生活实际谈一谈对“现代科学技术必将继续创造一个个奇迹，不断改善我们的生活”的理解。

①利：AI机器人、智能家电灯、互联网……

②弊：网络瘫痪、电子垃圾、能源危机……

小结：辩证地看问题。

(六)聚焦表达，发现特点

1. 语言逻辑严谨

(1)这篇课文5个自然段都紧紧围绕题目“呼风唤雨的世纪”来写。

(2)每个自然段的内容联系紧密。

2. 设问、对比

(1)设问句吸引我们阅读的兴趣，引发我们的思考。

(2)对比的写法突出了20世纪的科学成就之大。

三、策略分析

学生在阅读中乐于提问但不善于提出有价值的问题，在本设计中给予学生充分提问的时间和空间，让学生发现“深层问题”和“浅层问题”的区别，再依据“是否能继续推动思考”的标准进行筛选和分类。带着学生筛选和分类后的问题走入文本，进行追求理解的阅读。

问题清单中的问题，有的涉及对文章内容的理解，有的涉及对实际生活的理解，有的涉及写作手法，在指导学生按难易程度将问题分类的过程中，也兼顾到了问题的指向性。在解决学生提出的问题过程中，以解决单一问题为主，但也有意识地引导学生厘清问题与问题之间的关系，以一带多，共同推动理解向深层次进发。

案例 2 《琥珀》：由已知推测未知，依事实合理想象

一、作品链接

《琥珀》是部编版语文教材四年级下册第 2 单元中的一篇课文，这则科学小品文是根据德国科学家、科普作家柏吉尔的《乌拉波拉故事集》中的文章改写的。本文围绕着琥珀既讲故事又说明知识。

课文分为两个部分，第一部分运用童话的形式虚拟琥珀的形成过程，第二部分实写琥珀被发现的过程。虚实相济，使得这篇文章既有科学的严谨性，又具有文学的感染力。

课文存在两个“支点”，即“推测”和“想象”。阅读这篇文章，适合以“推测”引导学生形成科学的思维方式，感悟语言科学性这一特点，同时培养和发展学生的思维力；以“想象”引导学生体悟文章文学性的特点，通过品味语言文字，体会科学小品的文学性和趣味性。

二、学习阅读

(一)课题入手，直切重点

1. 出示插图，展示这块琥珀的图片。观察图片，用一个词说说这是一块怎样的琥珀。

预设：透明、包裹两只小昆虫、椭圆形……

2. 浏览全文，再用一个词说说这是一块怎样的琥珀。

预设：珍贵、奇异、难得一见……

3. 我们直接看到的只有这块琥珀本身，它的形成过程谁也没有亲自看到，为什么作者还能把这个过程写得如此丰富呢？读文，思考：作者是怎样进行推测的？

(二)提取信息，探究“形成”

1. 出示自学提示。

• 默读课文第1—14自然段，用“﹏﹏”画出有关这块琥珀形成的条件的句子，标上序号。

• 在导学单上填好相应的信息。

松脂球	序号	提炼句子中的关键信息
↓	1	
	2	
	3	
化石	（可自行添加）	

• 组内交流，达成共识。

2. 交流自学成果，相机板书。

(1)投影下交流修改

松脂球

↓

天气炎热

松林　老松树

苍蝇　蜘蛛

蜘蛛想吃苍蝇

松脂恰好滴下来　不断

时间很长

化石　陆地下沉　海水漫上　沙子掩埋

(2)练字后记录板书。

松脂球

↓ 天热

松树

虫遇

脂滴

时间久

化石　　地质变

3. 根据板书完整、简要地说出松脂球是怎样最终形成化石的。

4. 思考：所有的琥珀在形成的过程中都需要这些条件吗?

(1)全面、客观地认识到琥珀形成的必要条件：天热、松树、脂滴、时间久、地质变。

(2)突出本文介绍的琥珀的独特和奇异之处：虫遇。

(三)体验推测，突破难点

1. 出示自学提示。

• 默读：默读最后一个自然段。

• 批画：用“______”画出记录直接观察结果的语句，用“～～～～”画出写分析、想象、推测的语句。

• 交流：用“正因为__________，所以__________。”的句式说说自己的发现。

• 思考：批画的不同标记的语句之间有怎样的关系。

2. 交流分享。

(1)关于虫子挣扎的信息。

①句式表达

正因为它们的腿的四周显出好几圈黑色的圆环，所以我们可以想象它们当时在黏稠的松脂里挣扎的详细情形。

②追问

你从文本中得到了什么信息？——腿四周有黑色圆环。

你不知道什么信息？——它们当时挣扎的详细情形。

请你填补缺失的信息。——(表演：每个人表演得都不尽相同)。

(2)关于两虫完整的信息。

①句式表达

正因为两个小东西还是好好地躺着，所以我们可以知道世界上早已有苍蝇和蜘蛛。

②追问

你从文本中得到了什么信息？——好好地躺着。

你不知道什么信息？——苍蝇和蜘蛛具体的出现时间。

请你填补缺失的信息。——在这块琥珀形成之前，世界上已经有苍蝇，有蜘蛛，而蜘蛛捕食苍蝇，它们都生活在森林中。那时候，森林里有很多松树。

(3)小结。

①推测和想象是有依据的。

②补充名言：想象力比知识更重要，因为知识是有限的，而想象力概括着世界的一切，推动着进步。——爱因斯坦

(四)品味词句，感悟写法

1. 自读批注，组内交流。

(1)自学提示：

- 默读：默读全文，找出作者根据推测写出的语句，画下来。
- 思考：这些语句中，哪些地方给你留下了深刻印象？
- 批注：将感受批注在语句旁边。

(2)组内交流，形成小组意见。

2. 全班交流，品读感悟。

(1)关注用词严谨。

PPT：这个故事发生在很久很久以前，约莫算来，总有一万年了。

①约莫：替换词语“大体”“估摸”。

②总有：替换词语“大于等于”“足有”。

(2)关注描写想象画面中的动词。

PPT：忽然，有个蜘蛛慢慢爬过来，想把那只小苍蝇当作一顿美餐。他小心地划动长长的脚腿，沿着树干向下爬，离小苍蝇越来越近了。

①做动作感受“划动”。

②替换词语“摆动”“摇动”，对比体会用词的精准。

(3)关注描写想象画面中的心理描写。

PPT：“哎呀！”他想，“这位小姑娘身子并不大，除去一对绿翅膀，一对触须，剩下的就很少了。不过少虽少，总还是一顿美餐。要是我不小心，被她的大眼睛看见了，她马上飞开，我的美餐就要落空，说不定会饿上一天呢。”

①蜘蛛还可能怎么想？

②补充苍蝇此时的想法。

③与《赵州桥》对比，体会科学小品文的趣味性。

(4)关注生动表达。

PPT：小苍蝇不能掸翅膀了，蜘蛛也不再想什么美餐了，两只小虫都淹没在老松树的黄色泪珠里。他们前俯后仰地挣扎了一番，终于不动了。

①感受拟人手法带来的表达效果：呈现生动的画面感。

②指导感情朗读。

(5)关注文章的深刻性。

PPT：几十年，几百年，几千年，时间一转眼就过去了。成千上万只绿翅膀的苍蝇和八只脚的蜘蛛来了又去了。谁也不会想到很久很久以前，有两只小虫被埋在一个松脂球里，挂在一棵老松树上。

①抓住“几十年，几百年，几千年”“成千上万”“来了又去了”“很久很久以前”，感悟时间飞速的流逝与瞬间凝固的永恒的对比。体会这瞬间凝固的永恒是无法复制的，是时间流逝与巧合共同形成的珍贵礼物。

②指导朗读，放慢语速读可表示时间的流逝，突出瞬间凝固的永恒。

三、策略分析

以“作者是怎样进行推测的”为阅读主问题，引导学生先进行信息的提取和筛选，找出这块琥珀形成的必要条件和偶然条件。根据已知信息按思维步骤推测未知信息：对缺失信息进行补充，明确推测一定有事实依据。进而引导学生关注作者根据推测想象出的内容。一方面，引导学生抓住其中的关键语句体会作者用词的精准、生动、科学、严谨，激发学生进行哲学思考的用意，从而感受到科学小品文科学性、文学性兼具的特点。另一方面，给学生充分表达自己想象加工的空间，通过表演、重新想象等方式，参与到对文章二次加工的创作中。依照“推测是有依据的”这个标准，检测二次加工的合理性。持续的思考、创作，将文本阅读和生活经验进行有机勾连。

第四节　以“确定重点”策略为主的阅读

案例1　《蜜蜂》：组合信息，形成观点

一、作品链接

《蜜蜂》是部编版语文教材三年级上册第4单元中的一篇课文。这篇文章是根据让-亨利·卡西米尔·法布尔(Jean Henri Casimir Fabre)的《昆虫记》中的相关内容改编而成的。

《昆虫记》第一卷中的《石蜂》一章中，讲述了法布尔对石蜂的观察和实验。编者对原文进行了简化和调整，改编成课文的《蜜蜂》更适合中年级学生的阅读和理解，但依然保留了法布尔对昆虫的细致观察和科学探究精神。通过这样的改编，学生不仅能够学习到关于蜜蜂的知识，还能够体会到科学探究的过程和方法，更能激发他们对自然科学的兴趣和好奇心。

教材中的《蜜蜂》语言简短精练，通俗易懂。文章的叙述线索清晰，情节完整，有助于学生理解文章的结构。通过法布尔的实验展示了蜜蜂辨认方向的能力，这种能力不是依靠超常的记忆力，而是一种本能。这样的内容不仅具有科学价值，也具有教育意义，能够引导学生思考生命的奇妙和自然界的规律。同时，法布尔的科学态度和求实作风也为学生树立了良好的榜样。

二、学习阅读

(一)答辩团队陈述

1. 上节课，同学们作为法布尔实验团队中的一员，为法布尔先生的这次实验填写了微型研究报告，今天我们迎来了实验答辩会。

PPT出示第一课时已填写好的微型研究报告。

“关于蜜蜂辨认方向能力的研究”的微型研究报告

实验目的：验证蜜蜂是否有辨认方向的能力。

实验准备：二十只左右的蜜蜂、纸袋、白色记号。

实验步骤：捉蜜蜂—放进纸袋—安排记录—走四公里—做记号—放飞—记录飞回的数量和时间。

表 5-8 实验记录

时间	蜜蜂×××	记录人员
1. 刚放飞时	蜜蜂向四面飞散	法布尔
2. 刮狂风时	飞得很低，几乎要触到地面	法布尔
3. 两点四十分	两只飞回	小女儿
4. 傍晚时	三只飞回	法布尔
5. 第二天	十五只已飞回	法布尔

实验结论：蜜蜂靠的不是超常的记忆力，而是一种“我”无法解释的本能。

请大家浏览课文，回顾这项实验。借助微型研究报告来完成答辩的第一项任务——实验陈述。

2. 借助“微型研究报告”做关于“蜜蜂辨认方向”的研究陈述。

(1)团队派代表做陈述性发言。

(2)其他成员边听边思考，陈述发言后，可做补充发言。

(二)答辩委员会问题展示

答辩委员会认真研究了上节课后同学们提出的问题，挑选了 4 个有代表性的问题，形成了答辩问题，请大家读一读。

• 法布尔先生为什么要做这个实验？

• 实验的每一步都是必需的吗？可以调换顺序吗？

• 法布尔先生记录实验心得的时候，用了“左右”“好像”“大概”这样的词，实验还能体现出严谨性吗？

• 实验并没有揭示出蜜蜂辨认方向的具体原因，这个实验还有价值吗？

这 4 个问题依次指向了实验目的、实验过程、实验记录、实验结论。请大家做好依次答辩的准备。先来看第一个问题吧！

1. 实验目的：答辩委员会注意到，法布尔先生提到“我想做个实验”。

“想”在《现代汉语词典》中有 6 种解释，这句话表明法布尔先生“打算”去做这个实验。在打算做这个实验之前，法布尔先生有怎样的“思索”呢？读第 1 自然段，然后说一说。

(1)学生自由说。

预设：法布尔先生不轻信“听说”，还有多种“可能性”。每一种可能性，都可以形成实验中的“假设”，假设它成立，或不成立，然后去验证。

板书：假设

(2)读第 8 自然段，结合结尾的实验结论，反推一下：法布尔先生做实验之前可能有了哪些假设？

蜜蜂靠的不是超常的记忆力，而是一种“我”无法解释的本能。

假设 1：没有辨认方向的能力，靠的是记忆力。

假设 2：有辨认方向的能力，靠本能。

假设 3：学生的“假设”，不做否定，给予鼓励。

(3)结合资料袋的话，体会“实证精神”。

①课后的“资料袋”有这样一段话，请大家读一读。再来说说法布尔先生为什么一定要做这个实验。

出示 PPT：

法布尔曾经说过：“在对某个事物说‘是’以前，我要观察、触摸，而且不是一次，是两三次，甚至没完没了，直到没有任何怀疑为止。”

②不轻信“听说”的内容，为了印证“假设”的情况，而选择用做实验的方式求证。看来法布尔先生一定要用事实来说话啊！

板书：验证——求实

2. 实验步骤：这个实验，核心步骤只有三步——“捉蜜蜂”“放蜜蜂”“收蜜蜂”。然而，在“放蜜蜂”之前，又增加了“放纸袋，安排女儿记录，走四公里，做白色记号”这些步骤，这些增加的环节有必要吗？

(1)说说每个步骤的设计意图。

实验步骤

捉蜜蜂—放进纸袋—安排记录—走四公里—做记号—放飞—记录飞回的数量和时间。

(2)有同学提到了做记号的重要性，把这一步提前到放蜜蜂进纸袋之前，怎么样？

补充：蜜蜂老是要把花粉从它腹部刷下来，迟早会把标记擦掉的，只能点在翅膀之间的中胸处。……有可能运输中让它们受了损伤，或做标记把它们翅膀弄坏了，做标记这个操作真是难。

——《昆虫记》第一辑第二十一章(有改动)

(3)再现对小女儿的嘱咐，说清实验设计的想法。

教师扮演“小女儿”，学生扮演“法布尔”。

师：您为什么要把这些蜜蜂装在不透明的纸袋里啊?

师：我想跟您一起去放飞蜜蜂！咱们一起回来做记录。

师：您为什么走四公里那么远再放蜜蜂?

师：您把白色标记先做好，再把它们放入袋子里吧。

这样一来，法布尔先生的小助手和答辩委员会都明白了这个实验周密设计每一步的用意。

板书：设计——实施(周密)

3. 实验记录：答辩委员会关注了实验观察心得中的表达。使用了“左右”“好像”“大概”这样的一些词，实验还能体现出严谨性吗?

(1)自学提示

• 默读第 2—7 自然段。

• 用“________”画出使用了“左右”“好像”“大概”及与之类似词语的句子。

• 读一读画出的句子，说说自己的体会。

(2)学生交流

①二十只左右被闷了好久的蜜蜂向四面飞散，好像在寻找回家的方向。

• 补充：或者是由于运输过程中身体疲劳，或者是由于我的手指用力太大，结果损坏了蜜蜂的关节，40 只蜜蜂中……从那里毫不犹豫飞走的蜜蜂，只有 20 只左右，这已经足够了。

——《昆虫记》第一辑第二十一章(有改动)

• 对比去掉“左右”：做实验时捉到了多少蜜蜂，就是多少，严格按照实际记录。

• 好像——法布尔先生不是蜜蜂，只能根据现象推测蜜蜂的意图。

• 补充：朝与窝相反的方向飞的蜜蜂迅速掉头回飞，大部分似乎是朝窝那个方向飞。蜜蜂飞到 20 米远就看不见了，对此我只好存疑。

——《昆虫记》第一辑第二十一章(有改动)

②这时候刮起了狂风，蜜蜂飞得很低，几乎要触到地面，大概这样可以减少阻力。

• 联系你自己遇到迎面而来的狂风时的经历想想。

• 对比人和蜜蜂的身体体积大小想想。

• 补充：它们能够顶着这股逆风往前飞吗？如果要这样做，它们就必须贴着地面飞行。

——《昆虫记》第一辑第二十一章(有改动)

③在回家的路上，我推测蜜蜂可能找不到家了。

• 联系上文可能——阻力大，飞得低，距离远。

④我放蜜蜂的时候是将近两点钟，也就是说，在大约三刻钟的时间里，那两只小蜜蜂飞了四公里路，这还包括了采花粉的时间。

• 将近、大约——严格按照实验发生的时间记录。

板书：记录——推测

(3)大家都谈到，用上这些表示一定范围或表示推测的词语，能够体现语言表达的严谨性。那下文中还有这些句子，里面又用了表示十分确切意思的词语。这是怎么回事呢？对比读读这两组句子，谈谈你的感受。

• 二十只左右被闷了好久的蜜蜂向四面飞散，好像在寻找回家的方向。

• 这时候刮起了狂风，蜜蜂飞得很低，几乎要触到地面，大概这样可以减少阻力。

• 在回家的路上，我推测蜜蜂可能找不到家了。

• 傍晚时，我亲眼看到另外三只飞了回来，身上也都带着花粉。

• 这样，二十只左右的蜜蜂，至少有十五只没有迷失方向，准确无误地回到了家。

• 尽管它们逆风而飞，沿途都是一些陌生的景物，但它们确确实实飞回来了。

(4)小结：随着实验过程的推进，客观地记录对实验的观察，这些用词都体现出了作者科学严谨的态度。

板书：严谨

(5)在原文中，作者还提到，他走在返回家中的路上，心情是“惴惴不安”的。可见，这些严谨的用词，还让我们实实在在地读出了法布尔先生如过山车一般起伏的心理，真是妙啊！

4. 实验结论：实验并没有揭示出蜜蜂辨认方向的具体原因，这个实验还有价值吗？

(1)学生辩论：

①这个实验没有价值，从结果看并没有揭示出蜜蜂辨认方向依靠的是什么，连法布尔自己也无法解释。

②这个实验是有价值的，它能够排除蜜蜂是靠记忆力来辨别方向的。至于接下来“无法解释”的本能是什么，将由以后的研究、实验来揭示出来。

(2)再读阅读链接中法布尔的那句话，猜测法布尔接下来可能会做些什么。

法布尔曾经说过：“在对某个事物说‘是’以前，我要观察、触摸，而且不是一次，是两三次，甚至没完没了，直到没有任何怀疑为止。”

①再次印证这个实验。

②调整控制变量：五公里，五十只……

③设计新的实验，看看蜜蜂辨认方向的本能到底是什么。

板书：探索——研究(坚持)

(3)法布尔《昆虫记》中提到接下来他又继续实验了，其中就包括调整了蜂巢的位置这个条件，再观察蜜蜂的飞回情况。

(4)很多同学在整理完微型研究报告时，就提出了具有继续探索精神的问题。

• 为什么选择二十只左右的蜜蜂，而不是其他数量的蜜蜂？

• 为什么走出四公里，而不是更远？蜜蜂最远能从多远飞回原点，是无限远吗？

• 现代科学研究能解释清楚蜜蜂依靠什么辨认方向吗？

…………

5. 答辩委员会的委员读到了同学们的这些宝贵问题，还推荐给大家一些材料。请你读一读，说说你的发现。

磁场对蜜蜂的定向导航有很大影响，但具体的影响机制尚不明确，蜜蜂利用磁场导航的磁场强度范围也不清楚。太阳无时无刻不在移动，地磁场也相应地发生变化，蜜蜂是如何处理太阳偏……

——2020 年《环境昆虫学报》

它们综合利用视觉、地标、气味、时间感知等多种感知和记忆能力，及复杂的生物内部导航系统，来帮助自己定位和导航。

——2024 年 ChatGPT 的回答

雷沃米尔——法布尔——至今——未来

法布尔的研究基于对雷沃米尔研究的补充，两者的研究相距百余年；法布尔的研究距今也有百余年之久，而我们现在对蜜蜂辨认方向的研究还有很多值得探索的地方，所以未来的研究之路还有很长很长。科学研究就是这样代代发展，不断地修订、补充，才能无限接近于真理的。

(三)学以致用，与单元写作任务结合

1. 读读下面的“说法”，谈谈你的想法。

听说，只有春分当天才有可能把鸡蛋立起来。

据说，盐水的浮力比清水大。

有人说，用棉棒蘸橙子汁在纸上写字，字迹看不见，但放在火上烤后字迹会显现。

…………

2. 出示教材“做个科学小实验”习作要求页。本单元的习作，就给了同学们充分印证“听说”的舞台，期待你们写出步骤清晰、记录翔实的小文章。

3. 作业。

(1)选择自己感兴趣的科学小实验内容，为习作储备素材。

(2)阅读《蝙蝠与雷达》，梳理实验研究报告，自己查找资料丰富对该研究的认识。

蜜蜂

[法]法布尔

假设——验证：求实

设计——实施：周密

记录——推测：严谨

探索——研究：坚持

图 5-4　板书设计

三、策略分析

“撰写微型实验报告”和“实验答辩会”是两个相连的学习活动，这两个活动以模拟科学研究全过程为情境，引导学生先提取文中关键信息，以结构化的实验报告单梳理实验目的、实验准备、实验过程和实验结论，其中对实验过程的整理以流程图的形式出现，表现实验过程中实验步骤的顺序性和连贯性。

“答辩问题”来源于学生第一课时学习后所提的问题，合并分类后筛选出分别对应实验目的、实验准备、实验过程和实验结论的四个问题，成为第二课时学习的线索，贯穿阅读过程。

学生在回答这四个问题的过程中，需要继续关联文中关键词语，形成自己的观点，如不可以删除某一实验步骤，也不可以调换实验过程中步骤的顺序。当文中的信息不足以支撑学生的观点形成时，教师补充《昆虫记》原著中的相关语段，填补确实信息，帮助学生将改编文与原著联系起来，形成完整认知，生成观点。

此外，设计还埋下了伏笔——法布尔接下来还会做什么？以此调动学生阅读《昆虫记》的兴趣。最后，引入与本研究相关的重要人物、研究结论，在历史时间轴上呈现，期待激活学生的研究志趣，渗透了科学精神和科学品质的培养。

案例 2 《花钟》：准确定位，全面概括

一、作品链接

《花钟》是部编版语文教材三年级下册第 4 单元中的一篇课文，是一篇科学小品文，文章按照“归纳现象—揭示原因—实际运用”的思路，说明不同花的开放时间不同及其原因。

课文由三个自然段组成，第 1 自然段以优美的语言揭示了一个有趣的自然现象，即一天之内，不同的花开放的时间是不同的；第 2 自然段阐明了现象背后的原因；最后一个自然段说明植物学家如何制作“花钟”的，点名课题，思路清晰，文质兼美。

第 1 自然段共三句话。第 1 句讲朵朵鲜花盛开的情景，第 2 句写了一

天之内不同的花开放的时间是不同的，第 3 句按时间顺序列举了九种花的不同开放时间。这个自然段中的第 2 句话是这一段的关键语句。

第 2 自然段的关键语句是一个问句，它提示了这段话讲述的是不同植物开花时间不同的原因。从语段中可以找出两个表示原因的句子，再将这两句中的关键词句进行串联、简化，段意便可概括为“植物开花的时间与温度、湿度、光照、昆虫活动时间有关”。

《花钟》这篇课文的语言生动形象，语言表达形式极其丰富。特别是第 1 自然段，同样直接写花开，所用动词多不同。有的不直接写花开，而是运用拟人等修辞手法把花开写活了。这种多样的表达易在读者头脑中形成画面，给人以美的享受和想象空间。

二、学习阅读

(一)复习回顾，初感奇妙

1. 快速浏览课文，说说什么是花钟。

2.“有意”，有意为之，植物学家还是个艺术家，你想知道他怎么就能产生这样巧妙的创意吗？密码藏在文中，我们一起走进课文，寻找答案。

(二)品读花开，细致观察

1. 学习活动一：借助关键句学习概括段落大意。

(1)自主学习任务：挑战用一句话概括地说一说第 1 自然段介绍什么。

①默读课文第 1 自然段，试着用一句话概括这个自然段的大意。

预设 1：鲜花朵朵，争奇斗艳，芬芳迷人。

预设 2：要是我们留心观察，就会发现，一天之内，不同的花开放的时间是不同的。

②复习三年级上册第 6 单元的知识——借助关键语句理解一段话的意思。

a. 关键语句能够概括出一段话的意思，这段话都是围绕关键句来说的。

b. 一般在第 1 句，也有时在第 2 句，或者最后一句。

(2)小组合作学习：再次默读课文第 1 自然段，看看这一自然段每句都写了什么，边读边圈画，然后组内讨论确定本段关键语句，尝试概括一段话的大意。

①确定关键句后，围绕概括要“简洁”的要求，再次简化关键句，留下“不同的花开放的时间是不同的”。(删减)

②总结方法：要依据段落内容确定关键语句，做适当删减，让句子更简洁。这个关键句就可以直接告诉我们这一段的内容写什么了。

③结合关键句，体会植物学家善于观察。

2. 学习活动二：品味语言，学习表达。

(1)合作学习，感受花开之美。

这么多芬芳迷人的花，哪一朵花开放的样子最吸引你呢？请自读第1自然段，结合词句在文中做批注，然后和同桌交流自己的感受。

自学提示：

哪一朵花开放的样子最吸引你呢？结合具体词句在文中批注。

与同桌交流一下自己的感受。

(2)汇报分享，指导朗读、背诵。

①预设：凌晨四点，牵牛花吹起了紫色的小喇叭。“吹起小喇叭”的说法非常有意思，使用了拟人的修辞手法。

②引导学生关注使用拟人手法的语句，说说这样的表达给人带来的感受。

③把句中表示“开花了”的词语都变成“开花了”，对比朗读，引导发现文中句式的多样性。

④配乐朗读第1自然段，感受花开的姿态之美。

⑤尝试背诵第1自然段。(图片提示、半句提示)

(3)迁移运用，学习写法。

①观察图片，选择一种喜欢的花，仿照课文描写花开放的样子。

向日葵＿＿＿＿＿＿＿＿＿＿＿＿＿＿＿＿＿＿＿＿＿＿＿＿＿＿＿＿＿＿。

牡丹花＿＿＿＿＿＿＿＿＿＿＿＿＿＿＿＿＿＿＿＿＿＿＿＿＿＿＿＿＿＿。

蝴蝶兰＿＿＿＿＿＿＿＿＿＿＿＿＿＿＿＿＿＿＿＿＿＿＿＿＿＿＿＿＿＿。

海棠花＿＿＿＿＿＿＿＿＿＿＿＿＿＿＿＿＿＿＿＿＿＿＿＿＿＿＿＿＿＿。

连翘＿＿＿＿＿＿＿＿＿＿＿＿＿＿＿＿＿＿＿＿＿＿＿＿＿＿＿＿＿＿＿。

②分享点评。

（三）读懂原因，善于思考

植物学家之所以设计出花钟，不只是因为他细致观察，还因为什么呢？再读第 2 自然段，试着借助关键句概括这一段的主要意思。

1. 找出中心句，借助关键句尝试概括。

预设 1：不同的植物为什么开花的时间不同呢？（问题）

预设 2：有的植物开花的时间，与温度、湿度、光照有着密切的关系。（原因一）

预设 3：还有的花，需要昆虫传播花粉，才能结出种子，它们开花的时间往往跟昆虫活动的时间相吻合。（原因二）

2. 引导学生发现三句话的逻辑关系。三句话都很重要，怎么取舍？

3. 三个句子，我们怎么借助它们，概括第 2 自然段的大意呢？（串联）

（1）小组合作试着将三句话中的关键词句进行串联，并汇报交流。

（2）在学生汇报的基础上，给出“支架”提示：

不同的花开放的时间，与________、________、________、________有关。

4. 回顾总结方法。（删减、串联）

（四）总结提升，引导迁移

1. 植物学家产生制作“花钟”的创意除了细心观察，还因为什么？你们发现了吗？

（1）结合发言，相机板书。

细心观察、善于思考，就会有新奇的发现，就会有新奇的创意。

（2）补充植物学家林奈的资料，揭示设计花钟的秘诀：

热爱生活、细心观察、发现现象—善于思考找到特点规律—巧妙运用设计出花钟。

2. 在这个单元的学习中，我们就是要做一个小小科学家。我们也要像这位植物学家一样，在生活中留心观察，去发现生活当中那些有意思的美好事物，同时还要深入思考，你就会有更多的发现，产生更多的创意。

花　钟

发现不同　　探究原因　　设计花钟　删减

观察　　　　思考　　　　创造　串联

图 5-5　板书设计

三、策略分析

《花钟》第1自然段共三句话。受定式思维影响，部分学生会认为这段话是围绕第1句来写的。基于这一学情，引导学生借助文中的泡泡图明白关键语句虽然能提示段落的主要意思，但不能即拿即用。概括段意的句子，一般具有以下特质：多为陈述句，语言简洁扼要，内容准确完整。因此，借助关键语句概括段意时，还要进行必要的删减、增补、转换、整合等。学生通过通读整段话，分辨出第2句才是这一段的关键语句。

第2自然段的中心句也不在首句，而且关键语句分散在段落中的两处。概括这一段的段落大意对学生来说存在很大难度。基于学情，采取以读代讲，在读的过程中引导学生领悟句子之间的关系，把握段落的整体结构，找出两个关键句，再借助句式“支架”归纳段落主要内容。

本文第1、2自然段在概括段落大意方面体现出从易到难、从简到繁、从常式到变式的特点，学生在概括体验过程中实现了由易到难的进阶。

第五节　以“联结：经历与背景”策略为主的阅读

案例1　《要是你在野外迷了路》：调动生活经验，联结阅读体验

一、作品链接

《要是你在野外迷了路》是部编版语文教材二年级下册第6单元中的一篇课文。文本语言通俗易懂，读起来朗朗上口。

文中介绍了四种天然的“指南针”——太阳、北极星、树、沟渠里的积雪——帮助人们辨别方向的方法。文本以“天然指南针”统领全文，“大自然有很多天然的指南针，会帮助你辨别方向”这一关键语句及一事一段的结构特点清晰明了。

课文第2节至第5节分别讲述了在不同的时间里，太阳、北极星、大树、积雪这四种“天然指南针”是怎样帮助人们辨别方向的。学生可以通过提炼信息、联系上下文、借助插图、联系生活实际等方法，读懂天然指南针指方向的方式。为了让学生通过阅读能够解决生活中的实际问题，我设

计了小淘气迷路求助的情景，引领学生通过阅读来学习，探索大自然的奥秘，解决生活中的问题，让学习更有趣、有意义。

二、学习阅读

(一)布置情境任务，开启学习活动

1. 发布求助信息。

“嘀嘀”，手机响起了微信提示音，打开微信聊天窗口，显示一条小淘气的求助信息。

同学们：

我到大森林中探险，现在迷路了。我知道只要往南走，就可以出去。可是，我没带指南针，实在无法辨别方向，心里很慌张。快帮我想想办法吧！

2. 联结已有生活经验：读了这段求助信息，你想怎么帮助小淘气？

(1)预设：谈到了文中提及的事物，书中也提及了，是否和你想的一样？

(2)预设：谈到了其他自然界的“指南针”，课外阅读丰富，学完课文可以尝试自己编写一段。

(3)小结：调动已有的阅读经验和生活经验来与文本进行对话和交流。

(二)初读提取信息，理解“天然的指南针”

1. 联结指南针本义和文中“指南针”的意思。

(1)出示指南针图，介绍：指南针是我国古代的四大发明之一。

(2)引发质疑：诗歌中向我们介绍的不是这种指南针，文中的“指南针”指的是什么呢？说一说。

2. 自由读课文，根据自学提示学习。

自学提示：

自由读课文，把字音读正确，句子读通顺，不熟的地方多读几遍。

边读边思考：文中的“指南针”指的是什么？把你找到的文中的“指南针”圈画出来。

3. 交流汇报“天然的指南针”。

(1)圈画的事物：太阳、北极星、大树、积雪。

(2)联结词语的本义和文中的引申义：它们都是大自然中本来就存在的，所以就称为“天然的指南针”。

(三)联结相关信息，理解“天然指南针”的“指南”原理

1. 小组合作，填写报告。

(1)发布小组合作提示。

读文思考：这些天然的指南针到底是怎样帮我们辨别方向的呢？

圈画交流：把相关语句用“__________”画出来。

交流填表：组内交流，共同完成研究报告。

(2)小组合作学习，交流中完成研究报告的填写。

表 5-9　研究报告

天然指南针	什么时候	观察什么	怎样辨别
太阳			
北极星			
大树			
积雪			

2. 汇报对“指南针”——太阳的认识。

(1)出示信息。

太阳是个忠实的向导，

它在天空给你指点方向。

中午的时候它在南边，

地上的树影正指着北方。

(2)结合生活经验，交流自己读文后在头脑中产生的画面。

(3)请学生到黑板前画一画示意图，说明太阳照射与影子的关系。

(4)引读：太阳早晨从东方升起，傍晚从西方落下。它每天从早到晚都在给我们指点方向。所以说，太阳是个忠实的向导！

①结合文中语句说说对“忠实”的理解：可靠、忠诚。

②联系生活，扩充理解词义：说到忠实，你会想到谁呢？

③随文指导书写“导”字。

“导”这个字是上窄下宽，上面的部分由三笔写成，第三笔“竖弯钩”一定要封口，另外要注意横向的笔画要等距。

④练习书写：在生字本上练习写一写“导”。

⑤朗读指导：作者把太阳写得像人一样有情有义。再朗读第2小节，感受这位忠实的向导吧！

3. 汇报对“指南针”——北极星的认识。

(1)白天太阳为我们指路，如果到了夜晚或是下雨、下雪了又有谁为我们指路？它们又是怎么指路的呢？

定位第3小节。

北极星是盏指路灯，

它永远高挂在北方。

要是你能认出它，

就不会在黑夜里乱闯。

(2)引导：你一边想象这个画面，一边来读一读。

(3)补充夜空中的星空图，让学生指一指图中的北极星，想象在什么情境下能利用北极星辨别方向。

预设：夜间航海、夜间行路……

(4)随文识字：像“盏”一样带皿字底的字。

4. 汇报对“指南针”——树叶的认识。

(1)出示信息

枝叶稠的一面是南方，

枝叶稀的一面是北方。

(2)读一读，想一想：“稠”和“稀”，分别是什么意思？

①扩充组词理解：稀可以组词“稀少”，“稀”指枝叶稀少，空隙大。

②想象画面理解：两句话是说明一棵树南北两面枝叶的样子不一样，“稠”应该是枝叶又多又密，茂密的意思；“稀”是相反的意思，也就是说树叶少。

③小结：在我们生活的地区，南边的阳光更充足，所以枝叶就长得稠、长得密，北边的枝叶接受的阳光少，所以就相对长得稀。

④出示树的图片：请你观察这棵树来尝试找一找南北吧。

⑤指导生字，识记这对反义词：稠——稀。

5. 汇报对“指南针”——雪的认识。

(1)定位到第5节。

看看哪边雪化得快，哪边化得慢，

就可以分辨北方和南方。

(2)出示课文插图：读读课文中沟渠里的雪那幅插图，分辨一下南和北。

①理解“沟渠”，画示意图。

②再读课文，理解：沟渠是凹下去的，南侧被挡着，北面沟渠的积雪直接被照射，所以化得快。

③带着理解，感情朗读课文。

④理解后改写：明白了沟渠里的积雪怎么为我们指点方向，请仿照第4小节写一写。

雪特别怕太阳，

沟渠里的积雪会给你指点方向。

化得快的一面是(　　)，

化得慢的一面是(　　)。

⑤展示统一：化得快的一面是(北方)，化得慢的一面是(南方)。

(3)大自然中有这么多朋友都在为我们默默地指路，太好了，我们可以告诉小淘气了，他一定会走出森林的。

(4)回应任务情境：

尝试给小淘气打电话，告诉他方法。

要求：说清楚看哪里辨别，怎么辨别。

(四)感情朗读诗歌，探索自然奥秘

1. 引导学生与第1节对比读一读，并说一说发现了什么。

(1)引导发现：最后的1节和第1节很像，前三行是一样的，只有最后一句不同。

(2)小结：诗歌的开头和结尾这样写，读起来不觉得啰唆，反而会让我们感受大自然简直太神奇了。

2. 指导感情朗读。

(1)读出韵脚：这首诗中很多句子最后一个字的韵母都是ang。

(2)合作朗读：

白天，太阳就是我们的“指南针”——

夜间，北极星就是我们的“指南针”——

观察大树吧，它们也是“指南针”——

雪后，去看看沟渠里的雪吧，那也是“指南针”——

(五)扩充资料，拓展延伸

1. 补充资料：树的年轮、苔藓、蚂蚁窝也都在默默为我们指路。尝试口头创作。

2. 大自然中还有很多天然的指南针呢，它们又是怎样为我们指路的呢？请你继续去发现，制作一份“天然指南针使用说明书”。

三、策略分析

本设计中，一直将文本中的信息与学生的个人生活经历贯穿其中，通过阅读课外书、收听收看音视频素材等获得信息并建立联结。调动学生已有的信息储备理解文中的关键语句。

本文中“天然的指南针”离学生的生活并不遥远，只是学生没有从辨别方向的角度观察过这些自然现象，阅读本文为学生观察自然开辟了新的视角。本文也带动学生观察、发现自然界中其他能帮助人们判断方位的“指南针”，通过续写、做“天然指南针使用说明书”等延续本课的阅读收获。

学生从课内外获取的相关信息能够在生活中即学即用，文章的实用价值便在于此。文中生动的表达、有节奏的对仗、诗行的形式，也凸显了其文学价值。多种形式的朗读，帮助学生体会文章兼顾实用性与文学性的特点。

案例 2 《蟋蟀的住宅》：激活多种经验，打开联结通道

一、作品链接

《蟋蟀的住宅》是部编版语文教材四年级上册第 3 单元中的一篇课文，它选自法国昆虫学家法布尔《昆虫记》中的观察笔记，改编后被收录在教材中。

文章通过描述蟋蟀住宅的特点和修建过程，赞扬了蟋蟀在恶劣条件下吃苦耐劳、不随遇而安的精神，同时也表达了作者对蟋蟀劳动成果的极大赞美。

全文使用了拟人手法，将蟋蟀的行为拟人化，使得文本更加生动有

趣。文章语言风趣幽默，作者通过观察细节，将科学知识以有趣的方式呈现给读者，极大地激发了读者的阅读兴趣。作者通过详细的观察记录，展现了蟋蟀住宅的精巧设计和建造过程。

《蟋蟀的住宅》不仅是一篇科普文本，也是一篇具有教育意义的文学作品。它能够激发学生的好奇心，培养他们的观察力和科学探索精神。

二、学习阅读

(一)辨析用词，导入新课

1. 板书课题，聚焦“住宅”一词。联系生活实际，或与近义词“住所”“房屋”“屋子”“府邸”等做对比，说说对“住宅”的理解。

(1)住宅就是住房，一般指规模比较大的住房。

(2)官员世家居住的房屋和院落统称为“宅第”。

(3)有时候说某某家有所大宅子，强调的也是住所的面积比较大。

2. 出示蟋蟀与人的手掌大小对比的图片，说说从题目中提出的质疑。

预设：蟋蟀的洞穴，为什么用表示面积大、规模大的“住宅”来形容?

3. 自由交流，初步统一。

(1)相对于蟋蟀这样的小昆虫来说，它的住所规模比较大。

(2)继续发散思维提出质疑。

预设：蟋蟀的住宅大到什么程度?

蟋蟀的洞穴内是什么样的结构呢?

(二)整体感知，梳理文本结构

1. 初读课文，读准字音，读通句子。

2. 关注开头，联结阅读经验。

(1)对比蟋蟀与其他昆虫，用“……而蟋蟀……”的句式说一说。

(2)小结：蟋蟀跟别的昆虫不一样的地方在于“它常常慎重选择住址”“它的舒服的住宅是自己一点儿一点儿挖掘的”。

(3)联结阅读经验，产生质疑：按照一般逻辑，应该介绍蟋蟀住宅的位置、结构和特点，但作者在第3、4自然段并未写这些内容，而是从第5自然段起才开始具体介绍了蟋蟀住宅。

3. 自学提示。

默读课文第 3、4 自然段。

思考：作者为什么开始不直接介绍蟋蟀住宅的特点呢？

小组交流自己对文章结构的思考。

4. 交流汇报，相机总结。

(1)第 3 自然段抛出观点：蟋蟀并没有建筑住宅的才能，却有着让人们感到惊奇的劳动成果。

(2)第 4 自然段对观点进行支撑：因为“我”从儿童时代开始全面观察蟋蟀，现在专门研究它们的巢穴，我描述的内容是我的观察所得，正所谓“眼见为实”。

(3)特意加上这些文字，强调本文内容均为观察所得，增加读者对文章内容的信任度。

5. 默读第 5—9 自然段，结合第 1—4 自然段的内容，尝试用结构图的形式展现全文的结构。

(1)第 5—6 自然段，从位置、结构到特点，简洁有序地介绍了蟋蟀的住宅。

(2)第 7—9 自然段，先写开工的时间和基础工程，再写蟋蟀在整个工期的工作状态，最后写蟋蟀的住宅拓展是一个长期工程。

(3)串起全文的线索：住宅—劳动成果—伟大的工程。

(4)交流修改结构图：作者从暗示蟋蟀住宅的特点到全面介绍，再到住宅工程过程介绍，完整连贯，内容充实，读来生动活泼、真实可信。

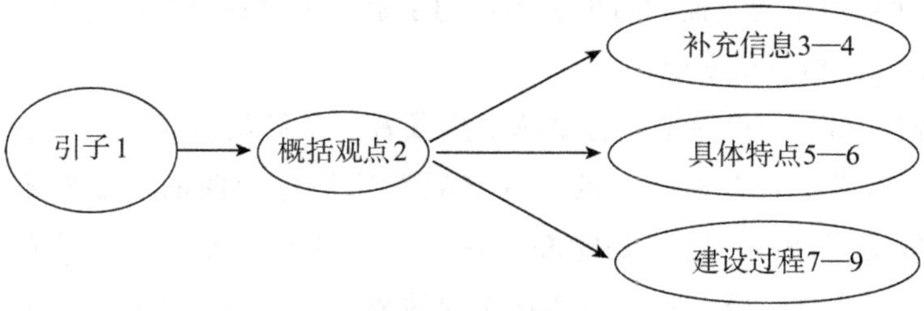

图 5-6　结构图

6. 指导补充笔记。

(1)在“引子”的旁边补充课文中的信息：“蟋蟀因住宅而有名”。

(2)在“概括观点”的旁边可以补充“慎重选址”“自主建造”。

(3)在“补充信息”的旁边补充“蟋蟀并非挖掘技术专家，但却有着让人惊奇的劳动成果”“从儿时到现在，蟋蟀一直是我的观察对象”。

(4)在“具体特点”的旁边补充“位置”“结构”“特点”。

(5)在“建设过程”的旁边补充“开工时间”“基础工程”“拓展工程”。

(三)任务驱动，拓展探究

1. 抓住拟人表达特点，发布任务。

“住宅”是拟人的说法，家如其人，请你重读文本，看看蟋蟀有哪些特点让它把住宅打造成这样?

写作《蟋蟀的住宅》的法布尔像一位摄影师，请你根据文本内容，为“摄影师”法布尔拟定工作计划表。

2. 出示“《蟋蟀的住宅》纪录片拍摄工作计划表”学习单，解读每部分填写要求，补充与电影拍摄相关的专业用语。

3. 小组讨论，填写后全班交流。

表 5-10 《蟋蟀的住宅》纪录片拍摄工作计划表

工作时间：整年，每天 4—5 小时
工作方式：长时间连续跟拍
拍摄角度： 拍摄高度——平拍(平台与草丛)、俯拍(周围的景物)、仰拍(洞内的情况) 拍摄方向——正面、侧面、斜侧

4. 联结想象的画面和对电影拍摄的了解，举例补充拍摄建议。

预设 1：拍摄角度变化。

在朝着阳光的堤岸上，青草丛中隐藏着一条倾斜的隧道(正面)，即使有骤雨，这里也会立刻就干的。隧道顺着地势弯弯曲曲，最多不过九寸深、一指宽(斜侧)，这便是蟋蟀的住宅。出口的地方总有一丛草半掩着(正面)，就像一座门。蟋蟀出来吃周围的嫩草，决不去碰这一丛草。那微斜的门口，经过仔细耙扫，收拾得很平坦(侧面)。这就是蟋蟀的平台。当四周很安静的时候，蟋蟀就在这平台上弹琴(正面)。

预设 2：拍摄距离——特写、近景、中景、全景和远景。

在朝着阳光的堤岸上，青草丛中隐藏着一条倾斜的隧道。(远景)

屋子的内部没什么布置，但是墙壁很光滑。(全景)

工作做得很快。蟋蟀钻到土底下干活(近景)，如果感到疲劳，它就在未完工的家门口休息一会儿，头朝着外面，触须轻微地摆动(特写)。不大一会儿，它又进去继续工作。我一连看了两个钟头，看得有些不耐烦了。

即使在冬天，只要气候温和，太阳晒到它住宅的门口，还可以看见蟋蟀从里面不断地抛出泥土来(中景)。

5. 播放介绍法布尔的视频，提取相关信息。联结三年级所学课文《蜜蜂》，说说你认为法布尔写成《昆虫记》的最主要原因是什么。

(1)科学研究的态度。

(2)科学研究的精神。

三、策略分析

联结把握文本结构的学习经验。本文第 3、4 自然段的内容嵌入得很巧妙，打破了惯常文本结构顺序的安排。抓住这一特别之处，联结常见文本结构的组篇方式，引导学生产生质疑，讨论发现作者这样安排的独具匠心。

联结观看电影、纪录片的体验。学生拥有丰富的电影、纪录片观看体验，对一些视频拍摄专业术语也不陌生。布置纪录片拍摄工作计划表的任务，引导学生站在法布尔的视角深入观察蟋蟀的住宅，为了获得最佳“拍摄效果”，就需要仔细揣摩文章中的语句，寻找最适合的拍摄角度和拍摄手法。

联结同作者文本的阅读经验。学生在三年级时学习过选自《昆虫记》的改编文章《蜜蜂》，两篇文章出自同一作者的同一部著作，联结两篇文章的阅读体验，学生对作者在科学研究中体现出的科研态度和科研精神的认识会更加深刻。

第六节 以“转化：识别变化”策略为主的阅读

案例 创编《十万个为什么》(2023 版)活动设计

一、作品链接

苏联著名科普作家米·伊林的《十万个为什么》首次出版于 1929 年，并且在短时间内迅速被译介到中国，对我国的科普创作产生了很大的影响。

《十万个为什么》的书名取自英国小说家和诗人、1907 年诺贝尔文学奖获得者约瑟夫·鲁德亚德·吉卜林的诗句："五千个哪里，七千个怎样，十万个为什么。"

米·伊林的《十万个为什么》采用屋内旅行的方式，以家中的水龙头、炉子、餐桌、灶台、厨房炊具架、餐具柜、衣柜等为停靠站，对日常生活中的许多事物或现象提出饶有趣味的疑问，并进行了深入浅出、妙趣横生的解答。这部科普作品以深入浅出的解释和生动有趣的语言风格著称。书中的解答不仅提供了知识，还启发读者对日常生活中现象的思考。作者善于将科学知识与文学手法结合，使得科普作品既严谨，又富有艺术性。

米·伊林的《十万个为什么》对中国的科普创作影响深远。这本书在中国广为传播，促进了科学知识在中国的普及，也激发了中国的本土作者积极地进行科普作品的创作。

中国的《十万个为什么》首次由少年儿童出版社在 1961 年出版。它以问答的形式，深入浅出地回答了大量科学问题，对普及科学知识、提高全民科学素养发挥了重要作用。这套书经历了六次改版。

第一版：1961 年出版，分为物理、化学、天文气象、农业、生理卫生等 5 册，共 1484 个问题。

第二版：1964 年出版，内容更加丰富和系统，分为 14 册。

第三版：1970 年修订出版，受"文革"期间政治环境的影响，内容有所变化。

第四版：1980 年开始修订，1981 年出齐，恢复了科普读物的特色，增加了许多新内容。

第五版(新世纪版)：1999 年出版，增加了人体、地球、宇宙等内容，拓展了学科分册。

第六版：2013 年首发，内容近九成为全新的问题。中国的《十万个为什么》以其丰富的内容、易懂的语言和持续的更新，成了中国科普教育的重要读物，对提高公众特别是青少年的科学素养产生了深远的影响。

二、学习阅读

(一)简要介绍整本书阅读过程

1. 介绍《十万个为什么》的版本演变与选择。

(1)教材要求：四年级下册“快乐读书吧”栏目向同学们推荐了以《十万个为什么》为代表的一批优秀科普类作品。《义务教育语文课程标准(2022版)》中，也在附录“整本书阅读学习任务群”中提到了这部作品，所以，我们年级组选定它作为本学期的必读书目。

(2)版本迭代介绍：最早的《十万个为什么》诞生于苏联，作者是科普作家、工程师、儿童文学家米·伊林。20 世纪 60 年代，我国有了第一版《十万个为什么》。随着时代的发展，这部作品的版本不断迭代，从第一版收录了 1400 多个问题，到 2013 年第六版的问世时，已收录了 4500 多个问题。可以说，这部作品的迭代，也是时代发展的见证。

(3)通读情况：本着“追根溯源”的原则，教师为学生推荐的是米·伊林版本的《十万个为什么》。学生从寒假开始接触《十万个为什么》，在两个月的时间内进行了通读。

2. 回顾学生通读《十万个为什么》的阅读经历。

(1)寒假中每个人通读了《十万个为什么》，并用思维导图的形式做了读书笔记——阅读 N 个 why，然后根据书中对“为什么”的解答，进一步追问，记录下了自己的 N 个 why，并初步尝试运用查资料的方式进行解答。

(2)开学后学生分工认领书中章节，每个人根据认领的章节提出 4 个问题。大家互为出题官和答题者，检验了通读这部作品的阅读效果。

(3)收集同校三年级学生提出的“为什么”，结合学习《飞向蓝天的恐龙》时练习“做讲解员”的学习经验，尝试收集和整理资料，体验了一次为学弟学妹进行科普服务的快乐。

(4)通读和讲解的过程中，发现已有版本的“为什么”不能很好地反映当下最新、最热的科技类话题，这些“为什么”的时代性不强。学生产生创编 2023 版新编《十万个为什么》的创作需求。

(5)学生自己提出具有时代性的“为什么”。

3. 确定要回答的“为什么”，借助学习单收集和整理资料。

(1)选定问题，利用学习单收集资料。

表 5-11　新编《十万个为什么》(旭能 2023 版)资料收集整理学习单

我的研究问题：

序号	记录信息来源【保证信度】		摘录的关键语句【关键信息】
	专业书籍(　　)	书名：《　　　　》 页码：	
	权威网站(　　)	网址：	
	专业期刊(　　)	期刊名：《　　　　》 页码：	
	专业人士(　　)	专业人士姓名： 研究领域：	
	专业书籍(　　)	书名：《　　　　》 页码：	
	权威网站(　　)	网址：	
	专业期刊(　　)	期刊名：《　　　　》 页码：	
	专业人士(　　)	专业人士姓名： 研究领域：	

(2)学习单说明：从四个途径去收集资料，以确保资料的可信度。初步填写后，在老师的指引下进一步对资料进行筛选，确保填写内容真实、科学、严谨。

(二)借助学习单填写的信息，梳理关键信息顺序

1. 请同学们再读学习单上自己记录的内容，想一想：要完成创编任务，接下来我们要做些什么？

预设：

(1)要把这些资料组成一篇小文章，需要用语言衔接这些关键内容。(衔接)

(2)要把这些资料按照一定的顺序进行排列。(排序)

(3)如果有重复的内容，保留一处就可以了，删掉其他的几处。(删减)

…………

2. 聚焦本课学习重点：

回复预设(3)：将重复的内容保留一处后删掉，没什么难度。

回复预设(1)(2)：有挑战性的内容是把这些内容按照一定的顺序排列起来并用一些衔接性的语言串联资料。

(1)我们从已有的学习经验中找一找启发吧。请先回顾第二单元课文，想想可以按怎样的顺序组织材料。

PPT 出示四课板书：

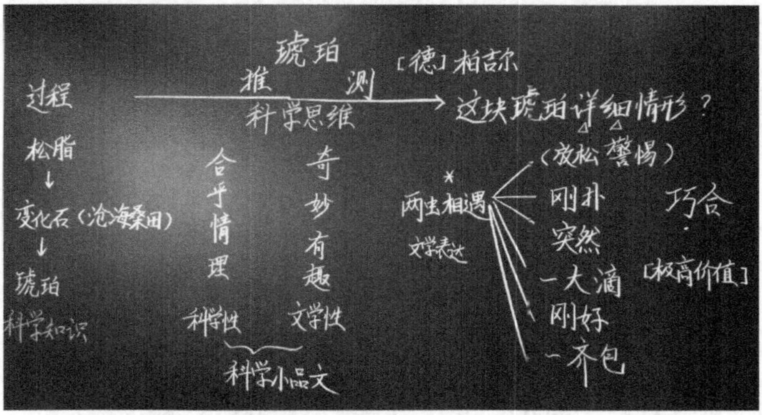

(1)

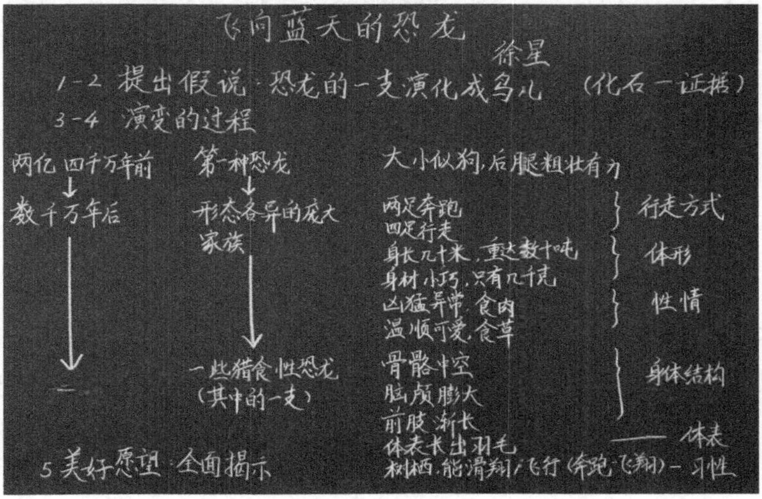

(2)

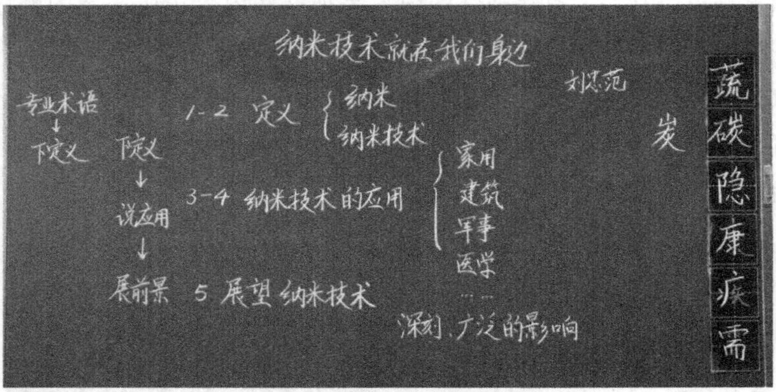

(3)

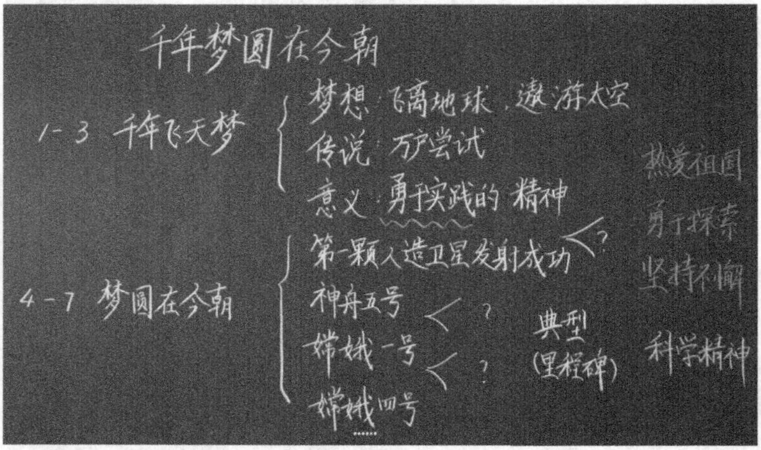

(4)

图 5-7 四课板书设计

(2)这些板书对你有哪些启发？

①《琥珀》：根据“已知”推测“未知”，先写推测的内容，再写已知的内容。

②《飞向蓝天的恐龙》：根据“假设”进行推演。

③《纳米技术就在我们身边》：先为新技术“下定义”，然后举例子说这项技术的应用，最后展望这项技术的发展前景。

④《千年梦圆在今朝》：从古至今，按照时间线索梳理一项事业的发展历程。

(3)再读自己的资料，思考：自己的资料适合借鉴哪种结构来组织内容？

3. PPT 自学提示：确定内容，梳理结构。

(1)浏览：删去重复内容。

(2)默读：标划内容顺序。(①②③④……)

(3)朗读：做检查与调整。

4. 小组合作提示：

(1)朗读：按顺序依次朗读。

(2)倾听：不打断发言者，结束后发表看法。

(3)评价：①夸，②改，③补。

(4)推荐：小组推荐发言人，授予发言牌。

5. 班级交流：展示交流并介绍小组交流合作中同学们给予了哪些帮助。

(三)做关键信息的衔接

1. 资料内容已确定，表达顺序已确定。衔接这些内容，你有什么建议？

2. 既然是新编《十万个为什么》，我们就到《一万个为什么》中去“取取经”，看看米·伊林的表达能给予我们哪些启示。

我再给你们出十二个谜题，它们都和最常见的事物有关，你们想知道吗？——P6

那泡沫是什么呢？咱们仔细看看它。——P17

现在，我们点燃蜡烛头，小心翼翼地把它放到空瓶子的底部。……那我们做个实验吧，往这个瓶子里倒点儿石灰水。我们看到，……现在，我们就回答蜡烛去哪里了的问题。——P38—39

现在你们清楚了吧，为什么要在炉门处开个小口？……为什么需要空气呢？为了让炉膛里的劈柴燃烧起来呀！——P43

…………

3. 预设：

(1)作者一直在和读者对话，好像在领着读者一起探索问题。

(2)读来感觉十分亲切，拉近了与读者的距离。

(3)多次使用了自问自答的设问方式，他写的问题，恰好也是读者心里想问的问题。

…………

4. 翻翻手中的《十万个为什么》，像这样的语句，谁还找到了？

5. 小结：这样的语句几乎页页都有，这恰恰是米·伊林创作这部作品的写作思路——还原探究问题过程(板书)。

6. 再看看自己整理的资料，尝试还原探究问题的过程，想想如何衔接能让这些材料融合为一个整体。请你拿起笔，来添加、修改、润色吧。

7. 请1—2位同学展示并说感受。

(四)做成果展示

1. 就要面对读者了，你有哪些温馨提示要跟咱班同学说吗？

出示讲解员流程图(《飞向蓝天的恐龙》第二课时的板书)。

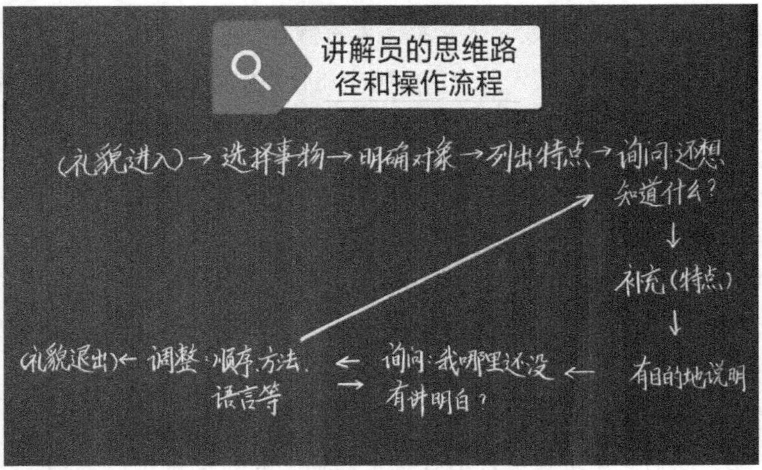

图5-8 《飞向蓝天的恐龙》讲解员流程图

2. 自主练习，然后给同伴讲解。请听者从以下四个方面给讲解员进行评价。

①有条有理——★

②衔接流畅——★

③心有读者——★

④自然亲切——★

3. 总结：2023版新编《十万个为什么》的编写之路并不是到此就结束了，我们可以进一步丰富资料，完善已有内容，还可以继续收集各年级同学及老师们的“为什么”，不断创编。科普，我们永不停歇。

创编《十万个为什么》

删减
排序　　　　　　　　还原探究问题的过程
衔接
转化(?)

图 5-9　板书设计

三、策略分析

这节课是将语文教材"快乐读书吧"栏目推荐阅读书目《十万个为什么》课程化系列中的一环。

四年级学生从寒假开始通过"阅读 N 个 why""我的 N 个 why""互问互答 N 个 why"三个活动通读了米·伊林版本的《十万个为什么》。接着，同学们收集了三年级学弟学妹的"十万个为什么"，筛选问题后，以校园科普讲解员的身份给学弟学妹们进行了科普讲解。同学们发现已有版本《十万个为什么》中的问题和学弟学妹的问题都缺少时代性，因此期待创编自己的最新版《十万个为什么》。同学们提出了诸如"ChatGPT 的工作逻辑是怎样的"这样具有时代感的问题。在老师的帮助下，同学们利用学习单收集了资料并带着这些资料进入这节课的课堂。

根据已收集的资料，同学们提出了对资料进行删减、排序、衔接、转化的学习需求。教师引导同学们参考《琥珀》《飞向蓝天的恐龙》《纳米技术就在我们身边》《千年梦圆在今朝》的行文结构，为已有材料合理排序，并参考米·伊林版《十万个为什么》中作者善用的与读者互动的衔接语，以及这本书还原探究问题过程的编写思路进一步整理材料。在自学、小组合作、全班交流的过程中，学生不断进行思维碰撞、观点交锋，形成了自己的创编初稿。接着，学生带着初稿为同伴讲解，并请听众从"有条有理""衔接流畅""心有读者""自然亲切"四个维度为自己的讲解做评价，带着评价反馈，完成自己的创作。

完成自己编写的《十万个为什么》的任务，需要将已有版本《十万个为什么》的文本信息、表达特点与自己搜集到的资料融合在一起，筛选恰切的资料，按照原版《十万个为什么》还原探究过程的思路重新组织材料，使自己对该问题的思考产生转化。

第六章　古诗文作品的阅读

第一节　小学生的古诗文阅读策略

一、古诗文的特点

古诗文是中国传统文化的重要组成部分，具有丰富的文体特点和艺术魅力。在 2018 年使用的部编版语文教材中，古诗文的选文占比较之 2018 年之前的人教版语文教材，篇目上有了明显增加：小学阶段约占 30%，初中阶段超过 50%，高中阶段接近 50%。这一变化体现了对中华优秀传统文化教育的重视，旨在让学生更多地感受汉语之美、音韵之美、传统文化之美。

在《义务教育语文课程标准(2022 版)》(以下简称“课标”)中明确指出：“义务教育阶段要求学生背诵古今优秀诗文，包括中国古代、现当代和外国优秀诗文。”“课标”在附录 1 中，推荐了古诗文 135 篇(段)，其中 1—6 年级 75 篇，7—9 年级 60 篇(段)。1—6 年级的背诵篇目都是诗歌，7—9 年级的篇目，除诗歌外，也选入了一些短篇散文。这些诗文主要供学生读读背背，增加积累。

(一)诗的特点

诗是一种语词凝练、结构跳跃、富有节奏和韵律、高度集中反映生活和抒发思想情感的文学体裁。

1. 凝练性

诗的语言通常非常简洁，用少量的字表达丰富的意义，讲究言外之意，让读者在阅读中体会深层含义。诗人擅长通过简洁的语言创造出深远的意境，引发读者的联想和想象。诗人还常用比喻、拟人等修辞手法，使抽象的思想感情具象化，增强了诗歌的形象性和感染力。

2. 跳跃性

诗往往遵循想象、情感逻辑，超越时间、空间的鸿沟。诗的跳跃性有多种结构形态，主要有时间上的、空间上的、时空综合的、由客观动态向主观动态的、关联式的、平行式的、对比式的，等等。

3. 韵律性

古诗往往遵循严格的韵律规则，如平仄、押韵等，使得诗歌朗读起来朗朗上口，具有很强的韵律性。通过音节的长短、停顿的安排，形成鲜明的节奏感，增强了语言的表现力。在律诗中，还讲究对仗，即词语的字数、意义、声调等要相互对应，形成对称美。

(二)小学阶段教材选编的文言文的特点

小学阶段的文言文教学是学生接触古代汉语的初步阶段，具有如下特点。

1. 语言简练，内容浅显

小学文言文选材时，通常会选择语言简练、篇幅较短的文本，便于学生理解和记忆。所选文言文内容通常贴近学生的生活经验，易于理解，如：寓言故事、简短的成语故事等。

2. 强调基础，图文结合

小学教材中的文言文渗透了学习文言文的方法，如：借助注释、借助插图等，在教材编排时有体现。强调通过朗读、朗诵、背诵感受文言文的语言特点，加深对文本的记忆。没有文学术语的学习要求，只引导学生在诵读积累中感受文言文的特点，如：多用单音节词、古今异义、通假字等。小学文言文教学的目的是培养学生对古代汉语的兴趣，为进一步学习打下坚实的基础。

二、阅读古诗文的策略

(一)借助注释、插图、工具书，联系上下文

激发学生对古诗文的兴趣，积累古诗文，是小学古诗文教学的首要任务。教材的编写上，根据学生的认知水平由浅入深地安排了选文，并通过排版、课后题等引导学生运用注释、插图、工具书、联系上下文等方法疏通诗文意思，再进行朗读和背诵，这也是学生从零开始接触古诗文的必经之路。

（二）思辨补白

古诗文因其高度凝练的文体特点，为读者留下了很多值得赏鉴品味的想象空间。有些留白还是诗人有意为读者留下的想象空间。阅读中，要进行合理的补白，需要准确把握作品中已包含的信息，有时还需要融合补充相关信息，把诗文读丰厚。

（三）探究意象

诗歌创作中经常使用“物—象—境”，即由表及里的三个思维步骤。物，指的是自然界或社会中的具体事物，诗人通过观察捕捉到事物的外在特征，这通常是创作的起点；象，在物的基础上，诗人展开想象和联想，形成具有象征意义的意象，成为诗人情感和思想的投射；境，指的是通过物和象的有机结合，创造出的一种艺术境界，使读者在心灵上产生一种超越现实的审美体验。阅读中，遵循诗文的创作路径，由浅入深地探究发现景物背后作者的情与理，最终与作者达成情感上的共鸣。

（四）团体活动

古诗文篇幅短小，但数量不少。数量和篇幅的特点决定了适合采用团体活动的方式组织生生之间相互促进。可以以“课标”附录中的古诗文为载体，也可以选择其他符合学生年段特征的古诗文为载体，开展古诗文背诵积累活动，如：校园诗词大会等。

第二节　以“借助注释、插图、工具书，联系上下文”等策略为主的阅读

案例 1　《司马光》：初识文言文，打好基本功

一、作品链接

《司马光》是部编版语文教材三年级上册第 8 单元中的一篇文言文课文。文章篇幅短小，言简义丰，是学生在小学阶段教材中接触到的的第一篇文言文。

课文围绕“击瓮救友”这一核心事件展开记述。全文仅用 30 个字，就清

楚地交代了事情的起因、经过和结果，并抓住了人物的一系列动作描写，比如："戏、登"描写了孩子们尽情游戏、攀爬的样子；"跌、没"让我们读到了一个孩子跌入瓮中、瞬间被水淹没的惊险场景；"持、击"表现了危急时刻司马光的冷静和机智；"迸"写出了水一下子涌出来的状态。

本篇文言文中很多词语的意思与现代文基本一致。比如："戏"是"游戏"的意思，"击"就是"击打"的意思。这些词语让学生感受到文言文和现代文的共通之处，有助于消除其学习文言文的畏惧心理。

课文通过在危机时刻，"众皆弃去"和"光持石击瓮破之"两种行为对比，表现出了司马光沉着冷静、机智果敢的美好品质。

二、学习阅读

(一)激趣导入，引入课题

1. 猜字激趣，释题导入。

(1)猜字，引出课题中的复姓——司马。

(2)指导"司"字的书写。

(3)引出本课人物，齐读课题。

2. 情境导入，任务驱动。

(1)回忆所学，发布"我讲课本中的人物——司马光"任务。

(2)出示司马光的人物简介，激发学习兴趣和探究欲望。

3. 浏览对比，感受特点。

这篇课文的语言和其他课文有什么不同？

预设：字数少，篇幅短，很多字的意思需要翻译成现代汉语才能懂……

(二)初读课文，读准字音

1. 初读课文，了解学情。

借助插图和注释，学生自由读文，注意读准字音，读通句子。

2. 重点强调，指导朗读。

(1)读准"瓮"的读音。

①出示缸和瓮的图片，引导学生观察瓮和缸，说出两者的区别。

"瓮"口小肚大，"缸"口大肚小。

②借助注释，深化对两者区别的认识。

③提示：关注文言文旁边的“注释”，编者会以注释的形式，告诉我们一些难理解字词的意思。

(2)据义定音，判断多音字“没”在文中的读音。

①结合上下文，联系生活和语境判断“没”在文中读“mò”。

②根据意思判断读音：据义定音。

(3)借助注释和插图，理解“迸”的意思。

①出示课文插图，引导学生关注水流的状态，说说“迸”的意思。

②带着对“迸”表示“涌出”的理解，想象画面朗读。

3. 教师带读。

(1)提出要求：读准字音和读出词句间的停顿，尝试读出古文的韵律。

(2)学生跟着老师朗读，读好词句间的停顿，尝试读出古文的韵律。

4. 指导学生自由读，读好词句间的停顿。

(三)读懂文意，读出感情

1. 默读思考文意。

借助插图和注释，想一想课文讲了一个什么故事。

2.“古今对话”，疏通文意。

(1)出示游戏规则：意思对应。

(2)师生逐句对译。

理解“光”“持”“击”等关键词的意思。

(3)同桌逐句对译。

3.“我问你答”，梳理结构。

梳理起因、经过、结果：

(1)这个故事是怎么发生的？群儿戏于庭，一儿登瓮，足跌没水中。

(2)事情又是怎样发展的？众皆弃去，光持石击瓮破之。

(3)最终结果如何？水迸，儿得活。

4. 梳理人物，想象画面。

(1)梳理人物。引导学生说出故事中“群儿”“光”“一儿”“众”“儿”指的是谁。

群儿：一群在庭院里玩耍的孩子。

光：司马光。

一儿：跌落入瓮的孩子。

众：除了司马光以外的孩子。

儿：跌落入瓮的孩子。

(2)想象画面讲故事。

(四)感悟品质，熟读成诵

1. 转换角色讲故事。

(1)请任选光、一儿、众人中的一个其中一个角色，借助板书，结合注释和插图，讲讲当时的所见、所闻、所想。

(2)分角色讲故事。

①我是司马光，当天……

②我是一儿，当天……

③我是众人中的一个，当天……

2. 感悟品质。

(1)除了聪明外，你还觉得司马光是一个怎样的孩子？

①果断、反应快

②机智

③沉着冷静

(2)反复品读“光持石击瓮破之”。

(3)补充资料，深化对司马光人物品质的认识。

三、策略分析

本课是学生在小学阶段接触的首篇文言文。虽然篇幅短小，故事情节学生耳熟能详，但是对于首次学习古文的三年级学生来说，读准字音，读好停顿，把握每句话的意思，仍然存在难度。

教学时，引导学生认识教材编排的注释、插图等排版信息，在理解文言文意思，评价人物形象时，多次使用这些排版信息，不仅是阅读策略的指导，更是帮助学生消除学习文言文畏惧心理的途径。即关注到能够辅助我们阅读文言文的一切信息。

在使用这些相关辅助信息的时候，还要充分调动学生的生活经验。如：借助注释和插图理解“瓮”的意思，引导学生对比生活中见到过的“缸”来准确理解和积累文言文，避免受以往阅读经验的干扰误读为“司马光砸缸”。

课文插图不仅能够辅助学生理解文意，还发挥了引导学生适当展开想象的作用。即帮助学生走进文本情境中深入理解故事内容，领悟人物品质。

对于学生而言，学习文言文，在具体的情境中开展言语实践是相当重要的。教学既要构建学习文言文的语境，也要联结学生的生活实际，多维联系，触发思考。

案例 2 《守株待兔》：借“注释”发现古今差异，借“插图”走进人物内心

一、作品链接

《守株待兔》是部编版语文教材三年级下册第 2 单元的一篇文言文。这则文言文摘自《韩非子·五蠹》，讲述了一个广为流传的故事：宋国有一个农夫，看见一只兔子撞在树桩上死掉了，便放下手里的农具整天守着树桩，希望再捡到撞死的兔子。当然农夫没有再捡到撞死的兔子，而他的田地却荒芜了，农夫也被宋国人笑话。兔子自己撞死在树桩上，这不过是生活中的一个偶然事件，可农夫却幻想这桩巧事能变成经常发生的事情，所以最后落得一个田园荒芜、被人笑话的下场。这个故事揭示了一个道理：不努力，而抱侥幸心理，指望靠好运气过日子，是不会有好结果的。课文仅三十几个字，寓意却很深刻。

这则文言文中出现了一些单音节词，解释为现代汉语时需变为双音节词。比如：“耕”是“种田”的意思，“株”是“树桩”的意思，“冀”是“希望”的意思。此外，文中还出现了文言文中的意思与现代文中的意思不一样的词。比如：文中“走”是“跑”的意思，与现代文中的“走”的意思不同。

这则文言文寓言故事被编排在教材中，还配有一幅插图：一个农夫戴着斗笠，在树桩旁边坐着，脸上是一副“冀复得兔”的表情，耕田用的耒倒在地上。画面直观地呈现了农夫“释其耒而守株”的场景。借助插图帮助学生图文对照，理解课文，感受寓言故事所蕴含的道理。它与“阅读链接”的《南辕北辙》一起，既为学生进一步了解、学习寓言提供了范本，又为“快乐读书吧”阅读《中国古代寓言》做了铺垫。

二、学习阅读

（一）游戏激趣，导入课题

1. 游戏导入：出示寓言故事图片，猜故事《刻舟求剑》《掩耳盗铃》《画蛇添足》。

2. 出示课题。

（1）板书课题：守株待兔。

（2）指导书写：守、株、待。

（3）齐读课题。

（二）初读课文，探究初成

1. 借助拼音和注释，初读课文：读准字音，读通句子。

（1）指导“耒”。根据书上注音知道“耒”字的读音。借助注释理解“耒”字的意思并引导学生找到插图中的“耒”。

（2）找到以“耒”为部首的字“耕”并组词。积累：“耒”为部首的字多与从事农事活动有关。

（3）指导横画较多字的书写：“耕”“待”“其”，横画间距要差不多。

（4）指导有笔画穿插避让、因避让而产生笔画变化的字的书写：“耕”“株”“释”。

（5）指导“释”的部首，与“采”字比较不同。

（6）指导朗读“颈”读音，理解部首“页”的意思，摸一摸自己的脖子，理解意思。

2. 多形式读文言文，把握节奏和停顿。

（1）自由练读，试着划分朗读节奏。

（2）初次指名学生朗读。

（3）教师范读，学生感知文言文声断气连的读法。

（4）出示文言断句停顿，指导学生在书上画出停顿并自由练读。

守株待兔

宋人/有耕者。田中/有株。兔走/触株，折颈/而死。因/释其耒/而守株，冀/复得兔。兔/不可/复得，而/身/为宋国笑。

（5）按照句读再次指名学生读。

(6)挑出重点长句，引导学生再读，读准停顿。

因/释其耒/而守株，冀/复得兔。

(7)出示没有标点符号的文言文，学生挑战读。

宋人有耕者田中有株兔走触株折颈而死因释其耒而守株冀复得兔兔不可复得而身为宋国笑。

(8)把无标点文言文改为竖版，学生再挑战读。

宋人有耕者田中
有株兔走触株折
颈而死因释其耒
而守株冀复得兔
兔不可复得而身
为宋国笑。

(9)熟读文言文，初步挑战背诵。

(三)细读课文，了解文意

1. 出示自学提示。

借助注释和插图，尝试读懂故事内容。

同桌合作，一人读课文，一人说意思，再交换说一说。

2. 全班交流。

(1)学生结合注释和插图试着用自己的话说说文言文的意思。

预设点拨：

①株：树桩。——关注古今构词差异：单音节词变双音节词。

②走：跑。——关注古今异义：意义发生改变，补充“走马观花”。

③释：放下。——补充成语“爱不释手”，理解其中“释”的意思。

④冀：希望。——补充近义词“希冀”。

⑤为：在“身为宋国笑”中读 wéi——据义定音，判断多音字的意思。

(2)带着理解，再读课文。

(3)为图片排序，厘清文章结构。

背景：宋人有耕者。田中有株。

起因：兔走触株，折颈而死。

经过：因释其耒而守株，冀复得兔。

结果：兔不可复得，而身为宋国笑。

(四)结合图片读懂故事，感悟寓意

1. 观察图片，思考农夫心理。

图 6-1　课文插图

2. 想象补白，探究寓意。

(1)观察课文插图中农夫的状态、神态、动作，揣摩农夫的心理想法。

(2)任务驱动：劝农夫不要再等了。

(3)交流中探究寓意：不能不劳而获，要脚踏实地；不能存在侥幸心理。

三、策略分析

本文是学生在小学语文教材中继三年级上册的《司马光》后第二次接触文言文。初读文言文后，引导学生运用在学习《司马光》时积累的关注注释、关注插图、联系上下文、结合生活经验等方法，初步解决重点字词的读音、书写和理解问题。教师相机从古今构词差异、古今异义、扩充词语、据义定音等方面引导学生加深理解。接着，顺势安排多种形式的朗读，在朗读中疏通对文意的理解，在理解的基础上把握文言文朗读的节奏和停顿。

在理解文意和梳理清文章结构后，引导学生结合“因释其耒而守株”观察插图，揣摩农夫的心理。由此探究农夫被嘲笑的原因，进而提炼和概括出这篇寓言的寓意。运用注释、插图等阅读策略，从三年级上学期的接触后首次运用，到本文尝试自主运用，两则文言文的阅读促进了学生阅读策略能力的进阶。

第三节　以“思辨补白”策略为主的阅读

案例 1　《晓出净慈寺送林子方》：做节思维“体操”，发现对仗之趣

一、作品链接

《晓出净慈寺送林子方》是南宋诗人杨万里创作的一首七言绝句，在部编版语文教材中被安排在二年级下册第 6 单元中。这首诗通过描绘西湖六月的美景，表达了诗人对友人林子方的深情眷恋。诗人没有直接描写离别的情感，而是通过对西湖景色的描绘，让读者感受到诗人对友人的不舍。

诗中的“接天莲叶无穷碧，映日荷花别样红”，色彩鲜明，形象生动地展现了西湖六月的独特风光，给人以强烈的视觉冲击。从中，我们不难发现诗人杨万里极其善于捕捉自然景物的典型形象，运用色彩对比创造出独特的意境。从写法角度欣赏这首诗，我们会发现后两句诗行中的字数、停顿、词性、词义都有一一相对的特点。对仗中体现的思辨之趣，值得体会与品鉴一番。

二、学习阅读

(一)了解背景，释诗题

1. 读准诗题中这 9 个字的读音。

2. 理解题目的意思，读对题目的停顿。

(1)了解有关这首诗的人和事。

补充资料：这首诗的作者是宋代诗人杨万里。杨万里和诗题中提到的林子方是好友，林子方被皇帝派到外地做知府。这天早晨，二人走出净慈寺，杨万里送别友人林子方。了解到这些，试着再读题目，做到停顿合理。

(2)再读题目，做到停顿合理。

(二)感情诵读，会诗意——学习古诗前两句

1. 读准字音。自由诵读古诗的前两个诗行，读准字音。

2. 读懂诗意。从诗的前两句中，你了解到什么？

预设：时间——六月；

地点——西湖；

景色——不与其他季节相同。

3. 读出韵律。指名朗读，互相评议，尝试读出诗的韵律。

(三)个性创作，悟诗韵——学习古诗后两句

活动准备：课前发给每位学生一个活动袋，里面装有字词卡片“莲、叶、荷、花、碧、红、接天、映日、无穷、别样”等。

1. 认读字卡

请同学们逐一拿出学习袋中的字卡，读一读卡上的字。之后同桌两人互相指一指、读一读。

2. 对应字卡

(1)花—叶

①师出示“花”，生认读。学生找出古诗中能与“花”的意思相对的字卡。生找出“叶”，并举起。

②小结：诗行中相对应的用词还有很多呢！咱们继续去发现。

(2)荷花—莲叶

①师出示“荷花”，生认读。

②你能找到与“荷花”相对应的词语吗？对应“莲叶”。

(3)荷花红—莲叶碧；接天莲叶碧—映日荷花红

①师出示“荷花红”，生找到对应的“莲叶碧”。

②师出示“接天莲叶碧”，生找到并对应“映日荷花红”。

3. 分组创作

活动要求：

(1)学生两两一组，借助手中的字卡，拼一拼，摆一摆，创作诗句。

(2)鼓励学生多创作几组诗句。

(3)合作朗读创作的诗句，修改调整。

4. 交流分享

朗读创作的诗句，互相评议，用掌声为自己欣赏的诗句投票。

(1)预设：

无穷莲叶碧—映日荷花红。

接天无穷莲叶碧—映日别样荷花红。

接天莲叶碧无穷—映日荷花红别样。

…………

(2)小结：即使词语的顺序不同，但都展现了西湖六月的景色。

5. 揭晓诗人的原创诗句，感情诵读，想象画面。

(1)关注韵脚(“中”“同”“红”这几个字的韵母都是 ong)，带有情感地朗读。

(2)从不同角度引导学生想象思考：

读着诗句，我眼前仿佛出现了这样的景象——

预设：我好像看到了碧绿碧绿的荷叶一片挨着一片，一眼看不到边。

在荷叶中间还有盛开的荷花，红红的，美丽极了！

…………

(3)品读探究，聚焦“别样红”，引发批判性思维。

①说说生活中看到的荷花是什么颜色的？(粉色)

②思考：诗人为什么说荷花“别样红”？

③结合“映日”，回扣题目中的“晓出净慈寺”。

当时的荷花在太阳的照射下，颜色更加鲜艳，看起来是红色的。

想想：这是什么时候的太阳？

题目“晓出净慈寺”中的“晓”：早晨的太阳。

(4)在朝阳的照射下，无穷碧的莲叶与别样红的荷花相互映衬，绿与红的色彩组合，让我们感受到盛夏西湖的绚丽多彩。诗中的色彩，不仅要用眼睛看，更要用心感受。难怪诗人感叹道——毕竟西湖六月中，风光不与四时同。这真是诗中有画、画中有诗。带着这份诗情画意，读一读这首诗。

(5)拓展积累：每一首古诗，都是一幅画，而诗人就是作画的高手，用语言去描绘，去着色。

①请学习伙伴间读读这些诗句，你又感受到了怎样的画面？

碧玉妆成一树高，万条垂下绿丝绦。

停车坐爱枫林晚，霜叶红于二月花。

儿童急走追黄蝶，飞入菜花无处寻。

②教师启发学生调动积累。

春天，当你走在河边，手扶垂下的绿色柳条，不禁会吟出这样的诗句——

碧玉妆成一树高，万条垂下绿丝绦。

秋天，坐在枫树下，看着纷纷飘落的火红的枫叶，我会脱口而出——

停车坐爱枫林晚，霜叶红于二月花。

黄色的蝴蝶飞入了黄色的菜花中，不见了。看到此情此景，我想到了诗句——

儿童急走追黄蝶，飞入菜花无处寻。

看到这张夏日荷花照片，真想配诗一首——

（回归《晓出净慈寺送林子方》）

（四）诗画相衬，学写字

1. 观察讨论，学写生字“湖、穷、莲、荷”。仔细观察，同桌互相说一说：这4个生字哪里容易写错？怎样写才好看？

2. 在“古诗书写纸”上，写下这优美的诗句。

三、策略分析

设计中贯穿了有意思、有意义的学习活动，引导学生在语言实践中感悟古诗的韵律和意境。

1. 贯穿始终的诵读体验。学习过程中留给学生更多的诵读空间，引导学生在反复诵读中完成古诗学习的任务，从读正确到读出韵律，再到读出画面，以至最后熟读成诵，“读”贯穿整个古诗教学的始终。

2. 体验诗韵的思维“体操”。对于低年段学生来说，识字是语文学习的重要内容。利用字词卡片多种形式复现认读，达到识字的目的。在认读的基础上，开展“对对子”的练习，由一个字、一个词，扩充成一组短语、一句诗，由易到难，引导学生初步感受古诗对仗的规则，为接下来的“创作诗句”做铺垫。学生两两结队，拼一拼，摆一摆，在动手活动中创作诗句；读一读，评一评，体验古诗创作的“对仗”规则。最后诵读原诗，比一比，在探究发现中感受古诗的韵律。将“对仗”“压韵”等抽象概念，渗透在富有挑战的言语实践活动中，学生在动手、动脑的同时，感受古诗的魅力。

3. 学以致用的扩充积累。古诗词，不应仅仅成为我们的“收藏品”，更应是“日用品”，除了诵读理解，还要注重积累和运用。最后的“拓展积累”环节，为学生补充了描写其他季节景色的诗句，进一步感受“诗中有画，画中有诗"的特点和韵味。同时引导学生将诗句与日常生活相关联，建立用诗句表达生活中所见、所闻、所感的意识，为学生种下传统文化的种子，让古诗词成为学生日常生活的一部分。

案例 2 《两小儿辩日》：横纵思有路，辨析逻辑清

一、作品链接

《两小儿辩日》出自《列子·汤问》，在部编版语文教材中被安排在六年级下册第 5 单元中。这个故事讲述了两个小孩在孔子面前争论太阳在早晨和中午哪个时间离我们更近的事。一个孩子认为早晨的太阳离得近，因为早晨的太阳看起来更大；另一个孩子认为中午的太阳离得近，因为中午的太阳感觉更热。孔子也无法判断谁对谁错。

故事中，两个小孩子在生活中善于观察和思考，勇于表达自己的观点，并用对应的依据支持自己的观点。两个孩子的论点都是基于他们的观察和感知，一个是从视觉角度出发，另一个是从体感温度的角度出发。这说明不同的观察角度可能导致不同的结论。每个孩子阐释自己的观点的时候，思维逻辑清晰，这也鼓励我们在生活中积极观察与思考，按照一定的逻辑顺序进行表达，在观察的基础上进行思辨和质疑。

但是，两个孩子的观点按照现代科学看，都是不对的：实际上，太阳在一天中的不同时间相隔地球的距离变化不大，由于大气折射和参照物等原因，早晨的太阳看起来更大，而中午的太阳因为直射，所以感觉更热。这是物理学中的相对性原理的一个体现。受时代局限性的限制，两个孩子、孔子，都不能准确得到现代科学研究的结果，对观察到的现象进行合乎科学原理的解释。

显然，这场辩论以没有结论为终，不过辩论本身展现出的追求真理、大胆质疑等科学研究的精神，都使得这个小故事拥有了流传千古的价值。此外，两小儿与孔子的年龄、社会地位悬殊，两小儿不惧权威与圣人平等沟通，圣人实事求是、气量大度，也给我们留下了深刻印象。我们通过这个小故事明白，思辨精神对于推动知识的发展和个人的成长都是非常重要的。

二、学习阅读

（一）“子曰”——由人入文

1. 看到“子曰”两个字，你能想到些什么？

预设：一位圣人——孔夫子，一句名言，一个场景，一部语录……

2. 文言文《两小儿辩日》中便有这位万世先师孔夫子的身影。

(1)通篇看来，没有记录孔子说了什么。

(2)文中只有“问其故”“孔子不能决也”等寥寥数语写了孔子。这寥寥数语后一定还藏着孔子的想法，就让我们走进这场辩论中，让孔子说出他的想法吧。

（二）导入新课，调动经验

1. 描红“辩”字中的言字旁。请观察“辩”字，怎样识记能不受它的形近字干扰呢？

预设：辩论双方(主人公)，语言交锋(描写方式)，思维碰撞，对真理的争论……

2. 确定阅读重点。

你来我往、针锋相对的语言交锋，也是语言背后思维的交锋。读好文中两小儿的语言才能知道语文背后的思维。

3. 调动学习经验。

这篇小文，是整个小学阶段的最后一篇文言课文了。要读准、读顺课文，你有哪些学习经验？

交流并小结：据义定音、关注注释、据义断句……

（三）检测预习，读准读通

1. 学生自读。

2. 读音闯关。

(1)闯关一：读准确，说理由(借助注音和注释)。

①日初出大如车盖，及日中则如盘盂

②日初出沧沧凉凉，及其日中如探汤

③孰为汝多知乎？

(2)闯关二：辨多音，说理由(借助意思判断读音)。

本文中可不止第3句中这一个同“谓”的“为”字，看，还有两处也有这个多音字。按你们说的据义定音看看，应该怎么读?

①日初出大如车盖，及日中则如盘盂，此不为远者小而近者大乎?

②日初出沧沧凉凉，及其日中如探汤，此不为近者热而远者凉乎?

③孰为汝多知乎?

(3)闯关三：按要求，来诠释。

①解释提及的时间：日始出/日初出/日中时/及日中。

②手势示意两种物件：车盖/盘盂。

③表演两种感觉：沧沧凉凉/探汤。

④解释孔子的状态：孔子不能决也。

3. 讲述故事，整体把握。

(1)老师出示文言文，一组学生依次白话文来对应讲述。

(2)倾听的同学做裁判：若发现问题请及时举手提建议。

(四)厘清两小儿的“辩斗”思路

1. 借助结构化表格，厘清两小儿辩斗思路。

(1)接下来，我们透过语言去关注两小儿的思维。

①默读两小儿的两轮对话。

②提炼关键词填写学习单。

③想一想两小儿的推论过程并说一说。

(2)全班交流：学生借助表格来说说推论过程。

表6-1 课文结构表

人物	时间	观点	依据	依据来源
一儿	早	近	大	视觉
	午	远	小	
另一儿	早	远	凉	感知温度
	午	近	热	

2. 体验辩论过程，明晰辩论标准。

分角色体验辩论。朗读中不断反思：辩论的味道够不够?改进朗读。

(1)第一轮：陈述相“辩”。

我以日始出时去人近，而日中时远也。日初出大如车盖，及日中则如盘盂，此为远者小而近者大。

我以日初出远，而日中时近也。日初出沧沧凉凉，及其日中如探汤，此为近者热而远者凉。

学生发现：少了反问的语气，斗的气势不够。

(2)第二轮：反问相“辩”。

我以日始出时去人近，而日中时远也。日初出大如车盖，及日中则如盘盂，此不为远者小而近者大乎？

我以日初出远，而日中时近也。日初出沧沧凉凉，及其日中如探汤，此不为近者热而远者凉乎？

学生发现：一股脑儿说出来，交锋感欠佳。

(3)第三轮：轮次交锋相“辩”。

我以日始出时去人近，而日中时远也。

我以日初出远，而日中时近也。

我以日始出时去人近，而日中时远也。日初出大如车盖，及日中则如盘盂，此不为远者小而近者大乎？

我以日初出远，而日中时近也。日初出沧沧凉凉，及其日中如探汤，此不为近者热而远者凉乎？

(4)第四轮：模拟真实辩论场景相“辩”。

①调整方向，不再看着书或屏幕。(在多轮朗读中已渗透背诵)

②辅助动作，但要明白：以理服人，有理不在声高，重在逻辑严谨；对理不对人，有辩论的礼节。

③同桌练习，展示一两组的“辩论”。

(五)补白想象，肯定优点

1. 赋予学生孔子角色：圣人，针对这么常见的自然现象，他们辩得这么起劲儿，您快夸夸他们吧！相机板书：观察思考。

2. 探究孔子做学问的态度和品质。

(1)创设规劝小情境，体会孔子的态度。

①您夸归夸，但您“不能决也”，还被两个无名小儿嘲笑了一番。夫子，您就说他们都对/您随便同意一儿/您说“自己知道，但就是不说”……

②根据发言相机板书：实事求是。

(2)创设感叹小情境，体会孔子的品质。

①您实事求是地表示“不能决也”，如果您被无名小儿嘲笑这事儿被人记载下来传扬出去，多有损您万世先师的名誉啊！

②根据发言相机板书：气量大度。

(六)跳出故事，追问价值

1. 在故事中，孔子不能决，故事外的你能决否？

预设：借助科普读物的内容，可以回答此问题。

2. 播放科学老师解释的讲述视频。

3. 引导逆推，探究价值。

(1)今天的我们能够便捷、清晰、准确地得到这些资料，这份功劳属于谁？我们要感谢推动科学发展的人，尤其是能够提出问题，让研究有方向的人，更值得被尊重。

(2)科学在不断发展，或许我们今天看上去理所应当的结论，也可能存在问题。这仍然需要我们保持一颗好奇心，去发问，去辩论，让我们的认识无限接近于真理。相机板书：保持好奇。

(七)讨论“漏洞”，提炼品质

我们用了很多溢美之词赞扬两小儿，请再返回来看看自己梳理的表格，思考：这里面有思维漏洞吗？

1. 根据交流相机板书：以偏概全。

2. 两小儿辩日在当时并未辩出个明确结论，经过讨论我们发现，他们的辩论中存在着思维漏洞，导致辩论的结论也并不正确。文中被当时的人们看作百科全书般人物的孔子，也没能给出个明确决断。那这则小故事还有流传下来的价值吗？

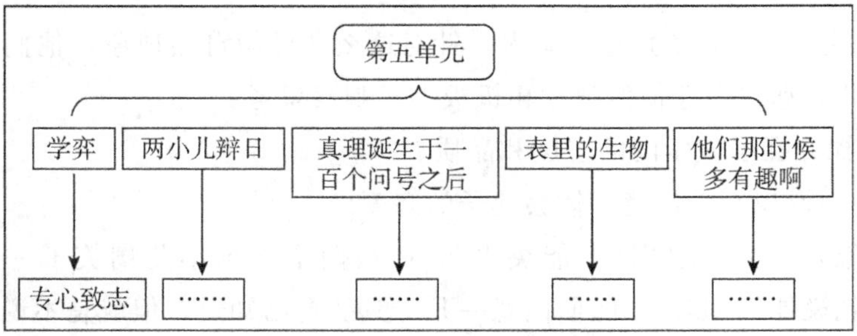

图 6-2　第 5 单元板书设计

在本单元接下来的学习中，我们还要继续揭示科学品质的内涵。相信同学们在未来做学问、做研究中，都能回想起本单元的学习收获。

问其故　　两小儿辩日　　不能决

观察思考　　实事求是

保持好奇　　气量大度

以偏概全←—多看、多听、多读、多问……

图 6-3　板书设计

三、策略分析

本设计中两次运用了结构化的表格，引导学生关注两小儿语言辩论中体现的思辨精神。

填写后，先横向观察表格，依次梳理出两小儿所持观点背后的观察依据，以及持己观点的依据是依靠怎样的观察得来的。接着，纵向观察表格，发现两小儿的思路都逻辑清晰，但他们得出的观点却截然相反。

再观察这张表格，会发现两小儿都是只从单一角度感知事物，就以偏概全地得出了结论。抛开时代局限性，他们也可以多听、多看、多问，力求从多种角度观察事物，收集较为全面的素材以支撑自己的观点。

此外，本设计还引导学生关注孔子面对两小儿辩斗的表现，从中感受到圣人对待学问研究的态度和精神。圣人的谦逊，两小儿的自鸣得意，对比中人物形象被鲜明地塑造了出来。

第四节　以“探究意象”策略为主的阅读

案例 1　《山居秋暝》《枫桥夜泊》：观景，探趣，境自来

一、作品链接

《山居秋暝》和《枫桥夜泊》两篇写景的诗歌被选入部编版语文教材五年级上册第 7 单元。《山居秋暝》和《枫桥夜泊》两首古诗，既有静态描写，又

有动态描写。

《山居秋暝》写于王维后期隐居在辋川别业之时，是其山水诗的名篇。诗中以作者所隐居山中秋天傍晚的景色为描写对象，刻画了一幅妙不可言、言不尽意的山光水色，于诗情画意之中寄托诗人高洁的情怀和对理想境界的孜孜以求，从而熔铸了如歌如画、清新优美的意境。诗中描绘的景物动中有静，以动衬静，营造了一个美妙动人的意境。第二联写物，“明月松间照”是静景，是所见，使人仿佛看到月光透过松枝洒遍大地；而“清泉石上流”则是动景，是所闻，耳中仿佛听见那清泉流过石上的潺潺之声。第三联诗人用“竹喧”烘托山静，是所闻，用“莲动”衬托水幽，是所见，可谓见闻交错，“喧”静互衬，具有强烈的艺术感染力。学习这首诗，重在体会动静结合的写作手法。

《枫桥夜泊》是一首七言绝句，集形象、色彩及音乐性为一体，所叙述内容以景物为主，体现出了鲜明的远近、层次特点，诗人利用月落、乌啼、霜、江枫、渔火等一系列词语，将夜泊枫桥时所听、所见生动地展现出来。学习这首诗时，重在欣赏诗人描绘景物的同时，理解诗人凭借景物巧妙抒情的创作手法。

二、学习阅读

（一）起——别样“猜猜看”，激趣入古韵

从这节课起，我们进入“写景”单元的学习。古往今来的中国文人或将细腻的情，或将深刻的理，或将自己的志向化于景物之中，写下了无数诗篇，令人脑海中浮现出一个又一个画面。

1. 我们从一个个画面走进写景的诗篇，根据画面猜古诗词，并说说你的理由。

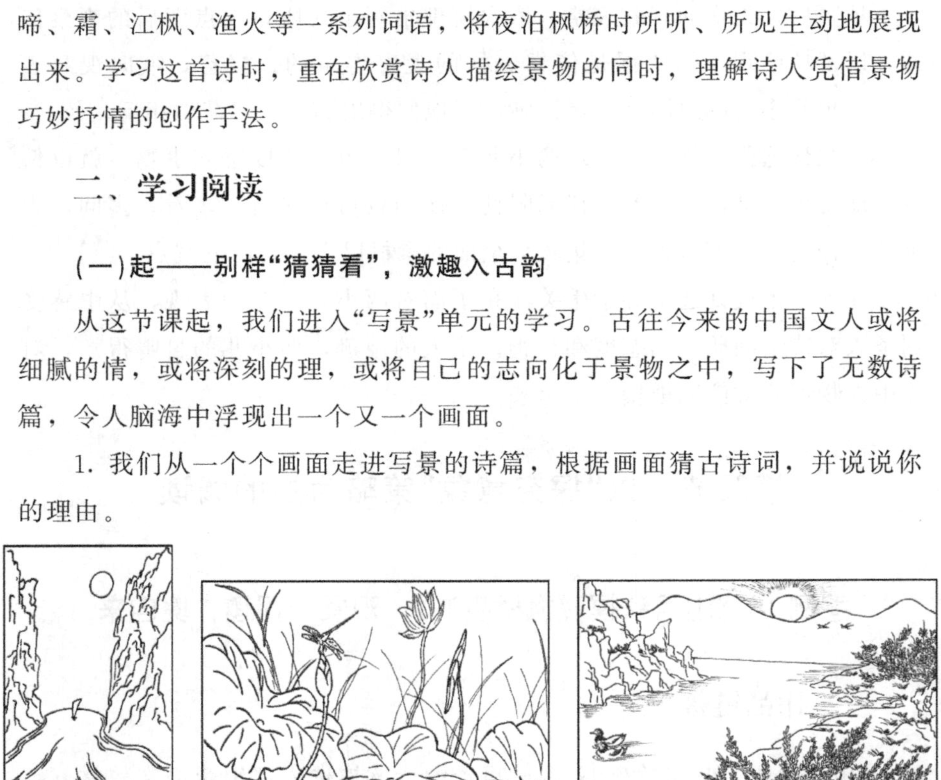

图 6-4　依图猜古诗

2. 隐去具体的画面，通过文字拼成的画面来猜古诗词，并说说理由。

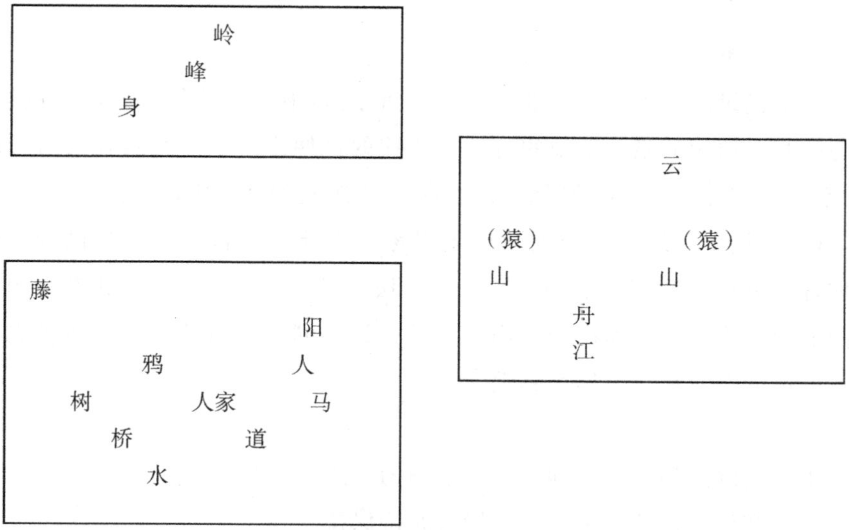

图 6-5　依文字猜古诗

3. 无论是具体画面，还是文字拼成的画面，我们看到了一个个景物出现在眼前。这些景物怎么就寄托了作者的情、理、志向或人生追求呢？我们还可以怎样读诗词，再多看出点儿什么呢？

(二)承——文字“山水画”，物象筑意境

1. 单字组画面

这节课我们先试着以《山居秋暝》中的景物为线索，走进诗人王维的生命历程。

(1)指名读《山居秋暝》，指导朗读：读准、语速、断句等。

(2)苏轼评价王维的作品是“诗中有画，画中有诗”。在聆听朗读中，哪些景物进入了你的视野？请诗人“王维”读诗，画家“王维”用一个个单字画诗，配合完成作品。

①一名学生读诗，其余学生根据自己的想象，在纸上记录诗中景物。

板书：物

②利用投影讲画面：整体把握诗句的意思，描述头脑中出现的自然景观。

③利用差异来质疑：王维是否看到了“浣女”和“渔舟”？

(3)引发对动态画面的讨论，得出初步结论，暂时存疑。

板书：女？舟？

2. 对比悟意境

画上记录的只有景物，但大家讲述的画面中，空旷的山、清新的雨、明亮的月、清冽的泉、喧闹的竹林、微摇的莲便出现了。在景物前后出现的“空”“新”“明”“清”“间”“上”“喧”“动”，王维是怎样选定的？

(1)我们不妨站在王维的角度去思考，重新观察自己创作的画面，想想你曾经见过或读到过的山、雨、月、松、泉、石、竹、莲的状态，用思维图的形式为这些景物换个修饰词，试一试：同样的自然景物，赋予它不同状态可能会营造出怎样的感觉。

自学提示：

①分别以景物为中心词，用气泡图的方式添加修饰词。

②修饰词的词性、字数、位置与原诗保持一致。

③任选修饰词，变成新的《山居秋暝》，读一读。

④对比《山居秋暝》原作，以一处为例，说说你的感受。

(2)学生交流，教师相机点拨并指导朗读，学生板书。

预设：

①空：空旷、寂静、幽深……

②新：清爽、干净、一尘不染……

③明：明亮、透亮、清澈……

④间：空隙、疏密有致、通透……

⑤清：清澈见底、冰冷、甘冽……

⑥上：水没过石头，却又能看到石头，侧面表现水的清澈……

⑦喧：喧闹、欢笑、交谈……

⑧动：轻摆、晃动、摇摆……

(3)小结：当“山”变成了“空山”，“雨”变成了“新雨”，这景便带上了王维的情感色彩。

板书：象

3. 叠加品禅趣

(1)读读板书上的词，你们猜猜王维对待人生、对待生活是一种怎样的态度。

(2)结合板书与下列资料，你能印证哪些猜测？可以用上一个或多个资料支撑。

资料：

王维母亲信佛，王维名字中的“维”和字“摩诘”都是佛教用语。

王维的诗中，“空”“坐”“归”是高频词。

王维被后人称为“诗佛”。

(3)解决存疑：王维看到“浣纱归”和“渔舟下”了吗？

板书：境

(4)指导朗读：随意春芳歇，王孙自可留。

(5)小结：景物中有动有静，在王维的心中，世俗的动和自己内心的静也形成了反差。这不正是一种很有禅意的趣味吗？

板书：禅

(6)引读诗歌。

放眼望去——空山新雨后，天气晚来秋。

看向天空——明月松间照，

看向山脚——清泉石上流。

听着啊——竹喧归浣女，

想着啊——莲动下渔舟。

自己的心声——随意春芳歇，王孙自可留。

(三)转——文字“夜泊图”，学法巧迁移

1. 自学提示：

同桌相互合作，一人读诗，一人“作画”。

两人共同“创作”新《枫桥夜泊》。

相互说说新作与原作的比对结果。(讨论一处或多处均可)

推荐一人把比对结果写在板书中。

做好交流汇报的准备。

温馨提示：

我先介绍一下《枫桥夜泊》：(　　　　　)；

我们创作的新《枫桥夜泊》是这样的：(　　　　　)；

我们抓住了(　　　)进行比对，我们发现(　　　　　)；

我们结合了第(　　　)份资料，把张继的心境归纳为(　　　　　)。

2. 先自己读读这首诗，再读读自学提示。有哪些地方需要提示同学们，还有哪些地方需要老师帮助？请提出来。

预设：

(1)景物后面的动词值得品味，与《山居秋暝》不同。(有些还是描述状态的词)

(2)江枫，是枫叶，还是两座桥？(可借助插图)

(3)需要老师提供关于张继人生经历或他人评价的一些资料。

3. 教师出示相关资料：关于张继写这首诗时的背景，人们存在着争议，流传较广的有以下三种。请你们先辨析，再使用，能够自圆其说即可。

材料一：张继因为科举考试落第不能实现仕途抱负而失落。

材料二：张继因为发生安史之乱而出现的国家动荡而失落。

材料三：张继落第，无法实现承诺娶心爱的女子为妻而失落。

4. 学生合作自学，自主板书。

5. 全班交流，相机点拨并指导朗读。

(四)合——升华“诗中趣”，梳理工具线

1. 两首古诗都写秋，一首让我们读出了禅意，一首让我们读出了愁绪。再观察你们创作的两幅“文字画”，边背诵两首诗，边用手指在画面中画出作者目光的变化路线。找一找王维、张继两位诗人在写诗时，分别关注了哪些变化，请举例说明。

(1)空间的变化；

(2)时间的变化；

(3)触觉、视觉、听觉等感官调动的变化。

2. 完成副板书：空间、时间、感官。

小结：古人不仅留下了千古绝唱，也给我们留下了写景的方法，读诗的确常读常新，每次都有新的收获。

3. 我们读了两首诗，但本课的题目是《古诗词三首》。要学好《长相思》这首词，今天的哪些方法适宜迁移，哪些方法可能需要调整呢？

(1)预设适用：“物—象—境”的思路。

(2)预设困难：对纳兰性德不熟；对这首词不熟悉，不会背诵；对写作背景不了解。

(3)自主布置作业：根据你们的实际需求，大家可以自主设计作业，为本单元的继续学习做准备。

三、策略分析

导入新课时，猜古诗的活动分为两个轮次：学生依靠图片猜图，是形象思维到抽象思维过渡的过程；从字到诗，是“抽象—形象—抽象”的过程，思维经历了这样两个过程。

这六首诗的选择经过了精心设计：《早发白帝城》中的猿声，为学生体会《山居秋暝》中的声音“竹喧”做铺垫；《题西林壁》中“不识庐山真面目，只缘身在此山中”其中蕴含着“理趣”，丰富了“趣”的角度；《天净沙·秋思》中密集的意象以及富有变化的角度，将悲秋和诗人的悲苦写到了极致。它们均指向“从物到象，即从自然景观看到作者的心理景观”的思维方式，为后续环节的学习做好铺垫。

《山居秋暝》中的山、泉、松、月、竹、莲都是物，但是“山”变成“空山”就是象。“空山”已经有了作者的感情，它不再只是自然景观，而是变成了作者的心理景观。引导学生换位思考，站在王维的角度体会字斟句酌、反复推敲的过程，从自然景观进入到作者的心理景观中，思维深度便更推进了一步。

古诗在写作的时候十分关注情感的叠加，空山＋新雨＋晚来＋秋色，明月＋松树＋清泉＋山石，一层层叠加出闲逸的禅趣。借助生成性的板书，学生可以看到叠加后的多重情感，此时结合诗人的相关资料和人生经历，整个作品连同诗人的人生态度便立体地呈现出来了。与王维选山、泉等景物不同，张继选择的是月、乌、霜、渔火等景物，即使同样有月，两人一个看到明月，一个目送月落，即物在心理的折射成就了不同的意境。

案例 2　《伯牙鼓琴》：品高山流水韵，悟知音难觅情

一、作品链接

《伯牙鼓琴》是部编版语文教材六年级上册第 7 单元中的一篇课文。《伯牙鼓琴》选自《吕氏春秋》中的《孝行览·本味》。全文仅有 83 个字，共四句话，生动讲述了两件事：一是“伯牙鼓琴，锺子期听之”；二是“锺子期死，

伯牙破琴绝弦”。

第一部分讲述了“高山流水遇知音”。“方鼓琴而志在太山”“少选之间而志在流水”写出了伯牙将自己的情操和志向融入琴声，曲随心变，转换自如，琴艺高超。“善哉乎鼓琴”表现了锺子期对伯牙高超琴艺的赞叹；“巍巍乎若太山”“汤汤乎若流水”是锺子期对琴声的描述，表明他知其“音”，更知其“志”，懂其“心”。虽然只是以平铺直叙的形式将伯牙、子期的动作和语言描述出来，但是透过这些情节，琴弦所传出的美妙乐音似乎就在耳旁，高山流水的画面也在眼前时隐时现，这就是艺术的魅力。我们可以更直接地感受到伯牙、子期知音相遇而彼此内心的愉悦。第二部分讲述了伯牙失去知音后“破琴绝弦”“不复鼓琴”。全文通过遇知音的欣喜与失知音的悲痛，体现了音乐之美，以及知音之间惺惺相惜的深厚感情。

《伯牙鼓琴》作为一则经典的历史故事，蕴藏着丰富的文化意蕴，如：志向高洁的人生精神追求、贵在达心的文艺审美境界、基于理解的心灵相通与朋友情谊……两千多年来，在时代变迁中，人们与它的每一次相遇，都在不同的时代精神背景下延展着它的内涵与意义。而这一人际关系与友情的标准是以“乐”为媒介的，体现着儒家的“乐教”思想。

伯牙、子期以音乐为媒，一鼓一听间便能读懂彼此的心志，成就了经久不衰的“知音”经典，这就是音乐艺术的魅力。文化内涵深厚，蕴含着传统文化的智慧，体现了“知音难觅”和古人的择友观。

二、学习阅读

(一)赏千年古音，明确学习任务

1. 导入：赏音乐，走进文本。

教师播放古琴曲《高山流水》，我们先来欣赏中国十大古曲之一的《高山流水》片段。(播放音乐)

2. 引出课文。

这首《高山流水》的背后还有一段流传千古的故事，就是我们今天要学习的课文《伯牙鼓琴》，这个故事在《吕氏春秋》《列子》等古书中均有记载，成为千古佳话，传诵至今。这节课，就让我们赏千年古音、诵传世佳话，成为一名经典传诵人。

(二)诵读千古文言

1. 读好这篇文言故事。

出示评价标准。

表 6-2　评价标准 1

评价标准	星级
读：我能正确、流利、有韵味地朗读《伯牙鼓琴》这篇文言故事。	☆☆☆

2. 指导学生读准字音，读通句子。

(1)学生自由练习朗读，读准文中多音字，做批注。

(2)借助注释，读好句子。

读准“少”“汤汤”的读音。

读准“为”的不同读音。

3. 学生自由读句子，尝试读出文言节奏。

引导学生同桌合作练习朗读，把握节奏，读出停顿，做到声断气连，然后进行展示，相互评价。

(1)读好“以为世无足复为鼓琴者”的节奏。

(2)读好语气词“乎”，读出对伯牙琴声的赞叹。

(三)讲述千年佳话

1. 作为优秀的传诵人，我们除了诵读好这篇文言故事，还要挑战用自己的话把这个故事讲好。

出示任务：小组合作，尝试借助资料，用自己的话为大家具体地讲述《伯牙鼓琴》这段千古佳话。

出示评价标准。

表 6-3　评价标准 2

评价标准	星级
读：我能正确、流利、有韵味地朗读《伯牙鼓琴》这篇文言故事。	☆☆☆
讲：我能用自己的话，具体地讲述这段千古佳话，讲明白伯牙在子期死后为什么“破琴绝弦、终身不复鼓琴，以为世无足复为鼓琴者”。	☆☆☆

2. 小组合作。

(1)学生借助注释、查资料等方法，把故事讲清楚、具体。

(2)推选组员进行讲故事的展示。

3. 邀请小组推荐展示，相互评价，给出建议。

(1)关注是否将这个故事讲清楚，结合理解不对的地方，组织其他同学进行评价修正。

(2)给出讲得更加具体的建议。

预设：听到子期的话，想象伯牙当时的心情。当天相见后，他们应该又促膝长谈了很久，成了知己。

教师结合学生的点评建议，板书方法：借助资料，合理想象。

4. 从听者的角度思考，哪里还没有讲清楚，讲明白。

引导学生从听者的角度追问：伯牙在子期死后，为什么破琴绝弦，终身不复鼓琴，从而深刻理解“何为知音”。

(1)引导学生查找资料，走进伯牙，深入想象，体会他的内心感受。

学生体会：伯牙是士大夫、琴仙。周围的人不能真正听懂琴音，不懂伯牙，伯牙渴望知音而不得，内心孤独。

以前遇不到知己内心孤独，如今遇到却永远地失去了，这种痛苦，是他更加孤独了。为了纪念永远的、唯一的知己，破琴绝弦。

子期不仅听懂了伯牙的琴声，更听出了他远大的志向、博大的胸怀。透过琴声，听懂内心的志向，这才是真正的知音。

(2)教师PPT出示山水文化的资料，引导学生将思考走向深入。

会当凌绝顶，一览众山小。——《孟子》

智者乐水，仁者乐山。——《论语·雍也》

自古以来，太山泛指大山、高山，也有指泰山，文人一般借助太山表达自己高远的志向，传达高尚的品德。

流水一般指黄河，诗人常常借助黄河抒发自己博大的胸怀、非凡的气度和自强不息的精神。

(3)引导体会：伯牙弹琴表达了自己高远的志向、博大的胸怀。子期不仅听懂了伯牙的琴声，更听懂了他的内心。这是真正的知音。

5. 学生结合资料，进行合理想象，再次讲故事。

(1)小组再次练习、完善讲故事，讲明白“伯牙破琴绝弦，终身不复鼓琴，以为世无足复为鼓琴者”的原因，将什么是真正的知音讲明白。

(2)小组展示分享。

(四)背诵千古佳话

1. 教师出示评价表，引导学生尝试以背诵文言文的方式来传诵千古佳话，从而获得第三颗星，成为三星级经典传诵人。

学生自主练习背诵文言文，通过自己的学习与能力，获得第三颗星。结合评价标准了解自己的学习进阶与收获。

表 6-4　评价标准 3

评价标准	星级
读：我能正确、流利、有韵味地朗读《伯牙鼓琴》这篇文言故事。	☆☆☆
讲：我能用自己的话，具体地讲述这段因音乐而结缘千古佳话，讲明白伯牙在子期死后为什么“破琴绝弦、终身不复鼓琴”。	☆☆☆
诵：我还能把这篇《伯牙鼓琴》以背诵的方式传诵给身边的人。	☆☆☆

2. 全班齐诵。

3. 出示课后资料袋，教师引读。

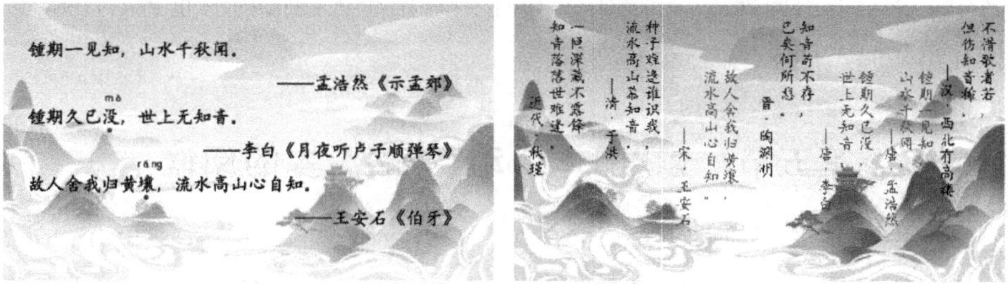

图 6-6　资料袋

4. 总结：子期与伯牙早已消逝在时间的长河里，但他们的故事被一代代传颂下来，积淀成了我国传统文化中的“知音文化”。

(五)了解中国名曲，做优秀的传诵人

1. 伯牙、子期能通过音乐，读懂彼此的心志成为知音，这也正是音乐的魅力。

中国还有很多流传千古的名曲，你们还知道哪些？

《十面埋伏》《汉宫秋月》《梅花三弄》《渔樵问答》……

2. 布置课后实践性作业：

(1)以小组为单位，继续设计、完善对中国名曲《高山流水》以及背后的故事《伯牙鼓琴》的传诵展示。

(2)还可以选择自己喜欢的中国名曲，查阅相关资料，进行合理想象，把它以及背后的故事讲给大家听。

三、策略分析

文言文的独特语言魅力，对学生语文素养的形成起到潜移默化的作用。课堂上采用多种形式的朗读，让课堂教学“活”起来，在诵读文言文的浸润中，激发学生的想象，重现伯牙、子期的故事，让学生在不同层次的朗读中体会文言文的语言美，从而汲取中华优秀传统文化，提升自身的文化素养。

在学生读通、读好文言文的基础上，用“讲述千年佳话”这个任务驱动学生探究“高山流水”中蕴含的“知音”意象。接着，再结合讲故事这个任务以及传诵人的评价标准，调动学生的学习动机，使其找到故事可生发的点，总结运用方法，让故事更生动具体，从而将语文要素融入到学习任务之中，将学习引向深入。讲述中，学生走进两个人物的内心世界，一步步探究出“知音”的丰厚内涵。

第五节　以“团体活动”策略为主的阅读

案例　“小先生教小古文”——《小古文220课》团体阅读活动

一、作品链接

《小古文220课》中共收录了236篇短小精悍的小古文，如《孔融让梨》《勿贪多》《王元泽分辨獐与鹿》《豺烹羊》《神农尝百草》等，这些小古文多出自《论语》《世说新语》《颜氏家训》《笑林广记》《诫子书》《孟子》《山海经》《礼记》《梦溪笔谈》等经典作品。

《小古文220课》中的文言选篇经典且短小，适合小学高年级学生的认知水平，与教材选取的文言选篇从篇幅到理解难度上都相当。每一课的文言文字数从几十字至一百余字不等，篇幅都不长，很多篇目本身就是有情节的小故事，读起来并不枯燥。每课不仅有相应的文言文、注释、译文、测试题目，还有拓展的国学小常识，便于学生将讲授、互动和点评融合在一起。

二、学习阅读

(一)认领篇目，明晰任务

1. 向学生介绍《小古文220课》的内容难易度、编排特点，以及预期的阅读效果。

2. 介绍“小先生制”的学习形式，激发学生参与活动的兴趣。

3. 学生按学号认领篇目，成为认领篇目的视频微课“主讲人”。

(二)提供支持，全程指导

1. 方法支持

(1)微课中必选内容：

①问候语：同学们好！我是×××，今天我给大家带来的小古文是……

②领读与带读：下面我一句句朗读小古文原文，请大家随我来读。(读完一句，空几秒钟，让同学能跟读)

③白话翻译小古文：这篇小古文的意思是……(如有就说：它告诉了我们……道理)

④下面我出一道关于这则小古文的题，请大家在群内抢答，速度最快且答对的第一名，将获得我准备的一份神秘小礼品。(礼品一定不要选价格高的物品，欢迎自制手工作品)

⑤这节课就上到这里，同学们再见！

(2)微课中可选内容：

①我再给大家介绍一段“国学小知识”吧……

②关于小古文的作者、创作背景、同类作品等，我还要补充一些内容……

③告诉同学们，在什么情境下可以使用小古文中的句子或典故。

2. 信息技术支持

(1)提供四种备选方式的建议：

①简单版：把要讲的内容以图片形式传到班级群，然后用微信自带的小视频功能录自己的讲授过程。一图配一段视频讲解，直到讲解完毕。

②升级版：用手机录像功能直接录制，学生在镜头中可以半身或全身出镜。可以借用家中的玩具白板、白纸等，边讲解边板书。

③高级版：利用 PPT 的录屏功能录制制作。

教师演示：点开“幻灯片放映”，选“录制幻灯片演示”，可以选“从当前幻灯片开始录制”，一页页录声音和动画，也可以一气呵成地“从头开始录制”，然后再挑选有错的页，重新补录这页的声音。当全部的页都录完后，点“文件—导出—创建视频—使用录制的计时和旁白—创建视频”，最终得到一份 MP4 格式的微课视频。

④其他。

(2)提供了十余个适合制作小古文的中国风 PPT 模板，供学生选择。

3. 制作中全过程支持

(1)成立由教师、家长志愿者(部分从事语言文字、信息技术、教育培训工作的家长代表)组成的顾问团，及时为学生提供阅读指导。

①顾问团解决的问题主要包括：

据义定音，读准句中多音字。

据义断句，读准句中停顿。

根据语境，理解一词多义、古今异义和词性活用。

和“小先生”一起探究汉字起源等学习志趣的问题。

②顾问团的工作原则：并非直接给予“小先生”以结论性答案，而是引导学生查找《现代汉语词典》《古汉语词典》《汉字源流字典》等权威工具书或权威网站，自主搜集资料。将内容学习和方法学习合二为一。

(2)组建“导师团”，多学科“保驾护航”。

语文教师团：从课文语言组织方面给出建议。

美术教师团：从 PPT 页面布局、配色建议、字体字号和行距的调整等方面给出建议。

信息技术教师团：从压缩、生成、传输电子文件等方面给出建议。

正、副班主任和“家委会”：鼓励学生遇到困难积极应对；鼓励学生大胆创新，如穿着汉服讲解；引导学生做事有计划，如录制前撰写好脚本等。

(三)活动的效果与反馈

1. 学生全学科综合素养得到显而易见的提升。

2. 生成了丰富学校图书馆资源的文言文学习电子资源包。

3. 为学生的童年生活留下一份宝贵的记忆。

4. 学生阅读古诗文时，能够灵活多样地使用相应的阅读策略。

5. 很多家长被卷入到学习中来，形成班级亲子共浸传统文化的氛围。

三、策略分析

“小先生制”是我国著名教育家陶行知先生的构想，这一构想始于1923年，成熟地提出并实施是在1932年。这个构想的核心是“每个人，即使只学习过几个月，只要学到一点，就应当把他学到的教给别人，甚至很小的孩子也可当‘小先生’”。

“即知即传”的起点在于“小先生”的自主学习和自己领悟，若想把别人教会，首先要自己弄懂。“小先生”的学习起点能够大体反映出同水平学习者的学习起点，“小先生”所传递的学习要点往往也是他在理解相关内容时所克服的难点。虽然“小先生制”是陶行知先生基于当时社会背景的首创，但是在将近100年后的当下，这一构想仍有着蓬勃的生命力。

文言文与现代汉语在表达上存在较大差异，如：大量的单音节词、通假字、倒装语序、虚词等语言现象，再加上对文言文的理解往往需要一定的历史知识背景，这些都使得学生在读准文言文、理解文言文、积累文言文、运用文言文中存在着困难。作为“小先生”的学生，完成“教会他人”的任务会持续驱动着他去主动查阅相关书籍、网站，或去请教他人来解决这些困难。这种实践，也正是联结现代文与文言文，联结学生与古人，联结当下与传统最好的“桥梁”。

无独有偶，美国学者艾德尔·戴尔在1946年提出的“学习金字塔”理论，也用数据有力地证明了“教别人”的学习效果。这一理论是通过对不同的学习方式产生的学习效果进行对比得出的。实验者分别采用听讲、阅读、视听结合、现场示范、小组讨论、做中学或实际演练、教别人或马上应用学习的方式引导被试者进行初次学习，两周后，被试者能够记住的学习内容比例分别为：听讲方式记住5%，阅读方式记住10%，视听结合方式记住20%，现场示范方式记住30%，小组讨论方式记住50%，做中学或实际演练方式记住 75%，教别人或马上应用学习方式记住 90%。

“小先生制”的文言团体阅读策略，创造一种团队学习氛围，引导学生主动探究，并吸引更多的学生切身参与到活动中来。

第七章　童话、寓言作品的阅读

第一节　小学生的童话、寓言阅读策略

一、童话、寓言作品的特点

童话和寓言都是虚构类的文学形式，它们各自具有独特的特点。

(一)童话的特点

1. 想象元素

童话通常包含魔法、神话生物或其他超自然元素，为故事增添幻想色彩。童话中丰富的想象，使其深受儿童喜爱。万事万物皆可在童话的世界里有生命，有思想，有语言。

2. 道德元素

童话往往通过故事传达正直、勇敢、善良等普世价值观。借助生动的故事，传递的是人类社会中各历史时期、各国家、各民族基本认同的共同价值观。

3. 重复结构

童话故事中经常出现重复的情节或模式。这一结构特点，易于儿童接受，提升儿童的理解和想象力。

4. 文化元素

不同国家、地区的童话常常融入了特定文化或民间传说的元素，具有地域特色。

(二)寓言的特点

1. 寓意说理

寓言的主要目的是传达道德或实用教训，故事通常是围绕释理而构建起来的。寓言故事通常较短小精悍，直接明了地表达其寓意。寓言传达的

寓意具有普遍性，可以跨越文化和时代，对不同背景的读者都有启发。

2. 比喻和象征

寓言通过比喻和象征手法来表达抽象的思想或道德观念。寓言发挥的作用更贴近现实生活，往往反映了作者的文化背景和哲学思想，它鼓励读者思考其寓意，并将其应用于个人生活和社会实践中。

二、阅读童话、寓言作品的策略

(一)角色朗读

童话和寓言因多使用拟人的手法，将世间万物都赋予了人的语言、行为和思想。借助这些虚构的文学形象，作者把自己想要阐释的道理，想要批判的社会现象，想要表达的情感设计成这些文学形象的语言、动作、心理，传达给读者。把握住角色的所言、所行、所想，带着感情朗读，体会作者想要传递的思想内核。

(二)探究原型

探究原型策略是文学分析中的一种手法，通过识别和分析文学作品中的原型来深入理解文本的意义和结构。童话和寓言都是虚构类文本，作者通过丰富的想象行文，但这些想象不是“无根之源”，想象必须有其现实生活中的原型，才能合理展开。探究原型是体会想象合理性的重要途径之一。

(三)多元续写

创设情境，搭建读写结合平台，引导学生在写作中与阅读感悟有机关联起来。多元续写的目的有的是促进学生延续作者的想象，锤炼想象的能力；有的是将学生对主旨的把握引向深处，促进其思辨能力的发展。

(四)戏剧表演

戏剧表演是一种综合性的艺术形式，它不仅能够提升学生的表达能力，还能增强团队合作精神和创造力。小学生接触的童话、寓言等虚构类文本中的角色通常性格鲜明，适合学生通过具身体验的方式理解角色，走进角色内心。戏剧表演转换了学生的身份，从读者变为表演者的过程中，学生距离作者的写作意图更近，更能唤起学生的情感共鸣。

第二节　以“角色朗读”策略为主的阅读

案例 1 《寒号鸟》：我为角色代言，读出鲜明特色

一、作品链接

《寒号鸟》是部编版语文教材二年级上册第 5 单元中的一篇课文。它选自《南村辍耕录》，经过改写后被教材收录。

故事通过对比手法，叙述了喜鹊和寒号鸟对待做窝的不同态度和结果，喜鹊的勤劳与寒号鸟的懒惰形成鲜明对比，使寓意“懒惰没有好结果，勤劳才能创造幸福。懒惰和好逸恶劳的态度会导致不良后果”更突出。文章的语言朴实无华，但其中却蕴含着丰富的内涵。

课文有 9 个自然段。第 1 自然段交代寒号鸟和喜鹊的住处，为后文故事的发展做了铺垫。第 2—4 自然段讲冬天快到的时候，喜鹊趁天气晴朗忙着做窝，寒号鸟则是能玩就玩，想睡就睡，并且不听从喜鹊的劝告。第 8—9 自然段讲寒冬腊月，天气非常寒冷，崖缝根本抵御不了严寒，寒号鸟又在哀号，但为时已晚，被冻死了。文中，寒号鸟和喜鹊的对话集中反映各自的性格和想法，读起来生动有趣。

二、学习阅读

(一)走进情境，回顾任务

1. 创设情境，导入单元主题。

2. 回顾单元情境任务。

亲爱的同学们，“我对________有话说”故事讲解厅发布了故事讲解员招募令，大家积极报名参加。在《坐井观天》这个故事中小讲解员们能够读好对话，并且明白看待问题要多角度、全方位。

3. 回顾学习本文的任务。

上节课，我们又接收到新任务，要成为《寒号鸟》故事讲解员，为此我们了解了故事内容，绘制了故事图，这节课让我们继续走进《寒号鸟》，通过学习和练习争取成为《寒号鸟》这个故事的“金牌故事讲解员”吧。

4. 回顾评标，明确任务。

能读好：我能分角色读出不同语气。

有话说：能与文中主人公对话，说出自己的想法。

(二)感悟对比，走近形象

1. 一劝寒号鸟

(1)上节课我们在课文第 2—4 自然段中，找到了喜鹊和寒号鸟的第一次对话，请同桌两人合作读一读。

(2)小组展示，全班点评。

(3)结合点评，理解“劝”字，有感情朗读。

①使用工具书：劝，拿道理说服人，使人听从。

②结合生活实际，扩充词语理解。

(4)带着理解，再读第 2—4 自然段。

寒号鸟，别睡了。天气暖和，赶快做窝。

傻喜鹊，不要吵。太阳高照，正好睡觉。

①结合上文描写喜鹊动作的语句，采访文中角色。

• 第一轮：聚焦角色的语言采访。

喜鹊，大晴天的，你为什么跟寒号鸟说赶快做窝？

寒号鸟，喜鹊已经劝你了，你为什么却只想着睡觉呢？

• 第二轮：聚焦角色的行为采访。

喜鹊，你为什么要一早飞出去，东寻西找衔回枯草做窝呀？

寒号鸟，你为什么只知道出去玩，玩累了就睡觉，为什么不听喜鹊的劝告做窝呀？

• 第三轮：聚焦角色的个性采访。

喜鹊，你一大早就飞出去，到处东寻西找，忙着做窝，你不累吗？

寒号鸟，你只知道出去玩，累了就回来睡觉，你一点儿都不担心冬天的日子吗？

②分角色朗读，展示描写喜鹊和寒号鸟的语句，依据评价表进行生生评价。

(5)此时，冬天已到，寒号鸟已经吃到了苦头。如果你就是寒号鸟，你能用动作和语言表现你的样子吗？相机指导朗读。

冬天说到就到，寒风呼呼地刮着。喜鹊住在温暖的窝里。寒号鸟在崖缝里冻得直打哆嗦，不停地叫着："哆啰啰，哆啰啰，寒风冻死我，明天就做窝。"

预设：后悔没在暖和时做窝，喜鹊的劝说是有道理的，我要抓紧做窝……

2. 二劝寒号鸟

过渡：故事如果以"寒号鸟第二天抓紧做成了窝，在冬天里它和喜鹊都住在了温暖的窝里"作为结尾，你感觉如何？

(1)自由读第6—9自然段，说说你想对喜鹊和寒号鸟说些什么。

①预设：对喜鹊说。

喜鹊，你上次劝寒号鸟它就没有听，你为什么还要劝它呀？劝了一次又一次，你不嫌烦吗？

喜鹊，你自己想得真远啊，还一直帮助寒号鸟考虑将来的事情。

②预设：对寒号鸟说。

寒号鸟，天气暖和，所以喜鹊劝你第一次你不听，第二次天气已经冷了，为什么你还不听呀？

寒号鸟，冬天越来越近了，再不做窝，你会被冻死的！

寒号鸟，你忘记了你冻得要死的时候自己说的话吗？

(2)把这些想法融入课文中，自己练读第6—9自然段。

(三)代言角色，感情朗读

1. 结合评价标准思考：如何为角色代言。

(1)为喜鹊代言。相机板书：目光长远。

(2)为寒号鸟代言。相机板书：得过且过。

2. 分角色朗读全文，全班评价。为"金牌故事讲解员"颁发证书。

三、策略分析

本设计着重引导学生体会喜鹊对寒号鸟的两次劝说。聚焦第一次劝说时，引导学生化身文中人，接受采访，说出心里所想；聚焦第二次劝说时，转变为"你想对文中的主人公说"，在表达中表现出自己对喜鹊行为的肯定，以及对寒号鸟一错再错的拖延的批评。最终，用为角色代言的任务驱动学生进行角色朗读，学生在讲故事中要不断切换自己的角色，表现出两个主人公鲜明的特点。这种自然切换，取决于学生在对比两次劝说中准确地把握两个主人公的特点——喜鹊目光长远、热心规劝，寒号鸟得过且过、好吃懒做。两次劝说中，主人公的特点一次比一次更突出。

在第一次劝告时，天气还不是很冷，寒号鸟还没有意识到冬天的严酷；第二次劝告则是在天气已经变冷，寒号鸟吃过一次苦头后，喜鹊再次提醒寒号鸟。

在第一次劝告时，寒号鸟可能还抱有侥幸心理，认为自己可以应付过去；而在第二次劝告时，寒号鸟虽然已经开始感受到寒冷了，但其懒惰的性格使其仍然不愿意采取行动。

喜鹊在第一次劝告时是出于友好和关心，语气较为温和；在第二次劝告时，喜鹊因为寒号鸟的不听劝告而感到焦急，语气更加急切。

两次劝告不仅让故事的情节有了波折，也让寓意有层次地深化了下去。第一次劝告为故事的冲突埋下伏笔，第二次劝告则是冲突的高潮，为故事的结局做铺垫。

案例 2 《狐假虎威》：角色朗读共情共理，角色扮演身临其境

一、作品链接

《狐假虎威》是部编版语文教材二年级上册第 8 单元中的一篇课文。《狐假虎威》这个故事出自中国古代史学名著《战国策》，讲述的是一只狐狸借助老虎的威风吓跑森林中的百兽的故事，以此来比喻倚仗他人势力来欺压他人。

这则寓言故事篇幅不长，却对两个主要形象——狐狸和老虎进行了生动的刻画，如：狐狸的“神气活现”和老虎的“半信半疑”，使得角色形象鲜明，情节引人入胜。文中如：“蒙住”“松开爪子”“大摇大摆”等词语的准确使用，既符合了主要形象的动物特性，又推动着情节的发展，使读者能够清晰地想象场景。这则故事蕴含着多角度的深刻寓意，故事的结局虽然没有直接点明寓意，但通过狐狸和老虎的互动，以及百兽的反应，启发读者从老虎、狐狸、百兽多个角度深入思考。

1. 不要像狐狸那样借助别人的力量来吓唬人，倚仗权势欺压他人。

2. 不要被事物的外表或虚张声势的表象所欺骗，要有辨别是非的能力。批判了社会上一些人的行为。

3. 狐狸虽然借助了老虎的威风，但它的机智和应变能力也体现了在困境中寻找出路的智慧。

4. 老虎盲目信任了狐狸，这反映出权力可能带来的盲目性，提醒拥有权力者要警惕被他人利用。

5. 老虎没有意识到真正让百兽害怕的是自己，这启示人们要有正确的自我认知，了解自己的真实能力和影响力。

二、学习阅读

（一）情境导入，齐读课题

1. 齐读课题。

2. 情境导入。

上节课我们了解了故事的主要内容，学写了生字。这节课我们要开一个《狐假虎威》的故事会，评选故事大王。只有通过层层闯关，才能获得这个称号，你们准备好了吗？

（二）基础闯关，整体感知

1. 第一关：读好句子。

(1)结合语境读准多音字。

狐狸眼珠子骨碌一转，扯着嗓子问老虎："你敢吃我？"

(2)读出狐狸与其他小动物的对比。

森林里的野猪啦，小鹿啦，兔子啦，看见狐狸大摇大摆地走过来，跟往常很不一样，都很纳闷。

2. 第二关：读好词语，借助词语回顾主要内容。

(1)读好词语。

森林　老虎　食物　狐狸　老天爷

百兽　走一趟　纳闷　撒腿就跑　受骗

(2)回顾主要内容。

（三）思维闯关，精读细品

1. 学习第2—6自然段，分角色朗读课文。

(1)自学提示：

出声读读第2—6自然段。

用“______”画出描写狐狸的语句。

把自己想象成狐狸，尝试读读狐狸说的话。

(2)交流感悟狐狸的“虚张声势”。

狐狸眼珠子骨碌一转，扯着嗓子问老虎：“你敢吃我？”

“为什么不敢？”老虎一愣。

①学生朗读，相机点拨：

a. 坚定的语气，让老虎愣神，不至于一下子就吃掉它。

b. 结合生活实际感受“扯着嗓子”的感觉。

c. 结合“扯”字字理：左边的提手旁表示和手有关，右边的止表示脚，手和脚同时用力拉扯。文中指说话的声音音量放大，音调提高。

②学生带着表情练读“扯着嗓子”表现狐狸的状态，做展示。

③引导赋予角色身份，采访学生：哎，我说狐狸，你嘴上说得这么有气势，心里是怎么样想的呀？

预设：其实我心里怕得很，但是我得试着从气势上压倒老虎。

相机板书：试。

④从来没有动物敢在老虎面前这么威风，听了狐狸的话，老虎反而一愣，一时间呆住了，不知道该怎么办了。再用带着威胁的、虚张声势的语气读读狐狸的话。

(3)交流狐狸的“信口开河”。

“老天爷派我来管你们百兽，你吃了我，就是违抗了老天爷的命令。我看你有多大的胆子！”

老虎被蒙住了，松开了爪子。

狐狸摇了摇尾巴，说：“我带你到百兽面前走一趟，让你看看我的威风。”

①学生朗读，生生评价。

②教师相机点拨，引导学生理解“老天爷”等于“大于一切的神”，用“老天爷”来震慑一切，再朗读。

③想象狐狸的样子，带着动作和表情再来读读。

④抓住标点符号“！”，带着威胁的语气读读。

⑤抓住老虎的反应“蒙”“松”揣摩老虎的心理：老天爷我可不敢得罪啊！赶紧放了它吧。

⑥见老虎被蒙住了，狐狸得意地摇了摇尾巴，读出狐狸的得意。

(4)师生配合表演，教师扮演老虎，学生扮演狐狸。教师走在扮演狐狸的学生后面，学生表演出狐狸的“得意极了”和“威风极了”。

①采访狐狸：你为什么要带着老虎在百兽面前走一趟？

②引导学生理解：这是为了彻底打消老虎的疑虑，验证自己说的话是正确的，让老虎相信自己。

③同桌分角色练读第2—6自然段：一人读老虎的话，一人读狐狸的话。边读边加上动作和表情，力求真实再现当时场景。

2. 学习第7—8自然段，合作开展情境表演。

(1)PPT出示小组合作学习要求。

分一分：一人表演老虎，一人表演狐狸，一人各表演一个小动物，一人读旁白。

想一想：旁白怎样读好下面的词语？演员怎样用动作表演出这些词语？

狐狸：神气活现　摇头摆尾　大摇大摆

老虎：半信半疑　东张西望

小动物们：纳闷　撒腿就跑

练一练：组内进行表演练习。

(2)学生交流对词语的理解，然后进行本小组的汇报表演。

老虎跟着狐狸朝森林深处走去。狐狸神气活现，摇头摆尾；老虎半信半疑，东张西望。

森林里的野猪啦，小鹿啦，兔子啦，看见狐狸大摇大摆地走过来，跟往常很不一样，都很纳闷。再往狐狸身后一看，呀，一只大老虎！大大小小的野兽吓得撒腿就跑。

①小组合作表演，生生点评，教师点拨。

②相机采访表演的学生：

老虎，你现在是怎么想的？

狐狸，你现在心里在想些什么？

小野猪/小鹿/小兔，你是怎么想的？

(四)总结寓意，学以致用

1. 过渡：就像你们说的，狐狸的目的达到了。老虎被狐狸利用了还浑然不知，小动物们不明就里，凭着本能的对老虎的惧怕，充当了狐狸的“群众演员”。读读最后一个自然段，说说题目“狐假虎威”的意思。

老虎信以为真，其实他受骗了。原来，狐狸是借着老虎的威风把百兽吓跑的。

2. 理解“假”是“借”的意思。

3. 拓展思路，补白延续。

学了课文，你想对(　　)说什么？

4. 指导书写：食、爪。

三、策略分析

课文的第2—6自然段，狐狸和老虎的对话值得品味分析。狐狸本来心里恐惧得很，却通过虚张声势的“试”和信口开河的“骗”，不仅一下子让自己摆脱了当下的危机，还借势利用“老天爷”这个虚构的“权威”震慑住了威猛的老虎，让老虎无法再准确认识自己的威猛了。狐狸每次开口说的话，都对老虎的判断产生了影响：质疑常识—被虚构的“权威”震慑—带着质疑去验证。分角色朗读这部分的几轮对话，引导学生在读中揣摩狐狸和老虎的心理活动，为理解寓意做准备。

课文的第7—8自然段，没描写狐狸、老虎、百兽的语言，而是通过形象的神态和动作来表现狐假虎威达到的效果。角色扮演中引导学生揣摩不同形象的心理，理解狐狸借助百兽的本能反应，把“百兽怕老虎”的效果转移到“百兽怕自己”的效果。揣摩不同形象的心理，也为从不同角度感悟寓言蕴含的道理奠定了基础。

无论是角色朗读，还是角色扮演，都是带动阅读者与角色共情共理、走进情境的途径。学生可以更深入地理解角色心理，加深对寓意的理解。此外，角色朗读和扮演要求学生用语言和肢体语言表达角色的情感和性格，有助于提高口头表达和非语言沟通能力。在角色扮演中，学生还可以发挥自己的想象力，创造性地诠释角色。

再有，角色朗读和角色扮演通常需要多人合作完成，过程中必然驱动学生学习团队协作和沟通技巧。角色朗读和角色扮演结束后，引发的讨论和反思，还可以将学生的思考引入现实生活中，运用批判性思维来审视、评价、判断生活中的事物。

第三节　以“探究原型”策略为主的阅读

案例1　《在牛肚子里旅行》：探究自然科学原型，感受科普童话趣味

一、作品链接

《在牛肚子里旅行》是部编版语文教材三年级上册第3单元中的一篇课文，是一篇科学童话。这篇童话通过讲述两只小蟋蟀的故事，巧妙地融入了科学知识，使得故事既有趣又富有教育意义。

故事的主人公是两只小蟋蟀，一只叫青头，另一只叫红头。玩耍时，红头被一头大黄牛吞进了肚子里。在青头的鼓励和帮助下，红头最终在牛打喷嚏时逃了出来。故事中，红头是一个被救助的形象，它最初感到害怕和绝望，但最终在朋友的帮助下，坚持不放弃，成功逃脱。青头是一个聪明、勇敢、会鼓励朋友的形象。

在情节之下，融入的是关于反刍的科学知识：牛有四个胃，前三个胃用于贮藏食物，第四个胃用于消化。牛会将食物从胃中返回到嘴里重新咀嚼。在情节之下，还蕴含着浓浓的人文情感——两只小蟋蟀真挚的友谊令人感动。

故事运用了拟人手法，语言生动形象，通过对话和心理描写，展现了角色的心情变化，增强了故事的吸引力。故事不仅将科学知识深入浅出地讲解了出来，还传达了友情、勇气和智慧的重要性，鼓励小读者们在面对困难时不放弃，用智慧和勇气解决问题。

二、学习阅读

(一)课题入课，勾连生活

1. 板书课题，调动生活经验。

同学们，你们喜欢旅行吗？你们去过哪些地方旅行？

2. 回归课文，理解特殊“旅行”。

课文中有一位“旅客”也进行了一次旅行。不过，它的旅行地点有点儿

特殊，它是在牛肚子里进行了一次旅行。这是一种怎样的体验呢？

3. 根据题目，提出问题。

预设：谁在牛肚子里旅行？

在牛肚子里怎么旅行？

它都去了哪些地方？

在牛肚子里旅行和我们平常的旅行有什么不一样？

(二)整体感知，学习字词

1. 自由读课文。

2. 检测生字词的掌握情况。

(1)读准确，并交流识记生词的方法。

咱们　偷偷　牙齿　吞咽　悲哀　眼泪　四个胃　笑眯眯　细嚼慢咽

(2)根据意思判断多音字的读音。

gū　一骨碌　花骨朵儿　　gǔ　骨头　骨肉

dā　答应　答理　　dá　答案　回答

yīng 应该　　yìng 应答

(3)指导书写：旅、救、算。

(4)结合生活中的捉迷藏游戏，理解“作声”的意思。

(5)近义词替换，理解“贮藏”的意思。

(三)明晰“旅行”路线，关联自然原型

1. 朗读全文，把握文章结构。

边读边思考：按照事情发展的顺序，可以把课文分成哪几部分？请你试着说一说。

2. 交流分享，统一认识：按照事情发展的顺序，可以将课文分成三部分。

第一部分是第 1—6 自然段，写了青头和红头在草堆里玩捉迷藏的情形。

第二部分是第 7—19 自然段，讲述了红头“在牛肚子里旅行”的过程。

第三部分是第 20—21 自然段，写了红头脱离危险后的情形。

3. 借助支架，填写关键词语，把握主要内容。

(青头)和(红头)在草堆里(玩捉迷藏)，红头不小心(被牛吞进肚子里)。在(青头)的帮助下，(红头)从牛肚子里(跳了出来)。

4. 借助支架，梳理“旅行”路线，探究自然原型。

默读课文，圈出关键词后，试着填一填。

(牛嘴)→(　　　)→(　　　)→(　　　)→(　　　)。

①填写为：(牛嘴)→(第一个胃)→(第二个胃)→(牛嘴)→(喷出来)。

②根据路线图说一说“旅行”路线：红头先被卷到(牛嘴里)，再来到(第一个胃)，接着来到(第二个胃)，然后(回到牛嘴里)，最后(被喷了出来)。

5. 借助图片，指着图片相应位置说说“旅行”路线。

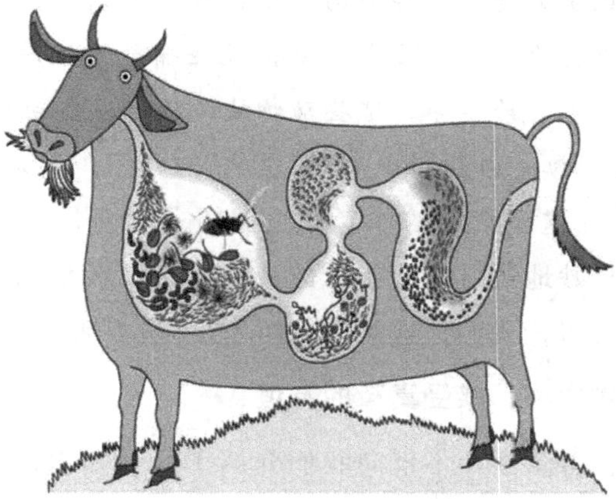

图 7-1　牛的四个胃示意图

(四)提出新的质疑，感知文体特点

1. 红头为什么能从牛的第二个胃又重新回到牛嘴里呢？请从课文中找出相关句子，说一说。

(1)根据学生发言，出示第 13 自然段中相关语句。

青头又跳到牛身上，隔着肚皮和红头说话：“红头！不要怕，你会出来的。我听说牛肚子里一共有四个胃，前三个胃是贮藏食物的，只有第四个胃才是管消化的！”

从这句话知道牛有四个胃，红头不会马上被消化掉。

(2)根据学生发言，出示第 15 自然段中相关语句。

当然有用。等一会儿牛休息的时候，它要把刚才吞进去的草重新送回嘴里，然后细嚼慢咽……你是勇敢的蟋蟀，你一定能出来的。

从这句话知道牛会把吞进的食物，再返回嘴里，所以红头可以从牛的

第二个胃里返回到牛嘴里。

(3)再用图示，小结本文依据的自然科学知识。

①牛有四个胃，前三个胃仅仅是贮藏食物用的，只有第四个胃才是负责消化的，而红头并没有进入第四个胃。

②牛吃草的时候有一个特点，草刚进牛嘴里，牛不会细嚼，而是将草吞进肚子里，等休息的时候，再把吞进去的草重新送回嘴里，细嚼慢咽。这就叫“反刍”，俗称“倒嚼”。

2. 阅读资料，思考文体区别。

反刍，俗称倒嚼，是指某些动物进食经过一段时间以后将半消化的食物从胃里返回嘴里再次咀嚼。反刍主要出现在哺乳纲偶蹄目的部分草食性动物身上，如牛、羊、羚羊等，这些动物被统称为反刍动物。

(1)浏览课文，读一读百科全书对“反刍”的介绍，说说感受。

(2)引入作者：这篇童话的作者张之路爷爷可真厉害，把“反刍”这样复杂的科学知识巧妙地通过红头旅行的故事告诉了我们。像这样将科学的知识融入童话中去写，我们把这类作品叫作“科学童话”。

(五)走进人物内心，感受真挚的友谊

过渡：这则科普童话，不仅向我们介绍了科学知识，还蕴含着浓浓的情谊。

自学提示：

默读批画：默读全文，直线画出红头的表现，曲线画出青头的表现。

思考交流：为什么说青头和红头是“非常要好的朋友”?

1. 感受红头形象。

(1)抓住“拼命”体会红头的慌张和恐惧。

(2)抓住“哭”“悲哀”体会红头的伤心和难过。

(3)有感情朗读。

“救命啊！救命啊!”红头拼命地叫起来。

“我被牛吃了……正在它的嘴里……救命啊！救命啊!”

“那我马上就会死掉。”红头哭起来。它和草已经一起进了牛的肚子。

“可是你说这些对我有什么用呢?”红头悲哀地说。

“谢谢你!”红头的声音小得几乎听不见了。它咬着牙不让自己失去知觉。

2. 感受青头形象。

(1)抓住“急忙”“一下子”体会青头非常着急。

(2)从“青头就给摔到地上了。青头不顾身上的疼痛，一骨碌爬起来大声喊”这些描写青头动作的词语可以看出青头为了救红头奋不顾身，勇敢镇定。

(3)从第13、15自然段中青头对红头说的话——“不要怕，你会出来的。你是勇敢的蟋蟀，你一定能出来的”，体会它对红头的安慰和鼓励。

(4)感受青头丰富的知识储备：用上牛会反刍的习性告诉红头自救的方法，最终救下了红头。

(5)分角色有感情朗读。

“救命啊！救命啊！”

“你在哪儿?”

“我被牛吃了……正在它的嘴里……救命啊！救命啊!”

“躲过它的牙齿，牛在这时候不会仔细嚼的，它会把你和草一起吞到肚子里去……”

“那我马上就会死掉。”

“红头！不要怕，你会出来的。我听说牛肚子里一共有四个胃，前三个胃是贮藏食物的，只有第四个胃才是管消化的!”

“可是你说这些对我有什么用呢?”

“当然有用。等一会(huì)儿牛休息的时候，它要把刚才吞进去的草重新送回嘴里，然后细嚼慢咽……你是勇敢的蟋蟀，你一定能出来的。”

“谢谢你!”

3. 总结红头脱险原因，深刻体会“非常要好的朋友”。

(1)指读结尾部分，思考：红头为什么能成功脱险?

①青头在学识、情感、行动上对红头的帮助。

• 青头知识丰富，教给了红头自救的方法。

• 青头给红头精神上的鼓励和安慰，让红头有勇气自救。

• 青头勇敢地去蹭牛鼻子，帮助红头逃出来。

②红头信任青头，听从了青头的指导。

• 遇到危险后，红头拼命向青头求教。

• 红头被救出后，高兴地流下了眼泪，对青头表示感谢。

(2)关联生活，深化主旨。

①读了这个故事，想想你应该怎样对待自己的朋友。

②总结：本文不仅讲述了一个自然科学现象，也表达了对真挚友谊的赞美，兼有科学性与人文性。

三、策略分析

从简单易懂的童话故事中提取信息，梳理出红头在牛肚子里的“旅行”路线，然后将这条路线与图片相关联，对应牛的四个胃，最后才揭示“反刍”这个较为抽象的专业用词。图片能直观地帮助学生了解这一自然现象。由浅入深，由具象到抽象，学生更容易理解这些知识。

学生在学习阅读的过程中，对比了专业性强的表达和科普童话表达方式的差异，认识到科学不仅是理性的数据和公式，也可以是温暖的、有趣的，科学与文学是可以通过文学创作有机融合起来的。

这篇童话故事中的科学知识也可以作为跨学科学习的起点，鼓励学生探索生物学、生态学等相关领域的知识。同时，这篇童话也为学生在高年级学习《琥珀》等科学小品文奠定了一定的学习基础。

此外，童话的虚构鼓励学生跳出常规思维，运用创造性思维表达自然现象。把阅读学习与习作兴趣的激发有机联系在一起。

案例 2 《那一定会很好》：探究人文哲学原型，欣赏生命不同阶段之美

一、作品链接

《那一定会很好》是部编版语文教材三年级上册第 3 单元中的一篇童话，它表现了作者丰富的想象力，文中蕴含的人文哲理令人深思。

这则童话故事的主人公拥有简单的愿望，随着故事的发展，愿望不断得到实现。每次愿望实现后，又有新的愿望相继产生。故事中主人公的形象是积极乐观的，对美好生活的向往推动了故事情节的发展。

故事中主人公的经历也传递了人们对于幸福和感恩的理解，故事温情地鼓励学生珍惜现有的，同时也要勇于追求更好的生活。阅读的过程中包含深层的寓意，比如知足常乐、懂得感恩等，引发深层哲学思考。

故事也激发学生主动观察生活，发现事物在不同阶段有不同形式、样态的表达方式，每个阶段都有其独特的优势与魅力，要用发展的眼光去观察和体悟。

二、学习阅读

（一）初读课文，扫清生字词障碍

1. 板书课题，齐读课题。

2. 借助童话去听听一粒种子的心愿，看看它的成长历程。

3. 自由朗读课文，做到字音读准确，语句读通顺。

4. 检测字词学习成果。

缩小　努力　锯子　斧子　手推车　吱呀　拆除　茎

(1)出示关于植物的茎的图片，强调易读错的字“茎”。

(2)读好拟声词：吱吱嘎嘎。

（二）自主默读课文，梳理课文内容

1. 关注“学习提示”：默读课文，想一想，从一粒种子到阳台上的木地板，它经过了一段怎样的历程？

(1)找一找主人公在不同阶段都变成了什么样子，用流程图记录下来。

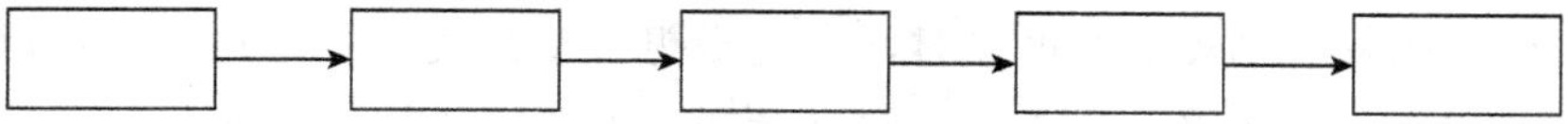

图 7-2　流程图

(2)学生交流，学生根据交流在黑板上板书。

板书：种子→大树→手推车→椅子→木地板

2. 再次默读课文，感悟主人公的愿望。

(1)找一找主人公在每一段历程中都有什么愿望，它又是如何实现的。

(2)交流并依次出示相关段落，教师相机补充板书。

第 1 自然段：我一定要站起来，大口大口地呼吸空气，那一定会很好。

第 4 自然段：要是能做一棵会跑的树，那一定会很好。

第 8 自然段：要是我能停下来，坐着休息一会儿，那一定会很好。

第 10 自然段：我真是老了。要是我能躺下，那一定会很好。

板书：站起来→会跑→停下来，坐着休息→躺下

(3)读读主人公的愿望，你有什么发现？

①每一个愿望的最后，主人公都会说："那一定会很好"。

"那一定会很好"让我们感受到主人公对自己的生活充满了爱与期待。

②指导朗读，读好"那一定会很好"。

第1自然段：我一定要站起来，大口大口地呼吸空气，那一定会很好。

第4自然段：要是能做一棵会跑的树，那一定会很好。

第8自然段：要是我能停下来，坐着休息一会儿，那一定会很好。

第10自然段：我真是老了。要是我能躺下，那一定会很好。

3. 小组合作，交流揣摩主人公每个阶段的心理活动，全班汇报。

(1)当主人公是一粒种子时，周围一片漆黑，结合生活经验说说它的感受。

①预设：害怕、孤独、恐怖、艰难……

②借助句式说一说。

种子被困在地下，＿＿＿＿＿＿＿＿。它很想＿＿＿＿＿＿＿＿。那一定会很好。

(2)当主人公成了大树、手推车、椅子，产生了新的愿望后，又会想些什么呢？可以像刚才那样结合你的经验说一说吗？

预设：

• 当大树看到美丽的世界时，会这么想：要是我也能走路，就可以像人们一样去远足或者和动物们一起做游戏，那一定会很好。所以它冲着农夫沙沙地招手，让他赶紧把自己带走。

• 手推车想要休息的时候，它想：我看了那么多美丽的景色，装过那么多东西，给大家做了很多贡献。现在我要休息了，那一定会很好。

• 椅子觉得自己很老了，它想：我要享受自己的退休生活了，如果能把自己传奇的一生说给小鸟、太阳听，那一定会很好。

(三)借助图片带着感情朗读，感悟哲理

过渡：有位小同学特别喜欢这个故事，他想把这个故事做成绘本呢。

1. 你能把他准备的这几幅插图排排序，然后看着图片带着平和、期待的语气把主人公的几个愿望讲给大家听吗？

图 7-3　故事插图

第 1 自然段：我一定要站起来，大口大口地呼吸空气，那一定会很好。

第 4 自然段：要是能做一棵会跑的树，那一定会很好。

第 8 自然段：要是我能停下来，坐着休息一会儿，那一定会很好。

第 10 自然段：我真是老了。要是我能躺下，那一定会很好。

2. 主人公的这些愿望实现后，最开始会怎么想？随着时间推移会怎么想？

(1)学生交流，预设：

• 成为树以后一定很开心，因为它站了起来，视野开阔了。

但站久了，新的愿望产生了：如果能跑就好了。

• 成为手推车，它一定很开心，因为它可以行动了。

但跑久了，新的愿望产生了：能休息就好了。

• 成为椅子，它一定很开心，因为可以休息了。

但坐久了，新的愿望产生了：能躺下就好了。

• 成为木地板，它一定很开心，因为可以躺下了。

躺下了，梦想自己又变成了一棵树。

(2)随机指名学生，采访学生。

木地板，你是从种子一步步变过来的，为什么还想回到泥土中？

(3)借助板书，画出循环线。说说自己的感悟。

这是一个对自己的生活充满热爱的主人公。

无论在什么阶段，都要珍惜自己的经历，期待自己的未来。

每个阶段都有其优点，知足常乐的同时，要勇于追求新梦想。

……

（四）拓宽视野，读写结合

试着想一想：大千世界万事万物，有没有这样的“循环”？尝试列出流程图，再试着讲一个故事，用上“那一定会很好”。

1. 预设：

河水→云→雨滴→冰晶→雪→地下水→河水。

婴儿→幼童→青年→中年→老年→梦想回到婴儿时期。

……

2. 学生创作范例。

那一定会很好

——北京石油学院附属小学　2019级9班　王拓凯

从前，有一粒沙子，它躺在沙滩上。白天，太阳照着它，它觉得浑身暖洋洋的。晚上，海水涨潮了，它舒舒服服地洗了个凉水澡，在月光的轻抚下睡着了。

每到节假日，小朋友们就会来到沙滩上，他们兴高采烈地堆起了沙堡。沙子觉得这样挺好的，不过如果能到孩子们生活的地方去看看，那一定会很好。

有一天，一辆大卡车开到了沙滩上，沙子被装进了车斗里。它害怕极了，因为它不知道接下来会发生什么事。过了不久，它被清洗得干干净净，然后被送到了高温火炉里。它被烧得通红，然后它发现自己变得晶莹透明起来，身体也变软了。最后，它流进了一个大模具里，第二天一早，变成了一块硬硬的玻璃。它心想：变成了玻璃，离孩子们生活的地方就近了。如果能到他们的教室去，那一定会很好！

过了很久，有一位石油附小的老师来到工厂里，为教室窗户选择合适的玻璃。老师把这块玻璃买了下来，装到了三年级9班的教室窗户上。每天，它和孩子们一起听老师讲课。看到同学们认真学习的样子，它觉得这样挺好的。但是，它也在想：如果能到运动场上看看孩子们的样子，那一定会很好！

有一天，只听“哗啦”一声，一个调皮的小朋友一脚踢飞了足球，把这块玻璃打碎了。变为碎片的它，被孩子扫进了垃圾桶。玻璃碎片难过极了，觉得自己成了废物。不过，它做梦也没有想到，过了几天一辆大卡车把它拉走了，送到了可回收再利用的资源回收站，在这里它重新变了模样，变成了一个花瓶。它觉得这样挺好的，不过它仍然想着能回到校园，再看看孩子们。

几个月过去了，有一位阿姨把这个花瓶买走了，放在了石油附小的体育馆里布置环境。啊，花瓶每天都能看到孩子们了！

放假了，空荡荡的体育馆里，花瓶静静地站在那里。一束阳光洒在它身上，它梦想着自己又变成了沙滩中的沙子，听着孩子们的欢声笑语……

三、策略分析

相较于科学小品文和科普童话，探究蕴含着人文哲理作品的原型相对难一些，需要抽丝剥茧，层层推进。

本案例中，学生从事物的形态变化开始梳理，进而对应每个阶段事物的愿望。然后，走进不同阶段、不同形态的事物的心理世界，感受作者藏在对不同事物的描写中所表达的“珍惜当下，追求更好未来”的共同点。

除了不断追求，阅读中还不难发现，在种子对更好生活的追求过程中，始终保持着乐观和积极的态度，认为“那一定会很好”。其实，变成哪一种状态，都不能永恒满足对美好的追求，但是应秉持怎样的心态来面对，是值得深思的。

种子面对变化始终保持乐观，认为每一次转变都是向更好的方向发展，体现了积极的人生态度。生命的价值就在于不断成长和实现自我价值。种子在不同阶段都能适应环境，积极面对变化，体现了生命的适应性和韧性。种子从树变成木地板，又回到了接近自然的状态，体现了生命循环和回归的哲学思想。

我们不求学生在探究人文哲学的过程中，穷尽每个角度的理解，能从这篇童话中收获一点，就是成长。好文章值得一读再读，在每次阅读中都带着探究原型的任务去思考，每次就都能收获一点点成长的营养了。

第四节　以“多元续写”策略为主的阅读

案例1　《一块奶酪》：深化主旨的“蚂蚁微信群”

一、作品链接

《一块奶酪》是部编版语文教材三年级上册第3单元中的一篇课文。这篇童话讲述了这样一个故事：一群蚂蚁在寻找食物的过程中发现了一块奶酪。面对这块奶酪，蚂蚁们展现出了不同的态度和行为。蚂蚁队长在面对诱惑时，选择了牺牲小我，完成大我，把奶酪渣让给了最小的蚂蚁。它严于律己、以身作则、爱护幼小的品质，鼓励并带动大家将奶酪搬回了蚁穴。

蚂蚁队长这个形象，鲜活真实，立体丰满。面对诱惑的时候，它也不是毫不犹豫地就选择了大公无私，它的犹豫，它的权衡，它内心的挣扎，恰恰让这个形象真实得就像我们身边的人。因为，在现实生活中，人们也经常面临个人欲望与集体利益的冲突。更何况蚂蚁队长作为领导者，这份抉择就显得更加不容易：面对诱惑时能够坚守原则，展现了领导者的责任和担当。

二、学习阅读

(一)导入新课

1. 板书课题：一块奶酪。

2. 结合课题，展开想象：围绕这么美味的奶酪，会发生什么事情呢？

预设：

争抢奶酪

谦让奶酪

分享奶酪

……

3. 走进课文去印证猜测。自由读课文，读准字音，读通句子。

(二)初读课文，扫清生字障碍

1. 检测词语认读。

宣布　处罚　诱人　毅力　强大　稍息

犹豫　跺脚　聚集　舔一下　犯禁令

2. 指导多音字的正确认读。

(1)处

chǔ(处理)　(相处)　chù(住处)　(办事处)

• 当表示一个地方或机构的时候就读四声“chù”。例如：住处、办事处。

• 读三声，有很多含义。在“处罚”中，“处”表示“办理、决定”。

(2)稍

shāo(稍微)　shào(稍息)

3. 指导识记生字。

(1)诱、跺。

(2)添。

(三)默读课文，完成学习提示任务

1. 关注学习提示第一项任务。

(1)集中注意力，不出声，不指读地读课文。边读边思考：课文围绕一块奶酪讲了一件什么事?

(2)交流关键信息，进而引导整合梳理：蚂蚁队长最先发现了奶酪，在和同伴搬运奶酪时，它不小心把奶酪拽掉一角。经过激烈的思想斗争后，蚂蚁队长让最小的蚂蚁吃了奶酪渣。最终，大家干劲十足，把奶酪搬进了洞里。

2. 关注学习提示第二项任务。

(1)自由说说是否喜欢蚂蚁队长，再全班举手表决。

(2)小组合作自学提示：

读一读，画一画：默读课文，画出描写蚂蚁队长的语句。

圈一圈：圈画关键词，整合为通顺的话，支持自己的观点。

说一说：小组内交流自己的观点和依据。

(3)全班交流，相机指导朗读。

①以身作则，一视同仁。

• 理由一：第 2 自然段，面对小蚂蚁的嘀咕时，蚂蚁队长立刻就说，如果自己偷吃“照样要受处罚”。指导朗读：

“今天搬运粮食，只许出力，不许偷嘴。谁偷嘴就要处罚谁。”

“要是偷嘴的是您呢?”

“照样要受处罚。”

•理由二：第5、7、9自然段，都描写了奶酪的诱人，休息时大家谁都不肯离开奶酪渣。蚂蚁队长还是严格遵守了禁令，意志坚定。

•理由三：第6自然段，面对奶酪渣，蚂蚁队长的心“七上八下”。面对诱惑时，犹豫不决的样子很真实。但是，蚂蚁队长最后仍然坚定了信念。引导想象：心里七上八下的蚂蚁队长在想些什么？联系上下文试着想象一下。

②严于律己，爱护幼小，英明果断。

•理由一：第11自然段，奶酪旁边只有蚂蚁队长，他要是偷嘴，谁也看不见。蚂蚁队长已经嗅到奶酪的香味了。但在没有别的蚂蚁监督的情况下，蚂蚁队长依旧没有偷吃，它抵制住了诱惑。指导朗读：

这时，奶酪旁边只有蚂蚁队长，它要是偷嘴，谁也看不见。它低下头，嗅嗅那点儿奶酪渣，味道真香！可是，它犹豫了一会儿，终于一跺脚：“注意啦，全体都有。稍息！立正！向后——转！齐步——走！”

•理由二：第7—10自然段，蚂蚁队长看见所有蚂蚁都盯着奶酪渣不放，它突然下令：“注意啦，全体都有。稍息！立正！向后——转！齐步——走!”等小蚂蚁们消失在草丛中它才大叫：“立——定！原地休息!”蚂蚁队长可真威严啊，特别像个队长呢。

•理由三：第12自然段蚂蚁队长不但自己没有吃奶酪渣，还把奶酪渣分给了最小的蚂蚁。我觉得它不但对自己要求严格，而且爱护幼小，把奶酪渣送给了最小的队员，令所有蚂蚁心服口服。

(四)布置趣味活动，深化对形象的理解

1. 回读课文，思考：为什么蚂蚁队长让最小的蚂蚁吃了奶酪渣以后，大家干劲更足了呢？

(1)蚂蚁们看到自己的队长可以说到做到，对自己严格要求，觉得蚂蚁队长是它们的榜样。

(2)所有的蚂蚁都觉得蚂蚁队长严于律己，它能够坚守自己的诺言。因此支持它的工作，心服口服，听从它的指挥。

(3)蚂蚁队长把奶酪渣给了最小的蚂蚁，它照顾幼小。

2. 课文学完了，故事还没有完结。

(1)创设情境：结束了一天工作的蚂蚁们回到了家，大家在微信群里又聊起了今天的事。打开想象的闸门，想想蚂蚁们会聊些什么。让我们共同生成一个“蚂蚁微信群”吧。

(2)根据学生的发言输入 App，现场生成学生作品。

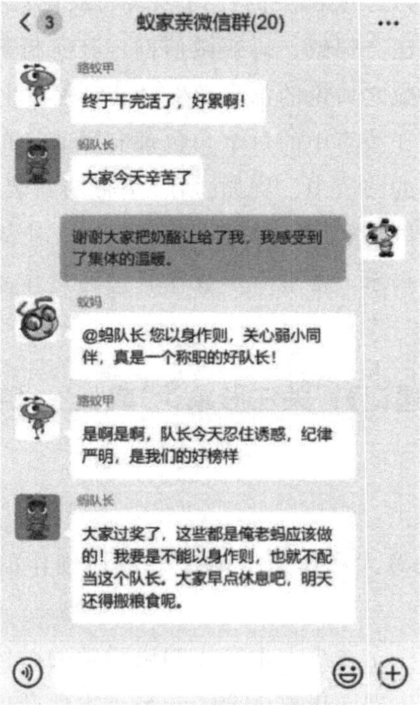

图 7-4　根据学生发言生成的“蚂蚁微信群”

三、策略分析

微信群，是当下日常生活中最常见的线上社交平台，学生对此并不陌生。在虚拟的“蚁家亲微信群”里能畅所欲言，还能通过“@”定位到自己想与之沟通的对象。

在这项趣味任务的驱动下，学生能够将阅读思考进一步延展下去，实现在生生交流中，让蚂蚁队长这个形象变得更加活灵活现。蚂蚁队长身上闪现出的精神品质光辉，在微信群交流中就不再是喊口号式的标签化词语，而是变成了聊天中的自然流露。

课文集中描写的是蚂蚁队长的所思所想、所言所做。“蚁家亲微信群”这一任务，则可以让“蚁家亲微信群”中的众多蚂蚁都拥有发言机会。为进一步理解“蚂蚁队长安排最小的蚂蚁吃掉奶酪渣后，大家的干劲儿更足了”提供了有效支撑。学生可以安排蚂蚁队长在发言中说说自己“七上八下”的心理、安排最小的蚂蚁吃奶酪渣的初衷，也可以安排最小的蚂蚁说说自己被呵护的感受，更可以让蚁群中的任何一只蚂蚁说说自己对蚁群领导者、对自己所处集体的看法。蚂蚁、蚂蚁微信群，其实折射的就是现实生活中的个人和集体，借蚂蚁之口说的都是学生自己对集体生活的看法。

模拟的微信群，让故事中的每个角色都有了表达的机会，这一形式还可以运用到很多作品的阅读中。例如：在《皇帝的新装》阅读指导中，小孩子、皇帝、骗子、全国的居民，都可以发表看法，让故事阐释的道理在不同角色的视角中得以揭示，汇总后形成作者想通过作品传达的较为完整的思想内涵。

案例 2　《木偶奇遇记》：关注形象论“成长”，链接生活做“对标”

一、作品链接

《木偶奇遇记》是意大利作家卡洛·科洛迪创作的童话，也是其代表作，发表于 1880 年。

作品讲述了这样一个故事：木匠皮帕诺睡觉的时候，梦见一位蓝色的天使赋予他最心爱的木偶匹诺曹生命，于是小木偶开始了他的冒险。如果他要成为真正的男孩，他必须通过勇气、忠心以及诚实的考验。在历险中，他因贪玩而逃学，因贪心而受骗，还因此变成了驴子。最后，他掉进一头大鲸鱼的腹中，意外与皮帕诺相逢……经过这次历险，匹诺曹终于长大了，他变得诚实、勤劳、善良，成为一个真真正正的男孩。

二、学习阅读

(一)摘录文段

1. 摘录文中描写反面人物(例如：狐狸、猫、小矮个车夫)的语段。
2. 想想生活中有没有这样的人，对应着写出来。
3. 遇到这些人的时候，我们应该怎么办？

例如：作品中描写小矮车夫的笑，这是笑里藏刀的笑，表现了车夫的阴险毒辣。生活中也有这样的“笑面虎”，他们的笑是一种伪装，用来麻痹别人。如果遇到这样的人，我们要坚定自己的信念，用耳朵倾听对方的语言，用眼睛观察对方的言行，用心思考对方的真实意图，不轻易上当受骗。

（二）人物形象讨论

学校戏剧社团的演员们要在为期一个月的读书节活动期间表演《木偶奇遇记》童话剧。戏剧社的同学们邀请你参加人物形象讨论会，为他们更准确、生动地塑造人物形象提供帮助。

1. 戏剧社的同学邀请你加入了以下两个微信论坛群，请你根据同学们的已有发言，发表自己的看法。你既可以在微信群里“@”任意发言人，表达你的支持、补充意见或反驳，也可以结合上面的阅读材料或全书的内容，发表自己独特的看法。

（1）“匹诺曹人物形象”分论坛。

“匹诺曹人物形象”分论坛（5人）

张小山：在历险中，匹诺曹因贪玩而逃学，因贪心而受骗，还因此变成了驴子。他完全是个淘气包的形象。

李明煜@张小山：淘气只是他的一个方面。他爱爸爸，也不想让仙女伤心。他没有戳破死去的狗与黄鼠狼的协议……很多事例又展现了他善良、懂事的一面。

赵波：他屡次三番让仙女失望了，特别是即将变成真正的孩子，却禁不住诱惑去了“玩具国”。如果在现实中，没有人会屡次原谅他的。

王曼琪：匹诺曹这个人物身上仿佛有我们每个人的影子。在生活中，我也犯过匹诺曹犯过的错误。

（2）“匹诺曹成长引领者”分论坛。

“匹诺曹成长引领者”分论坛（6人）

肖一凡：这部作品中，作者把想要对孩子们说的话，化作了童话人物的语言。这些话是说给匹诺曹的，更是说给我们听的。

张小山：那只蟋蟀以很多种形式出现在不同情节中。有的时候是影子，有的时候是复活了的样子。

孙雨萌：听父母的话，靠自己的劳动或思考挣正直的钱，谨慎交友，热爱劳动，勤奋……这部作品从不同维度告诉我们为人处世的道理。

赵乐坤@孙雨萌：我同意你的看法。成长中不是只有学习成绩，做正直的人，正直地做事，这些比成绩更重要。

李明煜@肖一凡@孙雨萌：我赞同你们的分析。我想补充的是：以前，我总觉得老师、家长的嘱咐是唠叨，读了这部作品，我改变了看法。

2. 最终，匹诺曹变成了一个真正的男孩子。“木偶匹诺曹”与“男孩匹诺曹”有哪些不同呢？请你仿照老师在你的评价手册上写期末评语，分别为“木偶匹诺曹”与“男孩匹诺曹”写一段评语，评语使用“该生”开头，字数为100—120个字。

木偶匹诺曹：

该生____

____

____

男孩匹诺曹：

该生____

____

____

3. 阅读节期间，每班要推选出一位“我身边的匹诺曹”作为本书的推介小使者，与戏剧社的同学们一起，到社区图书馆向更多的小读者们推荐《木偶奇遇记》这本书。

请从你认识的同学中推荐一位“我身边的匹诺曹”，为他写一封推荐信，着重说说他(她)与匹诺曹有哪些品质或性格上的相似之处。

三、策略分析

成长，是童话作品中常见的主题之一。《木偶奇遇记》便是关于成长话题的经典作品。从木偶到真正的男孩，首先应该看到的是小木偶自己的变化，他在成长中经历波折、磨难，收获的是诚实、责任、勇气、自我控制、感恩、明智慎重地做选择等宝贵的精神财富。带动小木偶产生内驱变化的外在因素中，成长的引领者发挥着重要的作用。他们对小木偶无条件的爱、明智的点拨、纯洁的友谊等，也让阅读本作品的不同年龄段的阅读者都能发现自己的影子。因此，两场“分论坛”的情景任务，引导读者分别关注主人公成长的两个方面——自驱力和外动力。

为木偶匹诺曹和男孩匹诺曹写100个字的评语，借助的是学生最熟悉的评语的形式。在生活中都是老师、家长给学生写评语。换位后，他们跳出故事，以客观评价者的身份对文中的匹诺曹进行评价。评语中既包含对被评价者优点的肯定，又包含评价者的希望。这项活动暗含了批判性思维的元素，引导学生辩证地看待不同阶段的匹诺曹。

最后，写"我身边的匹诺曹"推荐信活动，驱动着学生结合作品关联生活中的人——发现同龄人在成长中的改变。包容成长中的不足，鼓励成长中的向好改变。学生在写别人的同时，也渴望得到别人对自己的肯定与鼓励。这项活动可以长期开展，促进学生自我成长。

第五节 以"戏剧表演"策略为主的阅读

案例 《小母鸡种稻子》：跨学科融合，补留白表演

一、作品链接

《小母鸡种稻子》选自明天出版社出版的《亲子故事》，是学生在一年级上学期的时候参加"和大人一起读"活动中阅读的文本。

《小母鸡种稻子》这个童话故事讲述了主人公小母鸡在种稻子的过程中，经历了播种、除草、收稻子三个主要阶段，三个阶段中邀请小鸭、小猫、小猪一起参加劳动，但三个被邀请的小动物都不愿参加，小母鸡只好自己来劳动。到了品尝劳动成果——白米饭的时候，小鸭、小猫、小猪都羞愧不已。

这个故事给读者留了很多想象空间：小母鸡独自一人是怎样辛勤劳动的？它遇到了哪些困难？小动物们羞愧的时候会说些什么？第二年再种水稻的时候，小动物们会怎么做？……这些留白耐人寻味。

二、学习阅读

《小鸡种稻子》儿童剧剧本

第一幕

演员：稻苗10株，小鸡1只，小鸭1只，花儿3朵，大树1棵，太阳

1个。

布景：棕色布，上有蓝色布条。

服装要求：稻苗们着绿色紧身衣，头戴稻苗装饰。小鸡、小鸭、花儿、大树穿相应卡通服。

开场：10株稻苗奄奄一息地倒在水田里呻吟。

旁白：一个暴风雨后的晴天中午，村庄外的一块水田里，一丛水稻正在呻吟。

稻苗1：哎哟……哎哟……我们要被晒死了……呜呜！

稻苗2：哎哟……呜呜……哎哟……我们快渴死了……

（稻苗群：持续呻吟及哭泣）

花儿们（着急地）：大树爷爷，大树爷爷，您赶紧想想办法吧！

花儿1：爷爷，再不抢救稻苗，他们真的就要死了啊！

大树爷爷：孩子们，我比你们谁都着急啊，这些稻苗宝宝才刚刚来到世上，赶上一场暴雨把他们的根须冲了出来，接着又赶上了太阳的暴晒……（咳咳）如果有人马上帮他们重新在水田扎下根，才能救活他们啊……（咳咳）

花儿2：可这片水田远离村庄，大中午的也没有人来啊！这可怎么办啊？

大树爷爷：别急，别急，让我想想……这样，咱们一起大声呼喊"救命"，我记得常有小动物们在这附近玩耍，或许他们可以听到并过来帮助稻苗宝宝。

花儿们：好啊，好啊，1——2——3——

花儿们和大树：救——命——啊！救——命——啊！救——命——啊！

（小鸡拉着小鸭跑上场）

小鸡（焦急张望）：小鸭妹妹，就是这里传出的救命声！

小鸭（急促地）：大树爷爷，花儿妹妹，你们怎么了？

花儿3（哭泣着）：小鸡、小鸭，你们快帮忙救救稻苗吧，他们快死了呀！

小鸡、小鸭：大树爷爷，我们怎么才能救他们呀？

大树爷爷：孩子们，你们得深深弯下腰，把他们一株株小心翼翼地扶正，再把他们深深地插到水田泥土里，这样才能救活他们啊！

小鸡：小鸭妹妹，你愿意和我一起种稻苗吗？

小鸭(扭过身自言自语)：这里足有几百棵稻苗！要是每一株都要这么费力弯腰，那我过两天参加游泳比赛时肯定要输给白鹅姐姐……我……我得找个理由……嗯……有了！

小鸭(面向小鸡)：姐姐，种稻苗太辛苦！我昨天不小心扭到了腰，我……我要回去贴膏药了……

小鸡(望向奄奄一息的稻苗们，咬牙)：这……没关系，小鸭妹妹，身体健康最重要，我自己来吧！

(小鸭捂着腰下场)

(走过一个带有大太阳头饰的同学，手举牌子：气温38摄氏度)

(小鸡表演：一个个扶起稻苗，稻苗们慢慢睁开眼，跪成一排。)

(每扶起3株稻苗，就捶腰、擦汗，10株全扶起来后，小花儿拉小鸡，帮助小鸡捶腰……)

(音乐毕：小鸡坐在稻苗们中央)

稻苗1：小鸡，谢谢你，让我们重新活了过来！

稻苗2：是啊，小鸡，你的辛勤换来了我们的新生！

稻苗3：看到你因为腰疼直皱眉，还要咬牙坚持，我真的太心疼了！

稻苗群：小鸡，我们一定快快长大，早日长出稻谷，让你吃上又香又甜的白米饭！

小鸡(抚摸稻苗们)：谢谢稻苗宝宝们，虽然我的腰又酸又疼，但我一点儿也不在乎！看到你们能活过来，我心里比吃了蜜还甜！稻苗宝宝们，我会每天来为你们浇水、施肥，你们好好休息吧，我也要回家了！

稻苗群：小鸡，再见！

第二幕

演员：稻苗10株，野草5棵(身材高壮的演员)，小鸡1只，小猫1只，花儿3朵，大树1棵。

布景：棕色布，上有蓝色布条。

服装要求：稻苗们着绿色紧身衣，头戴稻苗装饰。小鸡、小猫、花朵、大树穿相应卡通服。

开场：10株稻苗跪在水田里，身边穿插站立5棵野草。

旁白：在小鸡的精心照料下，稻苗儿们长得很快，可是不知从哪儿飘来了一群野草种子，在一夜之间钻入了这片土地。

(小鸡拉小猫来到田边)

小鸡：稻苗宝宝们好！我带了一位新朋友来看你们。瞧，他从美国来，是一只叫 Tim 的小猫咪。

小猫：Hello…Listen! What are they talking about?

小鸡：我来听一听。

(稻苗们嘤嘤哭泣……)

野草 1：哈哈……这片土地又肥沃，又湿润，兄弟们，咱们在这里安家再合适不过了！

野草 2：哥哥，咱们把地里的营养都吸收过来，一点儿都别给这些小不点儿们留，活活饿死他们！

野草 3：哈哈哈……瞧他们的可怜样，又瘦又小，哪儿像咱们这么高大威猛！

野草 4：用不了几天，这里就成了咱们的野草王国啦！

大树爷爷：花儿们，可怜的小稻苗们又要遭受磨难了啊，这些野草可太疯狂了，一夜之间就长得这么高、这么壮，小稻苗们的营养全让他们夺走了！

花儿 1：喂！野草，赶紧从这儿离开，这里是水稻的家！你们这群强盗！

野草 1：哼……小不点儿，也不看看我们是谁，敢叫我们离开！

野草 2：老实点儿，不听话，我们连你和这大树都不放过，你们的营养和水分也得归我们所有！

(大树和花儿无奈地低下头叹气)

野草群：哈哈哈！就是，就是，我们就要成为这里的主人啦！

(野草边挤稻苗，边拍打板)

快长高，快长胖，挤掉水稻占领地！

抢水源，抢营养，谁都不让称霸王！

不讲情，不讲理，我们马上成主人！

小鸡：不好了！我们必须马上除掉这些野草！

小猫：How can we do it ?

小鸡：大树爷爷，我们应该怎样除草呢？

大树爷爷：孩子们，你们找把锄头，用尽全身的力气把野草的根刨出来，这样他们就再也不会欺负稻苗了！

小猫：Oh，yes，I see，Let me have a try！

（小猫拿锄头道具上前尝试除野草1）

野草1：哼，敢锄我?！我要给你些颜色看看，哼！

（使劲儿一划，用草叶划伤小猫的手）

小猫：Oh my god！My hands hurt！

小鸡：呀，你被草叶划伤了！我来帮你吹一吹。

小猫（哭泣着）：Oh，it's painful！Wu Wu…

小鸡：Tim，好些了吗？你还愿意和我一起锄草吗？

小猫（抽噎着）：No，No，No！I am afraid …（跑下场）

野草们：哈哈哈，让你尝尝我们的厉害！

野草2：我们的草叶会划伤你们的手，锄头把更会把你们的手磨出大水泡的！哈哈哈！

小鸡（大义凛然地）：我不怕你们！（抡起锄头向野草1刨去）

野草1：啊！救命啊……兄弟们快用草叶划他！

野草们做扑涌状，表情凶残。（往小鸡的身上、脸上贴红色条状胶带）

花儿们和大树（大声疾呼）：小鸡，当心啊！

（小鸡坚持着挥锄锄草，野草们应声一棵棵倒下，稻苗们喊着“加油”，最后欢呼！）

（小鸡疲惫地坐在稻苗中间）

稻苗1（捧起小鸡双手）：小鸡，你的手指上磨出这么多水泡，十指连心，多疼啊！

稻苗2（抚摸着小鸡脸上的伤口）：这群可恶的野草，把你的脸都划破了……

小鸡：没关系，除了野草，你们就能快乐地吸收营养，快快长大了！

稻苗们：我们要赶紧长大报答你！

第三幕

演员：水稻10株，小鸡1只，小猪1只，花儿3朵，大树1棵，举太阳、月亮牌子的1人。

布景：棕色布，上有蓝色布条。

服装要求：水稻们着黄色紧身衣。小鸡、小猪、花朵、大树穿相应卡通服。

开场：10株水稻站在水田里，手里握着道具稻穗，弯腰，显得稻穗很沉很沉。

小猪(拉着小鸡的手央求)：姐姐，姐姐，我听说了你大战野草的故事！我也想去种田玩儿！

小鸡：弟弟，你平时不爱劳动，田里的活儿可辛苦了，和玩儿一点儿都不一样啊。

小猪(噘嘴)：哼，我才不信呢！我就要去，就要去嘛！

小鸡(无奈地)：唉，拗不过你，好吧，稻谷已经成熟了，我们一起去收稻子吧！

小猪(跳起来)：噢，太好了，太好了！

小鸡和小猪来到稻田边，此时太阳当空照。(高举太阳道具)

花儿们：小鸡，你好啊！

大树：孩子啊，丰收的这一天终于到了，你看，在你的照料下，这些稻谷娃娃长得多好啊！他们都快被沉甸甸的稻穗压弯腰了呢！

稻穗们：小鸡，我们都结出了饱满的稻谷呢！欢迎你来收获辛勤换来的成果呀！

小鸡(高兴地)：弟弟，弟弟，你看，稻谷结得多好啊！你愿意和我一起收稻子吗？

小猪(用脚试探一下土地)：哟，这里怎么这么脏啊？满是泥土！

小鸡(笑着说)：对啊，田里可不都是泥土吗？要知道在刚刚插秧的时候，这里还都是泥水呢！我们收割的时候，还会有扬起的尘土……

小猪(惊愕地)：别说了，别说了！早知道这里这么脏，我就不来了。姐姐，收稻子太辛苦，我怕弄得满身土！我先回家了。(转身就跑)

小鸡：弟弟，弟弟……唉，人人都怕累怕脏，怎么能收获又香又甜的白米饭呢？(说完，拿起镰刀道具收稻子，演稻谷的演员把稻穗松开，小鸡把稻穗收到谷堆道具边)

(太阳下山，举起月亮)

大树爷爷：孩子，真辛苦啊，忙到太阳下山，月亮出来了，你都没顾得上喝口水。这么大一片田，你得收上好几天才能收完，你不怕累吗？看你这一身土。

小鸡：爷爷，没关系，我不怕累，更不怕苦。唐诗说得好："谁知盘中餐，粒粒皆辛苦。"通过劳动，我更能明白其中的意思了。

花儿们：小鸡，你说得真好！我们为你鼓掌！

（演稻谷的演员也一起鼓掌）

第四幕

布景：桌子、电饭锅（有米饭）、碗。

服装要求：小鸡、小鸭、小猫、小猪穿上相应卡通服。

开场：小鸭、小猫、小猪在小鸡家门口碰到了一起。

小鸭：小鸡姐姐邀请我来她家做客。

小猫：Me too！

小猪：我也是，不知道姐姐要给我们准备什么好吃的呢？

小鸭：是啊，是啊，我们赶紧敲门进去看看吧！

（三人一起敲门）（音效：敲门声）

群：小鸡，我们来啦！

小鸡（打开门，笑着）：快请进！欢迎大家来做客！你们快坐吧，好吃的马上就端上桌！

小猪、小鸭：太棒了！

小猫：Wonderful！

（小鸡为大家盛上三碗满满的白米饭，放在托盘上，端上桌）

小鸡（把一碗饭放到小鸭面前）：请尝一尝这又香又甜的白米饭吧。

小鸭：这是那快要渴死的水稻苗，我……（低下头）

小鸡（把一碗饭放到小猫面前）：Here you are，it's delicious！

小猫（红了脸，低下头）：Oh…

小鸡（把一碗饭放到小猪面前）：弟弟，请你尝一尝这白米饭吧！

小猪（拉着小鸡的手）：姐姐，我错了，我不该嫌弃田里泥土脏……

小鸭：我因为怕弯腰所以没有同你一起劳动，我也错了……

小猫：Me too，I was wrong…（稍微停顿）

小鸭、小猪、小猫：明年我们要跟你一起种稻子！

小鸡：太好了！

第五幕

合唱《劳动最光荣》，歌词改编为：

太阳光金亮亮，
雄鸡唱三唱，
花儿醒来了，
鸟儿忙梳妆。

小鸭子忙插秧，
小猫咪锄草忙。
幸福的生活从哪里来？
要靠劳动来创造！

长长的谷穗，
洁白的花儿，
小动物们忙得欢，
不怕累来不怕脏，
我们大家爱劳动！

辛勤汗水滴土下，
又香又甜米饭来，
劳动的快乐说不尽，
劳动的创造最光荣！

（所有演员上台共舞：小鸡、小猪、小猫、小鸭一起劳动的场景。大树、花儿、稻谷们做陪舞。）

三、策略分析

这部五幕儿童剧的表演中，有百余位一年级的小朋友参加了演出。融合了英语口语、形体舞蹈、合唱等多个社团的加入，学生在表演中调动了多学科的学习经验。运用了以戏剧表演为主，以歌唱、舞蹈为辅的多种表现形式，展示对童话故事中人物形象、主旨立意的理解。

表演中，学生锤炼了口语表达能力，学习了如何与他人合作。具身表演的形式还给学生提供了充分发挥想象力、创造角色的空间。戏剧表演中，除了用台词表现角色，还要调动表情并做出肢体动作，对学生语文综合素养的提升不无裨益。

表演中，学生不是机械地背词，为了把角色表演好，必须融入自己对剧本的分析，这个体验过程发展了其批判性思维。这部百余人参演的宏大剧目，也为学生提供了向同伴学习的机会。学生通过扮演不同的角色，实现了探索自我，即了解自己的长处和短处。学生也感悟出角色不分大小，即使是表演一朵花、一棵草，也能充分表现自己对作品的理解。舞台表演的形式增强了孩子们的自信心，帮助其克服在公开场合发言的胆怯心理。

根据霍华德·加德纳的多元智能理论，戏剧活动可以同时锻炼语言智能、身体运动智能、内省智能、人际智能等。把一篇篇幅短小的童话，做成剧本来带动阅读的目的也正是如此。

第八章　图画书作品的阅读

第一节　小学生的图画书阅读策略

一、图画书的特点

图画书也被称为绘本，是一种结合了图像和文字来讲述故事的书籍形式。有的绘本甚至没有文字，直接用图画来讲故事。这类文本尤其受到儿童的欢迎。

(一)强大的视觉吸引力

图画书的最大特点是图像和文字的结合，两者相辅相成，共同讲述故事。图画书通常具有精美的插图和独特的艺术风格，能够吸引读者的注意力。正因为它们以图画和少量文字直观呈现故事，因此更易于儿童理解。

(二)语言简洁

图画书中的文字往往简洁明了，便于儿童理解和记忆。而且，图画书中的词句往往都是接近儿童生活的语言，利于儿童接受，能够帮助儿童亲近文字，学字识词。

(三)教育价值

图画书常含有教育意义，能够教授儿童道德观念、生活技能等。不同国家和地区的图画书，常常展现当地的文化和生活方式。

(四)发展审美素养

图画书的插图通常具有很高的艺术价值，能够培养儿童的艺术欣赏能力。而且，图画书提供的审美体验是多维度的，包括色彩、构图、线条和视觉节奏等，都有助于为学生的审美素养发展奠定基础。

(五)亲子互动载体

图画书是亲子阅读的良好媒介，促进家长与孩子之间的交流和互动。

因为图画书常常跨越不同学科，如科学、历史、艺术等，所以为亲子交流互动提供了丰富的话题。

二、阅读图画书的策略

(一)猜测/预测

图画书因为需要连贯地通过图画呈现故事情节，在绘画中就会保留具有连贯性的元素，把握这些元素引导儿童猜测和预测，是思维训练的有效途径。低年段学生认字的数量虽然还不足以支撑走阅读文字书，但识字量不应成为阻碍阅读思维训练的障碍。

(二)推理因果

推理因果策略是帮助学生建立不同画面间关联的途径，也是思维训练的有效途径之一。阅读绘本首先要识别信息，在识别的基础上筛选和收集出自己需要的信息，然后按照逻辑线索将信息进行排序，梳理出其中的关联。

(三)复述故事

复述故事是一种重要的语言技能，它不仅能够帮助学生加深对故事内容的理解，还能够提升学生的记忆力、表达能力和创造力。图画书的内容一般来说结构清晰，信息量适中，适合以复述故事的形式帮助学生发展整合的思维力。

第二节　以“猜测/预测”策略为主的阅读

案例　《小猪变形记》：以问题链指引预测，沿思维链读懂绘本

一、作品链接

《小猪变形记》是外语教学与研究出版社出版的儿童绘本，文字和绘图作者都是英国作家本·科特，由金波审译后成为中文版童书。

故事的主人公是一只小猪，它总觉得自己不幸福，认为做小猪很无聊。于是，他一会儿装扮成长颈鹿，一会儿装扮成斑马，一会儿装扮成鹦

鹅……由此，他也遭遇了许多滑稽有趣、荒诞搞笑的事情。但最后，他还是想做一只快乐的小猪。小猪懂得了：做自己，最幸福。

这个诙谐、幽默的故事中蕴含着深刻的意义和教育价值。故事选择学生非常熟悉的小猪作为主角，有清晰而重复的故事结构，有不断出现的意外和冲突。阅读这本绘本对于学生的发展可以起到很多方面的作用，包括阅读兴趣的激发、阅读策略的学习和良好品格的培养。同时，这部绘本的主题紧扣二年级下学期第 7 单元的教学主题“改变”，有助于实现学生课内外学习的衔接。

二、学习阅读

(一)导入活动

1. 回顾单元学习内容。

我们先来回忆一下，第 7 单元的主题是“改变”，我们学了 4 篇故事，分别是谁的故事呀？(大象、蜘蛛、青蛙和小毛虫)

2. 引出故事。

同学们，你学完这 4 篇课文之后，发现了 4 个主人公有什么共同点吗？(改变)

今天我们要读的这个绘本，讲的也是一个跟改变有关的故事，名字叫作《小猪变形记》。一只小猪会想变成什么呢？他会变成什么呢？他会怎么变呢？让我们快翻开绘本来看一看。

(二)在问题链的带动下，一边预测，一边阅读

1. 封面阅读。

(1)封面上的小猪和你印象中的小猪有什么不同？

(2)你觉得小猪在干什么？

(3)请你猜一猜他为什么会这么做。

2. 正文阅读。

(1)读第 2—7 页。

①小猪为什么想变成别的动物？

②小猪变成了什么动物？他是怎么变的？为什么？

③猜一猜：小猪接下来会怎么做？

(2)读第 8—11 页。

①这次小猪变成了什么动物？他是怎么变的？

②猜一猜：小猪接下来会怎么做？

(3)读第 12—15 页。

①小猪又变成了什么？他是怎么变的？

②请你来说一说这是一只什么样的小猪。

③猜一猜：小猪接下来又会变成什么？会怎么变呢？

(4)读第 16—20 页。

①小猪这次又想变成什么？为此他做了哪些改变？

②猜一猜小猪变成鹦鹉之后的结果。

(5)读第 21 页。

你觉得小猪会怎么做？

(6)读第 22—25 页。

你觉得小猪还会想变成别的动物吗？为什么？

(三)借助提示复述故事

小猪—长颈鹿—斑马—大象—袋鼠—鹦鹉—小猪

图 8-1　阅读提示

(四)延伸拓展

分角色表演：故事中除了小猪，还有哪些角色？他们都有什么特点？小猪是如何变成这些角色的？

请同学们思考之后，选择自己喜欢的角色进行分组表演。

三、策略分析

通过观察封面，结合绘本书名，引导学生预测故事内容，激发学生的好奇心。

第2—7页的问题链，引导学生发现故事结构的特点。小猪的每次变形是一个故事结构，绘本故事中有多个重复结构，第一个故事结构建议详细阅读，后续结构可以逐步提高阅读速度，注意整体阅读节奏有快有慢。

第8—25页的问题链，引导学生讨论、理解故事主题，能够明白或者说出"小猪认识到自己的独一无二和美好"。

借助流程图和图片支架复述故事，意在整体把握故事，在把握结构特点、明确主旨后，展开合理想象，继续延展情节，深化主旨。

第三节　以"推理因果"策略为主的阅读

案例　《进城》：执果索因，合理推断

一、作品链接

绘本《进城》是由林秀穗和廖健宏共同创作的一部儿童文学作品。

《进城》重新演绎了传统的父子骑驴故事，从传统文化出发并展现新意。故事中的路人都是从中国文学名著里走出的角色，他们根据各自的特质表达对父子骑驴的不同态度。

《进城》采用了黑与白的图像叙事手法，增添了中国绘画艺术的表现力。黑白艺术手法有别于中国传统的水墨画，作者用简单的平涂方式，形成类似于黑色剪纸或皮影戏的效果，灯光打下来，让我们感受到人物朦胧的形态。图画采用了类似剪纸艺术的风格，简洁而富有力度。

二、学习阅读

(一)课前活动：趣味方块绘画游戏

1. 巧思方块，趣味想象。

(1)出示《方块动物园》绘本封面，引导学生猜测封面动物形象。

图 8-2　《方块动物园》绘本封面

(2)学生交流，相机总结。

预设 1：大象，因为它有个长鼻子，还会喷水。

追问：大象的鼻子可不是方的，而是圆的，那你又是如何分辨的？

预设 2：整体上看，它和大象一样有着庞大的身躯。

预设 3：它是由类似马赛克一样的方块叠加在一起的，所以长鼻子才是方形的。

总结：作者很有巧思，抓住动物的特点，接着用不同颜色、大小的方块叠加在一起就绘制成了各种各样的动物。我们再来欣赏一下他笔下的动物吧！

2. 抓住特点，猜测形象。

出示绘本内图片，引导学生猜测。

图 8-3　绘本内图片

预设：长颈鹿、狮子、猴子、老虎、河马、企鹅。

3. 绘画实践，想象猜测。

(1)自学提示：

请你也画一个方块动物，不要说出动物的名称，请旁边的同学猜一猜。

(2)提示：头脑中先想一种动物，根据动物的特征，组合各种各样的方块，再请同桌猜测你绘画的动物品种。

(3)生自画，教师巡场，同桌间猜测交流。

(4)总结：在绘画、猜测时，集中注意力，发挥想象力，一起走进奇妙的方块世界吧！

(二)趣味导入，搭建桥梁

1. 出示故事名称，教师提问，请学生自由分享。

学习提示：

你听过或读过下面的故事吗？选择一个你知道的讲给大家听。

孙悟空三借芭蕉扇　八仙过海　姜太公钓鱼　武松打虎

黛玉葬花　老鼠娶亲

2. 学生自由分享。

3. 总结：你们刚才所讲的故事，都会在一会儿的《进城》故事中涉及，我们来听一听吧！

(三)走入绘本，理解内容

1. 提取信息，了解内容。

结合《进城》封面，引导学生提取封面信息，说出从封面上看到了什么。

出示封面。

2. 学生自由分享。

预设：一个大人，一头驴，一只笼子里的鸡，好像要进城卖鸡。

3. 以读促学，理解内容。

(1)起因。

①出示书内容页。

②教师朗读内容，引导学生思考：什么叫赶集？

集市是有很多人买卖东西的地方。

③出示书内容页。

④理解老爹即父亲、爸爸。

(2)经过。

●孙悟空建议——老爹骑驴

①出示书内容页。

②请学生观察画面，猜猜这个小男孩是谁，说明猜测原因。

预设：孙悟空，因为树底下有两个人物，猪八戒和牛魔王。而孙悟空手中拿着芭蕉扇，树上长着人参果，头上戴着紧箍咒，棍子是金箍棒。

③总结：画家没有直接画出我们熟知的孙悟空形象，而是通过平涂的方式来施色，白色的装饰风格线条只是纸张底色，形成类似黑色剪纸或皮影戏的效果，可以给我们留下更大的想象空间。

④指导朗读，猜测孙悟空这样说的理由。

预设：结合《西游记》中唐僧师徒四人取经路上师父骑马的情节谈。

●林黛玉建议——小虎儿骑驴

①猜测小姑娘是谁，为什么？

②补充：这是《红楼梦》中非常有名的情节，黛玉葬花。黛玉父母双亡后，她只身一人来到贾府，贾府待她虽不错，但没有父母依靠的黛玉常感到孤独无助。

③林黛玉是站在怎样的角度给出的点评呢？

●张飞建议——父子骑驴

①补充：该人物是《三国演义》中的张飞。张飞奉军师诸葛亮之命，率兵镇守芦花荡，以助刘备渡江，拦阻周瑜率领的追兵。

②猜测张飞给出建议的理由。

唱大戏的花脸重视传统忠孝节义，所以他指责骑在驴背上的儿子不懂得孝顺父亲。

●娶亲队伍建议——让驴休息

①观察画面，思考这是哪个故事，跟我们分享一下吧！

②仔细观察这个头上戴花的老鼠，她在指责老爹，现在父子都骑在驴上，她还觉得有什么问题呢？

预设：驴太累了，她建议让驴休息一下。

●八仙建议——各不相同

①补充“八仙过海，各显神通”的典故。

②思考：这么多建议，你觉得老爹和小虎儿应该听谁的呢？

③学生自由发言分享，说出原因。

预设1：我觉得他们应该都不骑。

预设2：他们可以把驴卖掉，这样就不用担心了。

●武松建议——扛着驴走路

①出示内容页，思考：你觉得老爹想到了什么办法？

②预设：他们从武松扛着老虎得到了启发，也扛着驴走路了。

③补充：《武松打虎》的故事。思考：可是老虎死了，而驴是活的，它可没有那么听话。扛起驴的结果会怎么样？

④观察画面，用自己的语言描述。

预设：驴子来回活动，最终连人带驴掉进了池塘里。好在水不深，他们在池塘边遇到了一个正在钓鱼的人。

(3)结果。

①池塘边的人叫姜太公，仔细观察，他有什么奇怪的地方？

②学生交流。

预设1：他的钓鱼线没有放到水里。

预设2：渔线上没有鱼钩。

预设3：没有放置鱼饵。

③引导发现：是啊！姜太公在这里钓鱼却没有放置任何钓鱼装置。这不由得让我们想起一句谚语——姜太公钓鱼，愿者上钩。此时，小虎儿父子也恍然大悟。

④指导朗读：原来我们是要去赶集的呀！而不是讨论听别人说你应该怎么骑驴的！

(四)借助问题链，探究故事主旨

1. 出示问题链：

问题1：小虎儿和老爹分别用了哪几种骑驴方式？

问题2：小虎儿和老爹在进城的路上，都遇到了哪些人？他们给了什么建议？

问题3：他们为什么会这么说呢？

问题4：小虎儿和老爹恍然大悟，你知道他们悟到了什么？

问题5：以后在生活当中，我们要去做事情时，有人给了我们许多意见，我们究竟是听还是不听？

2. 小组交流讨论，全班交流指向主旨。

(1)做出评价的人，都是结合自己的经历，站在自己的立场上给出的建议。

(2)不要被他人的看法左右了自己的判断，而忘了自己的目标。

三、策略分析

绘本《进城》借助其他文学作品中大众熟知的人物形象重组故事，适合引导学生进行因果关系的推理。

不同的路人对父子骑驴有不同的反应，这些反应并不是从父子二人的角度出发，去建立因果关系，而是基于他们自己的价值观、性格特点或社会地位做出的。作者在“路人”的身份设计上独具匠心，这些路人角色都选自中国文学名著，他们已具有固定的形象和性格，易于读者理解和产生共鸣。因此在交流的时候，读者的讨论观点更具有聚合性。

通过这些因果推理，学生不仅能够享受阅读的乐趣，还能够学习如何分析问题，理解不同角色的动机和行为，以及认识到每个选择和行为都有其后果。这对于培养学生的逻辑思维、推理能力和问题解决能力是非常重要的。

第四节　以“复述故事”策略为主的阅读

案例　《雪人》：抓关键信息把握结构，补想象信息丰富内容

一、作品链接

绘本《雪人》是由英国作家雷蒙德·布里格斯创作的经典作品。这本书首次出版于1978年，是一本没有文字描述的图画书。因为其无字的特点，适合开展依靠插图讲述故事的阅读活动。

《雪人》讲述了一个小男孩在一个雪夜堆了一个雪人，随后他们一起经

历了一系列奇妙的冒险的故事：故事始于一个寒冷的冬夜，小男孩看到外面下起了雪，兴奋地跑出去玩耍。小男孩堆起了一个雪人，给它戴上帽子、围巾，并用煤球做了眼睛和嘴巴。午夜时分，小男孩醒来后发现雪人活了过来，他们开始相互交流。雪人带着小男孩飞越屋顶，经历了一段梦幻般的飞行旅程。他们一起参观了城市、乡村，甚至飞越了大海。在飞行中，他们遇到了一群雪人，并参加了一个雪人的聚会。冒险结束后，雪人带着小男孩安全返回家中。第二天早晨，小男孩醒来发现雪人因为太阳升起而融化消失了。雪人的融化象征着美好事物的短暂性，同时也提醒我们珍惜与所爱之人共度的时光。

二、学习阅读

（一）激趣导入，进入情境

1. 同学们喜欢下雪吗？今天我们就一起读一本和雪有关的图画书吧。这就是这本书的封面，快看看，你发现了什么？

2. 学生交流。

预设：

(1)作者、出版社信息。

(2)雪人图及背景信息。

(3)书名：雪人。书名的字体有意思，像雪人向我们眨眼。

3. 根据封面，猜一猜可能讲了什么故事。

（二）整体感知，熟悉特点

1. 读读书，说说自己的发现，这个绘本讲了一个怎样的故事呢？

2. 学生汇报交流。

(1)这本书有大量的图画，没有一个文字，读这一类书时，要认真观察图。

(2)抓住表示时间的信息“清晨、白天、夜晚、第二天”有序地讲一讲。

（三）关注细节，顺序表达

1. 夜晚，雷蒙带着雪人参观了自己的家，他们在一起发生了许多有趣的故事。雷蒙带着雪人参观了家里的哪些地方？按照绘本的顺序说一说。

2. 学生交流，相机点拨：联系生活展开想象讲故事。

(1)根据学生发言，出示绘本中客厅发生的故事的两幅图。

(2)教师示范讲解。

雪人进了客厅发现了一只蜷缩在壁炉前的小猫，他连忙走过去蹲下身子，轻轻抚摸着小猫，想逗逗它。可是，这时壁炉里的火越烧越旺，吓得雪人直往后退，他伸出胳膊，挡住飞溅出来的火星，咧着嘴喊着："哎哟哎哟！"雷蒙也吓得睁大了眼睛，高声说："快躲开，快躲开！这里有火！"小猫也吓得一溜烟儿地跑开了。

(3)学生对比点评，老师讲得生动。相机点拨方法：联系自己的生活展开想象。老师在讲述时，结合遇到紧急情况时自己的动作、语言、心理，对绘本中雷蒙和雪人的动作、语言、心理展开了想象。

3. 有趣的故事可不止这一个，书里满满都是。一起阅读第 6—17 页雷蒙家里这部分，聚焦一个场景中的一幅图或几幅图，把你觉得最有意思的画面给你的同桌讲一讲。

(1)出示方法指引：

• 关注图中人物的动作和表情。

• 按事情发展顺序表达。

• 加入联系生活的想象。

(2)展示交流，生生点评。

4. 学生讲述的过程中，全班共同为相应的画面起名字，教师相机板书。根据板书，学生能用自己的语言基本复述故事的完整内容。

(四)揣摩心理，展开想象

1. 朋友之间需要分享，雪人也带着雷蒙走进属于他的冰雪世界，雷蒙又有怎样前所未有的经历呢？又会有什么感受呢？我们看看书本第 18—25 页。

2. 同桌说说自己的发现。

他们先来到了城市上空，又来到了教堂，最后在码头迎风看海、看日出。

3. 观察雷蒙的表情，说说自己的发现，猜猜他的心情。

(1)开心，惊喜，不害怕，很享受，陶醉其中……

(2)和朋友在一起，完全信任雪人。

4. 告别的时候到了，根据画面的内容说一句话。

(1)教师示范：在晨光中，雪人紧紧搂住雷蒙，一步一步朝家走去。(补充告别时常用词语：紧紧相拥，依依不舍；四目相望，挥手作别)

(2)学生练习讲述。

5. 第二天清晨，天刚蒙蒙亮，雷蒙便冲出家门寻找雪人。他看到了……画面留给我们许多空白，我们的视线里只剩下雷蒙的背影和化了的雪人，此情此景，你想说什么？

虽然雪人融化了，但是雪人和雷蒙共度的快乐时光却永远印在雷蒙心中！

(五)拓展推荐，爱上阅读

1. 这本书出版于 1978 年，出版以来受到了世界各国小朋友的喜爱，堪称一部经典。基于本课的学习，再向大家推荐雷蒙德·布里格斯的另外两部作品：《鹅妈妈的财宝》《圣诞老爸》。

2. 我们将用阅读分享课，继续交流对这两本书的阅读感受。

三、策略分析

无文字叙述是全书最大的特点，作品通过细腻的插图来讲述故事。尽管作品中没有文字，但插图却精准地传达出小男孩和雪人之间的情感交流。雷蒙德·布里格斯以其精湛的绘画技巧，细致地描绘了雪景和角色的表情。同时，他通过作品传递出了温暖的友情，慰藉读者的心。

复述故事是阅读本书最终的输出成果，在这之前，需要学生的思维经历准确捕捉图中信息，结合自己的生活实际让静态的画面动起来，以及按照事情的发展顺序组织讲述的内容等步骤。这对低年级学生的综合能力要求很高。

这部绘本的阅读过程，也为学生阅读无字纯图版绘本做了示范。同时，有助于提升低年级学生看图说话、看图写话的能力。未来，学生根据文字展开想象的时候，依然能够按照这样的思维路径进行有根有据的想象，合理预测事物的发展趋势。所以，这部绘本的阅读，为学生未来的读写学习奠定了基础。